ANSTÄNDIG
LEBEN

SARAH SCHILL

ANSTÄNDIG LEBEN

Mein Selbstversuch rund um Massenkonsum, Plastikmüll und glückliche Schweine

Für Stefan und Sylvester

INHALT

KAPITEL ZWEI

OHNE PLASTIK 81

KAPITEL DREI

AKTIV WERDEN 143

JENSEITS DER KOMFORTZONE

Es gibt ja den schönen Gedanken, dass außerhalb der eigenen Komfortzone der Bereich beginnt, in dem sich Magie entfaltet.

Ich hatte es an diesem trüben Herbsttag eigentlich recht gemütlich in meiner Komfortzone und wollte nur eben mal im Internet nachsehen, was in der Welt dort draußen so an gewichtigen Dingen vor sich ging. Jemand hatte sein Abendessen fotografiert, ein anderer seine Füße vor dem Meer. Eine entfernte Bekannte schlug vor, sich doch mal den eigenen „ökologischen Fußabdruck" errechnen zu lassen.

Warum eigentlich nicht? Ich wähnte mich auf der sicheren Seite. Immerhin trenne ich einigermaßen konsequent meinen Müll (nur Biomüll zieht diese fiesen Fliegen an, deshalb kommt der zum Restmüll in den luftdichten Plastiksack), achte darauf, größtenteils biologische Lebensmittel zu kaufen und besitze weder Auto noch Wäschetrockner. Ein bisschen Ego-Bestätigung durch den Beweis des eigenen Gutmenschentums. Besser, als weiterhin stumpf im Netz zu surfen.

Ich tippte meine Daten in eine Fußabdruckerrechnungsmaschine. Dabei wird aus persönlichem Konsumverhalten und Ressourcenverbrauch errechnet, wie viele Hektar Land es bräuchte, wenn alle so leben wollten wie ich. Wenig später das Ergebnis, bildlich eindrucksvoll aufbereitet: drei Erden (die letzte zumindest nicht vollständig ausgefüllt), oder in Zahlen: 5,32 Hektar. Bei einem fairen Fußabdruck, so lernte ich, wären es 1,8 Hektar. Wollten alle mein Leben führen, bräuchten wir

2,96 Erden. Und das Schlimmste dabei: Der deutsche Durchschnittsabdruck liegt bei 5,1 Hektar!

Zack. Illusion dahin, Selbstbeweihräucherung gescheitert, Komfortzone entweiht. Ich war – so schien es – trotz Fahrrad und Altpapier ein Umweltschwein der übelsten Sorte.

Wie konnte das sein!? Um nicht weiter fassungslos auf die drei Erdkugeln zu starren, fing ich an, eine Liste mit den Fakten meines Lebens zu erstellen.

Ich lebe mit meinem Mann Stefan und meinem kleinen Sohn Sylvester in einer Vier-Zimmer-Mietwohnung in München. Die Fenster sind undicht, die Gasheizungsanlage ziemlich alt, und über die Umweltbilanz des Mietshauses weiß ich so gut wie nichts, auch wenn mir vage klar ist: Den Preis für Nachhaltigkeit werden andere gewinnen. Wir haben außerdem eine kleine Zweitwohnung in Berlin, die wir mit einem Freund teilen. Unseren Strom beziehen wir über einen Ökostromanbieter. Ich rauche nicht, trinke Alkohol (meist) in Maßen und kaufe häufig im Bioladen ein. Seltener in einem normalen Supermarkt, auch da nach Möglichkeit „vernünftige" Produkte. Beim Essengehen achte ich auf gute Qualität, frage jedoch nicht nach, woher die Zutaten kommen. Ich esse ziemlich alles, inklusive Fleisch und Fisch. Fast Food allerdings so gut wie nie. Wir haben keinen Fernseher, dafür aber Laptops, MP3-Player etc. Wir nutzen das Internet intensiv, den Anschluss teilen wir mit unseren Nachbarn. Wir haben kein Festnetztelefon und keine Smartphones, benutzen unsere (gebraucht gekauften) Handys jedoch häufig. Unser Kühlschrank sowie Spül- und Waschmaschine sind geerbt und entsprechen definitiv nicht den Erfordernissen energetisch korrekter Küchengeräte. Dafür benutze ich zum Großteil ökologische Putz- und Waschmittel. Ich kaufe verhältnismäßig selten Klamotten, etwa die Hälfte davon secondhand, zuweilen aber auch bei günstigen Labels (dies zumindest mit unbestimmt schlechtem Gewissen). Bei neuen Klamotten achte ich nicht darauf, wo sie hergestellt und wie sie produziert wurden. Mein Sohn trägt viele Sachen, die uns Freunde mit größeren Kindern geschenkt haben. Ich verwende zu etwa 50 Prozent Ökokosmetikprodukte. Ich schreibe Drehbücher, Stefan ist Musiker. Unser Einkommen ist - mit Schwankungen - ganz okay. Wir sind nicht reich, aber es ist genug, um gut zu leben. Größere Fernreisen unternehmen wir nur etwa alle drei Jahre, dafür fliege ich etwa drei-, viermal im Jahr durch Europa. Für Distanzen innerhalb Deutschlands nutze ich meist die Bahn. In der Stadt fahre ich mit öffentlichen Verkehrsmitteln oder dem Rad. Für kleinere Ausflüge leihen wir uns ein Auto von unserer Familie. Ich bin politisch nicht sonderlich aktiv, versuche aber immerhin, bei der Steuererklärung weitgehend korrekt zu sein. Klingt doch ansatzweise „bewusst". Dachte ich.

Ganz offensichtlich nicht bewusst genug, denn wir haben nun mal nur eine Erde, und da ich nie der Meinung gewesen bin, dass unser Lebensstandard hier ein Geburtsrecht ist, hieß das wohl, die Sache entweder ganz schnell zu verdrängen oder etwas zu ändern.

Verdrängen schien die naheliegende Lösung. Auch wenn ich mich in der Vergangenheit immer mal wieder gefragt hatte, ob mein Umweltverhalten eigentlich meinen eigenen Ansprüchen genügte, war mir das Denken und besonders das entsprechende Handeln meist zu anstrengend. Die Sonne schien zu warm, das Schnitzel duftete zu lecker, das Spontangelüst nach Kaffee im Pappbecher war zu drängend ...

Konfrontiert mit meinem Fußabdruck, ließen sich die Zweifel diesmal nicht so leicht beiseiteschieben. Ich bin einigermaßen jung, lebe an einem der wohl reichsten und sichersten Orte dieser Welt, habe ein gesundes Kind und definitiv keine gute Entschuldigung dafür, nicht hier und jetzt, in meinem konkreten Alltag etwas zu tun. Nur was? Wie konnte ich relevant etwas verändern, ohne mich und meine Familie dabei zu sehr zu beschränken und den anspruchsvollen Alltag unnötig weiter zu belasten?

Einer der vorrangigen Tipps für die Verringerung des ökologischen Fußabdrucks ist, sich über die eigene Ernährung Gedanken zu machen. Das schien mir zum einen relativ einleuchtend, zum anderen einigermaßen praktikabel.

Bei näherem Grübeln tauchte vor allem ein Wort auf: Fleisch. Der ausufernde Verbrauch tierischer Produkte wurde in meiner Umgebung seit einiger Zeit immer häufiger diskutiert, und einige meiner Bekannten übten sich bereits in Abstinenz. Ich hatte mich ehrfürchtig gefragt: Würde ich das aushalten? Kein Fleisch, Fisch, Joghurt, Omelett ...!? Bislang hatte ich das immer als spaß- und genussbefreites Asketentum abgetan, doch jetzt war der Zeitpunkt gekommen, vorgefertigte Meinungen hinter mir zu lassen. Ich beschloss, für den Anfang zu versuchen, einen Monat lang vegan zu leben.

Um mich nicht beim kleinsten Rückfall heimlich von dem Versuch ab- beziehungsweise der Bratwurst zuzuwenden, entschied ich mich, das Ganze öffentlich zu machen. In einem Blog wollte ich eine Art Online-Tagebuch führen, in dem ich meine Gedanken und Erlebnisse möglichst ehrlich schilderte. Ob dem Tierverzicht weitere Experimente folgen würden, wollte ich auf dem Weg herausfinden.

Erstaunlicherweise hatte mein Blog in relativ kurzer Zeit eine breite, intensiv kommentierende Leserschaft, durch die ich neue Impulse bekam und mit anderen „Suchenden“ verlinkt wurde. Irgendwann entstand die Idee, das Ganze in Buchform zu bringen.

Ich bin von Anfang an bewusst naiv an meine Selbstversuche herangegangen, habe gelesen und ausprobiert, was mich interessierte, ohne den Anspruch, eine alle Fakten abwägende Abhandlung über Nachhaltigkeit zu verfassen (das können andere besser). Ich bin weder Expertin noch Wissenschaftlerin, und der folgende Text ist ein Erfahrungsbericht, ein Dokument meiner persönlichen Reise. Zuweilen impulsiv, zuweilen polemisch, aber vor allem: subjektiv. Es liegt mir fern, belehren oder missionieren zu wollen. Sollten meine Gedanken und Erfahrungen Sie jedoch zum Nachdenken oder gar Nachahmen anregen, freue ich mich natürlich sehr.

KAPITEL EINS

OHNE FLEISCH FISCH EIER MILCH

KEINE TIERE

Einen Monat lang vegan leben. Ausgerechnet ich, die ich seit jeher jedem Vegetarier mein Beileid ausgesprochen habe und die wenig auf der Welt so glücklich macht wie ein fingerdickes, blutiges Rindersteak…? Doch schon seit einer Weile kommen mir Zweifel an dem sorglosen Leben in unserer westlichen Wohlstandsblase, die in meiner Heimatstadt München ihren Höhepunkt erreicht. Um uns herum brechen Systeme zusammen, Ressourcen werden knapper, Menschen verhungern – und wir sitzen bei Weißbier und Schweinebraten, als könne es immer so weitergehen.

Auf der Suche nach einem kompetenten Ratgeber habe ich mir, wenig originell, die aktuelle Bibel aller Gemüsejünger besorgt: Das Buch „Tiere essen“ von Jonathan Safran Foer. In seinem Sachbuch beschreibt der New Yorker Schriftsteller, wie er nach der Geburt seines Sohnes anfing, sich intensiv mit seiner Ernährung zu befassen. Zunächst philosophisch, dann ganz direkt arbeitet er sich in das Thema ein, befragt kompetente Menschen, recherchiert in Schlachthäusern, wertet Fakten aus und stellt diese für sich in einen persönlichen Kontext, nie oberlehrerhaft, sondern ehrlich und zugleich sehr eindringlich.

Natürlich habe ich mit Schauergeschichten und Anstößen zur Verhaltensänderung gerechnet. Nur nicht damit, dass mich jemand so direkt bei meinen Ausflüchten und meiner Unlust zum unbequemen Denken packt. Foer sagt nicht: Vegetarisch zu essen ist gesund, lecker und genauso toll, wie Fleisch zu essen. Er sagt: Natürlich habe ich Lust auf den Burger, aber ich denke nach – und bestelle etwas anderes.

Auch ich denke nach und will es wissen. Der Verzicht auf Fleisch fällt mir verhältnismäßig leicht, doch Massentierhaltung macht nicht beim Kalbsschnitzel halt. Eier, Milch, Käse, Joghurt, Quark, Butter… Alles Produkte, die meinen täglichen Speiseplan ausmachen und die ich möglichst oft bio und öko und glücklich zu kaufen versuche – die nichtsdestotrotz nur einer winzigen Gruppe unseres bevölkerungsreichen Planeten täglich zur Verfügung stehen. Ich glaube eigentlich nicht so richtig daran, dass alle Menschen Veganer werden sollten. Abgesehen von möglichem Vitaminmangel wäre eine von Soja-Monokulturen bedeckte Erde sicher auch nicht die Lösung. Denke ich so. Bis ich zu meinem zweiten Ratgeber greife, dem Buch „Kein Fleisch macht glücklich" von Andreas Grabolle. Der deutsche Klimaexperte und Journalist beleuchtet darin im Gegensatz zu dem Amerikaner Foer vor allem die hiesige Situation von Tieren beziehungsweise deren Haltung und Schlachtung.

Grabolle beschreibt, dass lediglich zwei Prozent des Sojamehls zu Tofu, Sojamilch und Co. verarbeitet werden. 98 Prozent dienen als Nutztierfutter. Allerdings verwerten Rinder und Schweine das Soja sehr ineffektiv – um eine Kalorie Rindfleisch zu erzeugen, müssen zwischen sieben und zehn Pflanzenkalorien aufgewendet werden. Ein Kilo Rindfleisch bedeutet: 15 500 Liter Wasser sowie sechs Kilo Getreide und Soja. Die Fleischindustrie nimmt (wiederum laut Foer) fast ein Drittel der landwirtschaftlichen Fläche unseres Planeten ein und ist somit entscheidend für unser Weltklima. 98 Prozent der in Deutschland zum Verzehr gehaltenen Tiere stammen aus Massentierhaltungsbetrieben. Immer mehr Nutztiere bedeuten also einen immer höheren Bedarf an Soja und Getreide, wofür immer größere Ackerflächen gerodet werden müssen ...

Der „Albert Schweitzer Stiftung für unsere Mitwelt" zufolge werden hierzulande jährlich 17 Milliarden Tiere geschlachtet. 5,5 Millionen Rinder und Kälber, 48,1 Millionen Schweine, 3,8 Millionen Schafe und Ziegen, 970,6 Millionen Hühner, 37,9 Millionen Enten, 12,8 Millionen Gänse, 47,4 Millionen Puten, 11,1 Milliarden Fische. Die Tiere leben auf engstem Raum (bei Schweinen nach Grabolle einem Dreiviertelquadratmeter für ein 100 Kilo schweres und 1,2 Meter langes Mastschwein), in einer Suppe aus Exkrementen, Fressen und dem Blut verletzter Artgenossen. Atemwegserkrankungen, Abszesse, Knochenbrüche, plötzlicher Herztod und vieles mehr sind die Folge. Oft liegen kranke oder tote Tiere einfach zwischen den (noch) lebendigen, weil es billiger ist, sie vor Ort qualvoll sterben zu lassen, als den Tierarzt zu holen. Der Verlust eines „Gebrauchsschlachthuhns" beträgt um die neun Cent. Ein Großteil der Masthühner wird innerhalb der kurzen Lebensspanne mit Antibiotika behandelt. Aufgrund von Enge, Luftmangel, Dunkelheit und zwanghaft verändertem Sozialverhalten nehmen die Tiere auch psychischen Schaden. Kannibalistisches Verhalten unter den Tieren ist nur eine der Folgen. Damit sie sich nicht gegenseitig verletzen, werden Schweinen die Eckzähne, Rindern die Hörner, Hühnern Schnäbel und Krallen abgeschnitten – meist ohne Betäubung. Da sich Schweine in einem solchen Umfeld oft gegenseitig die Ringelschwänze abfressen, werden diese kupiert. Und damit sie nicht zu sehr nach Eber schmecken, werden neugeborene männliche Ferkel kastriert – häufig ebenfalls unbetäubt. Um den Profit zu steigern (und die immense Nachfrage nach Fleisch zu bedienen), müssen die Tiere so effizient wie möglich herangezogen werden. Das Schlachtgewicht eines männlichen Masthähnchens in Deutschland ist Foers Buch zufolge seit 1957 um über 260 Prozent gestiegen, wobei sich die Mastzeit fast halbiert hat. Beinschwäche, Verwachsungen, Fehlbelastungen (bei Hühnern beispielsweise aufgrund des absurd vergrößerten Brustfleisches), das „hundeartige Sitzen von Mastschweinen" (Grabolle), Überzüchtung und daraus resultierende Skelettverformungen, Gelenkentzündungen, verletzte Fußballen, überfüllte Transporter ... Am Ende erreichen mehr als 400 000 Schweine in Deutschland den Schlachthof bereits tot.

Selbst wenn mir nach all diesen gruseligen Informationen noch sinnvolle Argumente gegen den Veganismus einfallen sollten (von „Fleisch ist lecker" einmal abgesehen), möchte ich mir bewusst werden, wie viele tierische Produkte ich jeden Tag und häufig nachlässig zu mir nehme, von denen ein Großteil wahrscheinlich nicht meinen Ansprüchen an ökologisch korrektes Verhalten entspricht.

Schon die Erwähnung meines Vorhabens stößt bei vielen Freunden und Bekannten auf Unverständnis. Die einen halten mich für „verkopft“ und raten mir, doch mal „fünfe gerade sein zu lassen“, die anderen erklären über ihrer Weißwurst, wie ungesund Veganismus doch sei, nicht ohne mich anschließend unaufgefordert en detail über ihr eigenes Essverhalten aufzuklären. Und wieder andere finden: Wenn, dann darf ich aber auch keine Lederschuhe mehr tragen. Mir scheint, dass sich einige Menschen in meiner Umgebung von meinem Plan persönlich angegriffen fühlen. Dabei versuche ich, bewusst klarzustellen, dass es *meine* Gedanken sind, *mein* Versuch, *mein* Verzicht.

Einzig im Yogacenter stoße ich auf offene Ohren. Allerdings scheint hier weniger die Zukunft des Planeten im Fokus zu stehen als vielmehr der Aspekt, einen schlanken, reinen und spirituell durchlässigen Körper zu bekommen. Ein durchaus legitimer Ansatz, der mir dennoch ein wenig vorkommt wie die Verlagerung der Wohlstandsthematik auf eine andere Ebene.

Der Morgen meines Selbstversuches bricht an, und: Ich bin nicht vorbereitet. Keine Sojamilch im Haus, nichts aufs Brot, im Kühlschrank Kuhmilch, Joghurt, ein Käserest. Ich schließe den Kühlschrank, wundere mich über mich selbst – und trinke schwarzen Kaffee.

Um mich zu motivieren, lese ich ein paar Abschnitte des Selbstversuchbuches „Fast nackt“ von Leo Hickman. Der Londoner Journalist hat mit seiner Familie versucht, ein Jahr lang „ethisch korrekt“ zu leben, und beschreibt seine Erkenntnisse, doch auch sein Scheitern mit staubtrockenem britischen Humor.

Zu Beginn seines Versuchs hatte er drei „ethische Berater“ angeheuert, die das Haus der Familie unter die Lupe nahmen und ihm Ratschläge gaben, in welchen Bereichen er sein Verhalten ändern sollte. Grübelnd, ob ich auch gerne solche Berater hätte, stelle ich mir vor, wie ein Mensch im Walretter-Shirt Stefans ausgedehntes Duschritual bewerten und versuchen würde, ihm dieses auszureden – und verwerfe den Gedanken schnell. Ich erkenne einen aussichtslosen Kampf.

Später laufe ich durch einen herkömmlichen Supermarkt. Es gibt Sojamilch, sogar mit Biosiegel. Vor dem Margarineregal mache ich halt. Margarine erinnert mich an die im Alter zunehmenden Sparmaßnahmen meiner Großmutter und den fade-künstlichen Geschmack billiger Buttercreme in ihrer bis dahin heiß geliebten Omatorte. Hier stehen unterschiedlichste Margarineprodukte in poppiger Verpackung. Eine Sorte wurde unter Zugabe von Buttermilch hergestellt. Also nichts für mich. In einer anderen steht Farbstoff neben weiteren mir eher suspekten Zusatzstoffen. Ich nehme Abstand und kaufe eine Avocado.

Interessant, wie sich der Blick auf die Artikel verändert. Am Ende habe ich wenig in meinem Korb, doch viele Gedanken im Kopf. Butter, Gelatine, Milchpulver und Co. scheinen Standard in jeder Art von Produkten zu sein. Ich stelle mir ein Heer von Zuchtkühen vor, dicht an dicht gedrängt und mit Antibiotika vollgestopft – und freue mich auf mein Gemüse und den ersten Sojacappuccino.

GOTT IN DER BREZEL

5.58 Uhr. Ich sitze im Zug. Ein Arbeitstermin in Erfurt. In meinem Hirn findet nichts statt als das konstante Blinken eines Wortes: Kaffee. Ich befürchte, dass schwarzer Kaffee zum sofortigen Zusammenbruch meines müden Morgenmagens führen wird, doch es bleibt keine Wahl. Von Sojacappuccino hat die nette Mitarbeiterin der Bäckereikette noch nie gehört.

Noch schwieriger wird allerdings die Frühstücksfrage. Ich gehöre nicht zu den Menschen, die sich morgens um halb sechs ein frisch geschrotetes, liebevoll angerichtetes und garantiert tierproduktfreies Getreidemüsli to go zubereiten. Doch der Weg vorbei an den vielen Sandwich-Shops des Bahnhofsgebäudes liefert mir ein Ergebnis: Brezel. Selbst das „Antipasti-Sandwich“ ist dick mit Frischkäsecreme bestrichen. Traurig wende ich mich von den Sandwiches, Croissants und Rosinenbrötchen ab und fühle mit sämtlichen „echten“ Veganern. Ich frage mich, ob ich nun zu einem Monat konstanten Brez'n-Essens verdammt bin.

Ein winziges Stimmchen in meinem Kopf murmelt einen Zweifel, den zu ignorieren ich mir in diesem Monat nicht gestatte. Woraus sind Brezeln eigentlich gemacht? Wikipedia soll mich retten. Zum Glück habe ich mein Notebook inklusive Internet-Stick dabei. Es ist zu früh für die „Etymologie der Brezel“, nur ein Satz sticht sofort ins Auge: „Die Brezel ist eine religiöse Fastenspeise.“ Auch wenn ich Gott in meinem Laugengebäck heute noch nicht angetroffen habe, ist mir der Fastenaspekt nicht entgangen. Vielen Dank auch.

Dann die Erlösung: „Eine Laugenbrezel besteht traditionell aus Weizenmehl, Salz, Malz, Backhefe und Wasser.“ Aufatmen. Fast hätte ich den nächsten Satz überlesen: „In manchen Regionen wird auch Fett, meist Schweineschmalz, zugegeben.“

Und nun? Ist meine Region eine Schweineschmalzregion? Die Website der Bäckerei, der ich mein karges Frühstück verdanke, ist aufwendig gestaltet. Ich finde die Brezel sofort. Auch hier wird mit dem „Fastengebäck“ geworben, außerdem mit dem perfekten Brez'n-Wurf. Doch Zutaten sind nicht aufgeführt. Weiter im Text. Ich bin müde und hungrig, und die Tüte mit der Brezel ruft. Ich denke: „Fünfe gerade sein lassen.“ Nein, heute nicht! Ich lese mich durch die Site einer Münchner Bäckereikette, die für die Offenlegung der Zutaten ihrer Ökoprodukte bekannt ist. Und tatsächlich: In der Ökobrezel ist Margarine enthalten. Kein tierisches Produkt zwar, doch irgendwie finde ich es trotzdem seltsam. Bisher war ich wie selbstverständlich von absoluter Einfachheit der Brezelzutaten ausgegangen.

Das Ergebnis meiner Recherchen bedeutet allerdings: Meine Region scheint sehr wohl eine zu sein, in der den Brezeln Fett beigefügt wird. Ohne genauere Information heißt das in diesem Monat für mich: Hände weg. Keine Brezel also, dafür die vage Hoffnung, in Erfurt unerwartet ein geheimes Zentrum veganen Frühstücksglücks vorzufinden.

Ich verschenke die Brezel an meinen Sitznachbarn, der mich sichtlich für schwer neurotisch hält, anscheinend jedoch für harmlos genug, dem Gebäck keinerlei böse Absichten zu unterstellen. Es knackt, als er hineinbeißt.

HUNGER

Nachdem ich den Morgen mit einem Apfel begonnen habe, richte ich meinen hoffnungsfrohen Blick freudig gen Besprechungsraum. Üblicherweise gibt es bei derartigen Zusammenkünften Vollversorgung. So auch heute. Nur leider nicht für mich. Industriekäsescheiben mit (immerhin) Radieschenschnitz und bereits trocken aufrollender Hinterschinken liegen auf Butter satt. Darunter weiße Brötchen vom Backshop. Außerdem: Schokolade und Gummitiere. Gelatine inklusive. Wikipedia informiert mich, dass Gelatine aus einer Mischung aus tierischem Protein oder denaturiertem beziehungsweise hydrolysiertem Kollagen bestehe. Hergestellt werde Letzteres wiederum aus dem Bindegewebe von Schweinen, Kühen oder anderen Tieren.

So besteht mein heutiges Essen aus einem weiteren Apfel, einer Banane und einer Handvoll Nüssen.

Als ich um 20 Uhr den Besprechungsraum verlasse, schmerzt mein Magen. Ein unbekanntes und in der Tat wenig angenehmes Gefühl. Im Restaurant fällt mein Blick auf all die Dinge, die ich gerne bestellen würde: Zander, Rumpsteak, Kartoffelgratin. Nach langer Suche gestehe ich mir die ernüchternde Wahrheit ein: Es gibt auf der ganzen Karte nicht ein Gericht ohne tierischen Zusatz. Die junge Kellnerin bestätigt meine Nachfrage, ist jedoch bereit, mir ein veganes Essen zusammenzustellen. Wenig später sitze ich vor einem durchaus appetitlichen, wenn auch sehr grünen Teller: Erbsen, Salat, Gurke, Brokkoli. Ich trinke Weißburgunder, der zum Glück in meinem Speiseplan vorkommt (jeden diesbezüglichen Zweifel verbanne ich hurtig in ungenutzte Gehirnregionen), und werde ohne die gewohnte Grundlage sogleich betrunken.

Nach dem Essen wäre es Zeit für die Hauptspeise. Ich versuche, meinen Magen mit einem weiteren Glas Wein zu besänftigen, und zwinge meine neidischen Blicke fort von dem formidablen Flusszander meines Gegenübers. Ich frage mich, ob mein Versuch nicht einer völlig dekadenten Schnapsidee entsprungen ist und ich, die ich die Chance habe, mich reichhaltig zu ernähren, nicht besser daran täte, die mir zuteilgewordene Fülle auszukosten, statt mich sinnlos zu kasteien. Ich zweifle, ob das Ganze mir irgendetwas anderes beibringen wird als: Fleisch ist toll und ich will es essen. Erst die Nachfrage besänftigt mein gieriges Gemüt: Der Zander ist nicht aus dem Fluss, sondern aus einer größeren Fischzucht. Inwiefern er mit Antibiotika „behandelt“ wurde, um sein Überleben bis zur Verarbeitung zu garantieren, weiß die nette Kellnerin nicht zu sagen. Ihr Blick verrät eine gewisse Verletztheit, und das dritte Glas Wein ist gleich viel maßvoller eingeschenkt.

Dabei ist mein Misstrauen durchaus gerechtfertigt. Von meinen neuen Freunden Grabolle und Foer erfahre ich, dass Fischzucht sich kaum von industrieller Massentierhaltung unterscheidet. Der Akt des Tötens ist natürlich die eine Sache und für wohl jedes Lebewesen wenig erfreulich. Doch die Frage ist ja vor allem, wie die Tiere vor ihrem Tod gelebt haben.
Rund 55 Millionen Tonnen Zuchtfische pro Jahr können kaum ihrer Natur entsprechend gehalten werden. Sie sollen schnell wachsen, viel Fleisch bringen und möglichst wenig Kosten verursachen. Deshalb werden die Tiere auf engstem Raum gehalten, wo sie entweder von Parasiten wie Meerläusen befallen werden, die sich zum Teil bis zu den Gesichtsknochen der Fische durchnagen – oder aufgrund der Enge beginnen, sich gegenseitig zu fressen. Das verschmutzte, verkotete Wasser führt unter anderem dazu, dass den Fischen die Augen bluten. Tonnenweise Medikamente sollen Abhilfe schaffen und gelangen – ebenso wie die Hormone, die das Fortpflanzungsverhalten ändern sollen – auf direktem Wege in die Umwelt. Inzwischen haben sich gegen die eingesetzten Chemikalien bereits resistente Erreger gebildet.

Abgesehen davon wird in der Zucht meist das Sozialverhalten der Tiere außer Kraft gesetzt. Welcher Fisch vermag schon in einem völlig überfüllten Tank mit seinem Schwarm in Bewegung zu bleiben? „Wanderfische" wie Lachse haben von Anfang an verloren. Stress, fehlende Bewegung und Dreck führen zusätzlich zu Infekten. Damit die Tiere beim Transport zu ihrem finalen Bestimmungsort das Wasser nicht mit Kot verschmutzen, werden sie Tage zuvor auf Nulldiät gesetzt. Diese verlausten, verstörten und degenerierten Tiere werden am Ende ihres leidvollen Daseins in Massen und unter heftigen Schmerzen getötet. Sie ersticken, verbluten und sterben langsam und qualvoll auf Eisbrei, der ihre Bewegungsfähigkeit lähmt, nicht aber ihre Fähigkeit, Schmerzen zu empfinden. Andreas Grabolle führt aus, dass selbst die ökologisch zertifizierte Fischzucht dieselben Probleme von Aquakulturen mit sich bringt. Zu groß ist der Bedarf an „Futterfischen", die zu Fischmehl verarbeitet an die Zuchtfische verfüttert werden. Leer gefischte Meere und veränderte Ökosysteme sind die Folgen. Zugleich ist der Nachweis, dass die Futterfische tatsächlich nachhaltiger Fischerei entstammen, wohl umstritten.

Das Kapitel über Meerfisch vertage ich auf später und lege mich ins Bett, mit knurrendem Magen und wehem Herzen …

NEUES AUS BREMEN

Der Erfurter Morgen lässt die Dinge in freundlicherem Licht erscheinen. Ich fühle mich großartig. Das mag auch an der Abwesenheit meines zu nächtlichen Liebesbezeugungen neigenden Sohnes und dem damit verbundenen ungestörten Schlaf liegen. Wie dem auch sei – mein Magen ist leer, und ich habe so viel Energie wie schon lange nicht mehr.

Ich gehe hinunter in den Frühstücksraum und erblicke beglückt Vollkornbrot, Margarine, Marmelade, Gemüse, Obst … Nach der gestrigen Tristesse ein Festmahl. Es gibt hier sogar laktosefreie Milch, was mir nur leider nicht weiterhilft und erneut zu Kaffee schwarz führt.

Sodann laufe ich vorbei an gegrillten, mit Käse überbackenen Tomatenhälften, Rührei, Würstchen, gekochten Eiern, Käse- und Wurst-Aufschnittplatten, Quark, Joghurt, Croissants, Milchbrötchen, Tomate mit Mozzarella … Normalerweise hätte ich ohne nachzudenken von jedem etwas auf meinen Teller geladen, einfach weil es da ist. Nur um mich danach schwer und müde zu fühlen und mich über meine spaßfreie Völlerei zu ärgern.

Alle Tische sind belegt. Teilweise mit Grüppchen von Anzugträgern, meist jedoch sitzen einzelne Männer vor ihrer Zeitung. Niemand spricht, jeder starrt vor sich hin. Wie in der U-Bahn. Nur sollte es hier doch um eine sinnliche Sache gehen … Essen, Gespräche, Genuss! Vielleicht auch zu viel verlangt um halb acht Uhr morgens.

Ich setze mich zu einem Herren mittleren Alters. Beide essen wir stumm. Ich sinniere über Laktose. Weil ich in diesem Monat auf der Suche bin, denke ich: „Warum in die Ferne schweifen …“ und frage mein Gegenüber: „Wie kommt es wohl, dass immer mehr Menschen eine Laktoseintoleranz haben?“ Erstaunlicherweise ist der Herr nicht nur sehr offen, sondern tatsächlich selbst laktoseintolerant und darüber hinaus Neurodermitiker. Munter erzählt er mir von seinen Darmproblemen und der Unfähigkeit, Kuhmilchenzyme aufzuspalten. Nicht unbedingt das klassische Tischgespräch beim ersten Date, aber womöglich interessanter als die Fragen nach Job, Familie oder dem Grund für den Aufenthalt in Erfurt.

Ich erfahre, dass 75 Prozent der erwachsenen Weltbürger eine Laktoseintoleranz haben. Lediglich einige wenige Populationen der westlichen Welt, die sich über lange Zeit von Milch beziehungsweise Milchprodukten ernährt haben (vor allem in Nord- und Mitteleuropa und Nordamerika), verfügen über die notwendigen Enzyme, Milchzucker aufzuspalten. An sich ist die Laktoseunverträglichkeit ausgewachsener Menschen sehr logisch. Milch ist – wie bei anderen Säugetieren auch – Nahrung für den Nachwuchs und als solche nicht für die Mägen erwachsener Menschen konzipiert.

Wer fragt, bekommt Antworten. Selber schuld. So richtig klar habe ich mir noch nie gemacht, dass Pecorino, Frühstücksjoghurt & Co. nichts weiter sind als verarbeitete Muttermilch. Ein bisschen ekle ich mich und freue mich über meinen muttermilchfreien Frühstücksteller.

Belehrt, beschwingt und mit Margarinetipps versehen starte ich in den Erfurter Herbsttag und bin schwer angetan von meinem Selbstversuch, der mich schon jetzt aus der Komfortzone hinaus- und in das Gespräch mit fremden Menschen hineintreibt.

SONNTAGSRITUALE

Es ist Sonntag und ich habe die häusliche „Frühschicht“, was in diesem Fall *wirklich* früh bedeutet. Nachdem Sylvester seit gefühlten zehn Stunden meine Aufmerksamkeit darauf zu lenken sucht, wie unerträglich seine vernachlässigte Kinderexistenz ist, erhebe ich mich mühsam und beginne, eine Geschichte von den Abenteuern lustiger Tierkinder vorzulesen. In dem merkwürdigen Zwischenstadium meines halbschlafenden Geistes kommt mir das seltsam absurd vor: Hier versuche ich, meinem Kind Tiere durch ihre menschlichen Eigenarten näherzubringen, nur um ihm wenig später eben jenes „vorwitzige Ferkel“ in Wurstform als Sonntagsfrühstück vorzusetzen?

Zehn weitere Bücher und eine Stunde Müllauto spielen später höre ich Stefans matte Stimme aus dem Schlafzimmer um Kaffee flehen. Kaffee ist aus, und da wir diesbezüglich Junkies sind, begeben wir uns zur Kaffeebar um die Ecke. Ich bekomme besten Sojacappuccino, Sylvester einen „Kinderkaffee“, in den er sogleich den halben Inhalt des Zuckerstreuers versenkt, Stefan irgendwas Tiefschwarzes. Dann die Frühstücksfrage. Normalerweise nehme ich ein Croissant oder eines dieser luftigen Brioches. Those were the days ... Mit dem Gefühl, den Partybreaker zu geben, erfrage ich die Zutatenliste der Brioches. Eier, Milch, Butter. Was sonst?

Ich setze mich. Ohne Frühstück. Stefan isst eine Rosinenschnecke, Sylvester Toast mit Schinken und Käse. Um mich zumindest an meiner moralischen Integrität zu laben, beginne ich einen ausschweifenden Vortrag über Ei und Huhn.

* * *

Ich erzähle von gepeinigten Legehennen, denen ohne Betäubung die Schnabelspitzen kupiert werden, und beschreibe die winzige Fläche, die pro Huhn in einer Mastanlage zur Verfügung steht (etwa zwei Drit-

tel eines DIN-A4-Blattes), sowie die künstlich erzeugten Biorhythmen, die aus einfachen Hühnern Eiproduziermaschinen machen. Nach einem Jahr und über 300 gelegten Eiern sind sie so ausgelaugt, dass es sich wirtschaftlich nicht mehr lohnt, sie weiter durchzufüttern. Damit die geschmacksneutralen Überreste zumindest irgendwie nach Huhn schmecken, wird ihnen, wie Jonathan Safran Foer schreibt, zumindest in den USA nach ihrem Tod mitunter künstliche Bouillon gespritzt.

Weil ja nur weibliche Hühner Eier legen können, landen rund 40 Millionen männliche Legehuhnküken (die Hälfte aller geschlüpften Jungtiere) im Schredder, werden vergast oder einfach in Container geschmissen, wo sie allmählich ersticken. Nur wer Eier legt, ist drin.

Den fast 600 Millionen überzüchteten deutschen „Gebrauchsschlachtküken" (auch Masthühner genannt) brechen aufgrund von unnatürlich hoher Gewichtszunahme die Knochen, sie sind empfänglich für Entzündungen und Keime und ihnen fehlt in den schlecht belüfteten Betrieben der Atem. Rund 60 tote Tiere pro Tag und Großbetrieb werden zum Teil einfach zwischen die Lebenden auf einen Haufen geschmissen. Zum Glück gibt es Antibiotika, die noch dazu illegal als Wachstumsbeschleuniger eingesetzt werden können. Zwei Fliegen, eine Klappe …

Irgendwann höre ich auf zu sprechen. Stefan hat seine halbe Rosinenschnecke auf den Teller gelegt. Er sieht Sylvester zu, der vor dem Café Tauben jagt. Ich sage leise, dass für normales Gebäck aus wirtschaftlichen Gründen natürlich Eier aus Massentierhaltung verwendet werden. Wo bio drin ist, steht bio drauf.

Stefan erhebt sich. Er möchte zahlen. Auf dem Heimweg schweigen wir. Vor meinem Versuch hätten wir Croissants und Brioches gegessen und wären dann glücklich und satt in den Tag gestartet. Ich frage mich, warum ich nicht einfach die Klappe gehalten habe. Will ich ab jetzt bei jedem tierischen Produkt, das meine Familie isst, Horrorgeschichten ausbreiten, bis allen der Appetit und die Freude vergeht? Es war von Anfang an klar, dass es mein Versuch ist. Selbst gewählt. Nur – je mehr ich lese und sehe, desto dringender wird mein Bedürfnis, das Erfahrene in die Welt hinauszuschreien und meine Liebsten vor Antibiotika- und Chemikalienrückständen, vor Gammelfleisch und multiresistenten Keimen zu bewahren.

Zu Hause sehe ich hungrig in den Kühlschrank. Dort liegt eine einsame Karotte und ein Tofurest. Happy Sonntag.

KOHLENHYDRAT-OVERKILL

Die erste vegane Woche ist um, und ich hatte mir das Ganze um einiges leichter vorgestellt: gutes Gemüse kaufen, vegane Ersatzprodukte testen und mir parallel viele kluge Gedanken zum Thema Verzicht machen ... Die Realität: ein hustendes Kind, jede Menge Arbeit und kein veganes Fast Food weit und breit. Mein Magen fühlt sich an wie ein Klumpen Teig. Trockene Ökosemmeln, gluten-, laktose- und geschmacksbefreite Ökoreiskekse und natürlich: Pasta. Mit verkochtem Gemüse am Erfurter Bahnhof, mit Öl pur bei einer Arbeitsbesprechung (die wunderbar duftende Bolognesesoße des Kollegen heimlich anschmachtend), mit Tomatensoße bei einer Essenseinladung (nicht ohne neiderfüllte Blicke auf das sahnige Risotto samt Parmesansplitter zu werfen).

Ich resümiere: Veganes Leben ist nicht gerade abwechslungsreich, wenn man viel zu tun hat, viel unterwegs und schlecht vorbereitet ist. Um diesen Monat nicht mit dem Warten auf sein Ende zu verbringen, muss ich wohl meinen Ernährungsversuch noch einmal anders anpacken und sowohl dem Thema als auch meinen Essgewohnheiten mehr Zeit einräumen.

Bei uns kocht meist Stefan, ohne Rezept und fast immer mit mindestens einer „Geheimzutat". Sein Essen ist neu, spannend und extrem lecker. Meine Mithilfe beschränkt sich meist auf Salatwaschen oder darauf, Karotten nach Anweisung in Form zu schneiden. Da mein Mann aber gerne mit Fleisch oder Fisch kocht und ich ihm nicht die Zubereitung von Sojaschnitzeln abverlangen möchte, steht für mich die harte Wahrheit an: Ein veganes Kochbuch muss her!

Die Suche danach lässt mich geplättet zurück. Es gibt tatsächlich tonnenweise Bücher, von der wutgrellen „Wir sind keine Mörder"-Lektüre bis hin zum veganen Fitnessratgeber. Auf den ersten Blick spricht mich „Das vegane Kochbuch" von Sandra Forster an, einfach weil es so angenehm unprätentiös daherkommt. Ich bestelle dieses und – um den Vergleich zu haben – noch ein paar weitere Bücher und nehme mir vor, mich von jetzt an anders aufzustellen. Ich will ja ernsthaft herausfinden, ob veganes Leben eine Alternative sein und vielleicht sogar Spaß machen könnte. Eine auf (milchpulverfreien) Brötchen basierende Ernährung ist dafür sicherlich nicht die beste Voraussetzung.

EIGHTPACKS UND HORMONE

Zwei Tage später sind meine veganen Kochbücher da, und ich schäme mich ein wenig. Mal eben fünf verschiedene, neu produzierte Hochglanzbände zu shoppen, die mit hoher Wahrscheinlichkeit als dekorative Staubfänger in einem Regal landen werden, wirft mich in Sachen Fußabdruck sicher um Meilen zurück. Ich imaginiere, wie dieser sich auf die vierte Erde ausdehnt, und versuche vergeblich, mir das Ganze als dringend notwendige Recherche schönzureden.

Vor mir liegen: „Das vegane Kochbuch" von Sandra Forster, „Vegan kochen für alle" von Björn Moschinski, „Vegan for Fun" von Attila Hildmann, „La Veganista" von Nicole Just und „Meine vegane Küche" von Surdham Göb.

Der erste Eindruck von Sandra Forsters Buch bewahrheitet sich. Es ist ziemlich cool. Der Look, die Fotos, die Texte, alles sehr lässig und stilsicher. In einem kurzen Einleitungstext gibt sie zu, auch mal ein Stück Käse zu essen, wenn ihr danach ist. Das finde ich in seiner Unangestrengtheit hochsympathisch. Noch dazu wirken die Rezepte selbst für Kochgenies meiner Güteklasse machbar und sind nicht mit Fleisch- und Milchersatzprodukten überfrachtet. Zum Abschluss hat sie Texte veganer Weggefährten eingebaut, alle sehr informativ und zugleich null missionarisch. Das scheint Sandra Forsters wichtigster Ansatz: zu zeigen, dass veganes Leben tatsächlich Spaß machen kann. Klappt zumindest bei mir besser als jeder Tierrechtsvortrag.

Surdham Göb, der Einflüsse aus seinen Reisen durch die Welt in die Gerichte einfließen lässt, kommt aus einer eher spirituellen Ecke. Meditation, Einfachheit der Zutaten und eine Rote-Beete-Suppe, die ihn an friedliche Mönche in den Bergen erinnert. Einen Frieden, den man in sich selbst finden solle. Wie wahr, wie wahr. Für meinen Geschmack dennoch etwas viel. Was er kocht, sieht allerdings wirklich gut aus, und vor allem: einfach. In den wenigen Gemütszuständen, in denen ich doch mal etwas ansatzweise Ausgefallenes kochen möchte, für dessen Zubereitung ich ein Kochbuch zurate ziehe, bekomme ich beim ersten Anblick der ellenlangen Zutatenlisten meist so schlechte Laune, dass ich das Buch weglege und es wie immer Nudeln gibt. Surdham Göbs Gerichte dagegen scheinen eher unaufwendig, was mit seinem Ansatz zu tun hat, den ursprünglichen Geschmack der Zutaten so weit wie möglich zu erhalten. Die Fotos sind liebevoll gestaltet und es gibt viele Tipps, auf welche Weise die Gerichte gegebenenfalls variiert werden können.

Zufrieden lege ich Surdham Göb auf den „Behalten"-Stapel und wende mich den drei Berliner Star-Veganen zu: Björn Moschinski, Attila Hildmann und Nicole Just.

Nicole Just, Enkelin eines Metzgers, kocht vermehrt bodenständige Rezepte, die den Geschmack ihrer Kindheit bewahren und zugleich Tierleid vermeiden sollen. Gut gefällt mir, dass sie Anleitungen zum Ersetzen bestimmter Produkte durch natürliche Alternativen (zum Beispiel Algen statt hochverarbeitetem Ersatz-Thunfisch) gibt, bedeutet dies doch, dass man nicht zwingend haufenweise Verpackungsmüll produzieren muss, um ihre Rezepte nachzukochen. Auch sonst hat sie jede Menge Tipps, und die Rezepte sehen aus, als hätte die Köchin Freude am Leben und Essen. Definitiv keine verknöcherte Abstinenzlerin. Auch Stefan findet das Buch toll, was meiner Meinung nach weniger den veganen Gerichten zuzuschreiben ist („Die Tempeh-Pfanne sieht wirklich super aus!") denn der hübschen blonden „Veganista", die auf vielen bunten Bildern strahlend ihr eigenes Essen verzehrt. Er kontert meinen Kommentar in diese Richtung mit einem Seitenhieb auf meine begeisterte Lektüre von Attila Hildmanns Buch, bei dem ich noch weit vor den Rezepten an mehreren großformatigen Farbfotos von dessen Bauchmuskeln (ich lerne: ein Eightpack statt des schnöden Sixpacks Normalsterblicher) hängen bleibe. Gleichstand. Auch wenn meine Faszination weniger hormongesteuert ist, als der Liebste vermutet. Hildmanns Ansatz unterscheidet sich deutlich von dem der anderen Köche. Während diese mit Planetenschutz, Tierliebe und der Gesundheit von Geist und Körper argumentieren, zeigt Attila Hildmann schlicht, wie ihn das vegane Essen von einem dicklichen Kreuzberger Couch-Potato in einen muskelbepackten Adonis verwandelt hat. Ich finde das erst einmal ziemlich witzig, bis mir klar wird, dass sein Erfolg gerade diesem Ansatz zu verdanken ist – und dass der gestählte Attila wahrscheinlich die beste Aussicht darauf hat, „ganz normale" Menschen zu erreichen – also Leute ohne vegetarische Vorbildung, ohne besonderes Interesse an liebevoll gekochtem Essen und ohne übergroße Sorge um die Welt und ihre Bewohner. Computerkids, die gerne wie Attila wären, Eltern, die gerne kleine Attilas voller Stolz durch ihr Viertel führen würden, unzufriedene Ehefrauen, die gerne einen Typen hätten, der aussieht wie Attila – sie alle kann er durch seine einfache Message erreichen: AUCH – DU – KANNST – ES –

SCHAFFEN! Durch vegane Ernährung kann jeder zum erfolgreichen Muskelmann werden. Noch dazu sind seine Rezepte angetan, Konsumenten herkömmlicher Produkte langsam an das „neue" Essen zu gewöhnen. Er bietet Alternativen zu Burger, Pizza und Döner, aber auch zu bekannten Schokoriegeln und Pausensnacks. Bedeutet: Du kannst ALLES essen und TROTZDEM Hammer aussehen. Ich verstehe das Erfolgsrezept und bin beeindruckt, bleibt das Ergebnis doch wie gewünscht: ein Interesse an tierproduktfreier Küche zu wecken.

Björn Moschinski ist mit seinem Restaurant „MioMatto" der wohl etablierteste vegane Koch. Auf den ersten Blick scheint er ein Vorzeigeveganer: Dreadlocks, T-Shirts mit veganen Slogans, ein Vegan-V auf das Handgelenk tätowiert. Seine Küche ist – ähnlich wie die von Nicole Just – zu großen Teilen bodenständig und stützt sich für meinen persönlichen Geschmack ein wenig zu sehr auf Ersatzprodukte, vom „Fake Thunfisch" über Ei-Ersatzpulver bis hin zur veganen Salami. Kann man machen, aber ich stehe dem eher skeptisch gegenüber. Es scheint mir merkwürdig, so natürliche Dinge wie ein Ei oder ein Stück Käse aus unterschiedlichen Zutaten nachzubauen. Da ist mir Nicole Just etwas näher, die als Ei-Alternative beispielsweise zu Leinsamen, Apfelmus oder Backpulver rät. Interessant ist, dass Leute, denen ich von den Büchern erzähle, relativ heftig auf die veganen Versionen ihrer Küchenklassiker wie Gulasch, Roulade oder Königsberger Klopse reagieren. Wenn schon, dann doch bitte konsequent, ohne Hintertür und Fleischersatz! Björn Moschinski hält dagegen, dass Veganer häufig eben der Tiere wegen auf Fleisch verzichten, den Geschmack der Gerichte jedoch mit lieb gewonnenen Erinnerungen verbinden und nicht missen möchten. Ich verstehe den Gedankengang.

* * *

Worin sich die Köche meiner neuen Bücher trotz allem ähnlich sind: Das vegane Essen soll mit Genuss und Freude vermittelt werden. Die faden Grünkernbratlinge meiner Kindheit finde ich dagegen nirgends. Zuweilen hat das Ganze zwar ein bisschen was von einem Motivationsseminar („Vegan sein, yeah, yeah, yeah!“), doch die Richtung gefällt mir, und wäre ich nicht ein so bedauernswert fauler und des Kochens wenig mächtiger Mensch, ich würde sogleich zur Pfanne greifen und meiner Familie eine der veganen Wundermahlzeiten zaubern. So gibt es ... Nudeln. Um eine Art Buße zu tun, backe ich zumindest einen veganen Apfelkuchen aus Sandra Forsters Buch mit Apfelmus als Ei-Ersatz und Rapsöl statt Butter. Sehr lecker, kein Unterschied.

WISSEN VS. GLÜCK

In Gesprächen mit Freunden stoße ich seit Beginn meines Versuchs immer wieder auf Unverständnis oder die Aufforderung: „Gib halt einfach zu, dass du ’ne Diät machst.“ Wenn ich dann anfange, von globaler Verantwortung zu sprechen, von meiner Annahme, dass nur Verzicht uns letzten Endes vor dem Super-GAU bewahren kann, und von der Erkenntnis, dass ich zu Hause zwar brav bio esse, doch im Café im Zweifelsfall trotzdem den Kuchen mit Billig-Eiern nehme, bekomme ich nahezu jedes Mal unglaubliche Geschichten zu hören:

Schon wieder ein Lebensmittelskandal, Treibhausemissionen, das Schmerzempfinden von Fischen ... Ein Freund weist mich auf den Film „Earthlings“ hin, der unseren Umgang mit Tieren von seiner unschönsten Seite zeigt. Ein anderer erzählt, dass Nutztiere in den Vereinigten Staaten etwa 40 000 Kilo Scheiße pro Sekunde produzieren (auch er hat Foer gelesen). Fast jeder kennt eine Gruselgeschichte oder Statistik dieser Art. Und nahezu jedes Mal, wenn ich frage, was meine Gesprächspartner gegen dieses Grauen zu unternehmen gedenken, stoße ich auf ebenjene Ausflüchte, die ich mein ganzes Leben lang vorgeschoben habe: keine Zeit, kein Geld, bringt eh nix, so was will ich lieber gar nicht hören, das verdränge ich, sonst kann ich nicht mehr schlafen ...

Ich will gerade keine Ausflüchte mehr zulassen, und so sehe ich mir als erste Maßnahme „Earthlings“ von vorn bis hinten an, obwohl ich minütlich abschalten, wegsehen, vergessen möchte. Und ja, ich kann nicht mehr schlafen. Das Bild des Straßenhundes, der lebendig in einen Müllcontainer geworfen wird, wo er von der Pressplatte ins Innere des Wagens gedrückt wird, verfolgt mich ebenso wie das der ohne Betäubung enthornten Rinder, die rasend vor Schmerz brüllen – keine Chance, sich zu befreien. Sich gegenseitig anfressende Schweine, blutend auf die Erde geworfene Delphine im Todeskampf, Hühnerhofmitarbeiter, die zum Spaß auf halb toten Hühnern herumhüpfen. Überall zuckende Gliedmaßen, verzweifelte Augen, rohe Gewalt. Ein Tötungsfließband, das immer schneller läuft.

Wie nur kommen wir darauf, dass es uns erlaubt sein sollte, mit anderen Lebewesen so umzugehen? Ich möchte rasen, schreien, etwas tun. Für den Moment kann ich nur heulen.

Würden wir sagen, dass uns die Tiere, die Erde, die Zukunft egal sind, solange es uns hier und heute schmeckt, wäre das zumindest ehrlich. Ich bin wütend über all die kleinen Lügen und Gedankenverweigerungen, mit denen ich ein ungutes Gefühl allzu oft ignoriert habe. Stattdessen habe ich die vehementen Tierschützer und sogenannten Hardcore-Aktivisten mit ironischem Lächeln bedacht. Natürlich ist es einfach, Menschen als verbohrte Spaßfeinde, Verschwörungstheoretiker, Ökofanatiker und was auch immer abzutun, und auch ich möchte nach wie vor in meiner Realität leben und dabei das Essen, Leben, Reisen ... genießen, ohne ständig Verbotsschilder im Kopf zu haben.

Es ist ein schmaler Grat. Ich merke, dass Ignorieren oder bewusstes Nichtwissen für mich keine Optionen mehr sind. Zugleich will ich weder ein Mensch werden, der jeden Döner-Esser mit tadelnden Blicken bedenkt, noch irgendwann final in Depressionen versinken. Nur: Wenn ich Nachrichten sehe und mir immer deutlicher klar wird, wie viel Leid es im Rest der Welt verursacht, dass wir unseren Luxus leben und der Gier nach Billigartikeln, Besitzanhäufung und ungemindertem Ressourcenverbrauch ohne Einschränkung nachgeben, zieht mir das den Boden weg. Allein dieser kleine erste Versuch, sich der Dinge bewusst zu werden, zeigt mir, dass mehr Bewusstsein nicht zu unbeschwerterem Leben führt. Dabei will ich wie jeder Mensch doch vor allem: glücklich sein.

Dazu fällt mir das Lied „Ankes Bioladen" des wunderbaren Hannes Wader ein: „Um weiter so zu leben wie bisher weißt du zu viel, doch um deinen eignen Weg zu geh'n zu einem neuen Ziel, ohne dich im Kreis zu dreh'n und ohne Selbstbetrug – dazu weißt du wieder nicht genug ..."

FRAGEN, FRAGEN, FRAGEN

Heute ernähre ich mich seit zehn Tagen vegan. Bislang ohne größere Schwierigkeiten, von einem Tag des Darbens einmal abgesehen. Ich habe die Milch im Kaffee gegen Sojamilch ausgetauscht, statt Joghurt esse ich ebenfalls die Sojavariante, wobei ich nichts vermisse. Ich brate Tofu Natur zur Pasta, streue Räuchertofu statt Speck auf den Vogerlsalat und ernähre mich ansonsten hauptsächlich von Obst und Gemüse, was erwartungsgemäß zu einem tollen Körpergefühl führt. Weitere vegane Ersatzprodukte habe ich noch nicht ausprobiert und somit das Gefühl, unendlich viele Möglichkeiten neu entdecken zu können. Der Versuch läuft.

Und nun? Wohin soll das Ganze führen? Zu einem möglicherweise bewussteren, doch ansonsten ähnlichen Essverhalten wie zuvor? Was soll das bringen? Und weshalb darüber schreiben? Zeit, meine Motivation zu hinterfragen.

Geht es mir vielleicht doch einfach um Selbstdarstellung? Darum, hinaus in die Welt zu rufen: Ich tue etwas!

Meine Recherche, was alternative Ideen und Konzepte betrifft, ernüchtert mich schnell. Es gibt Hunderte Projekte, allesamt sehr viel fundierter, radikaler, tiefgründiger als mein kleiner Selbstversuch. Es gibt Filme, Bücher, Websites, Gruppen ... Was also sollten meine neben dem Alltagsleben angestellten Nachforschungen der Welt an Neuem bringen? Ich fühle mich unzulänglich, zu extrem für die einen, zu naiv-gemäßigt für die anderen.

Müsste ich, wenn ich das mit der globalen Verantwortung tatsächlich ernst nähme, nicht jetzt, hier und sofort: nicht mehr reisen, Müll komplett vermeiden, nicht mehr heizen, das Handy abschaffen, ausschließlich fair produzierte Kleidung kaufen, einen Kurs in Permakultur belegen, mich in diversen Projekten in aller Welt engagieren – vom Tierschutz über verletzte Menschenrechte und Regenwaldabholzung bis hin zur Kinderarmut?

Ich bin überfordert. Mir fehlen die finanziellen Mittel und die Zeit, mich voll und ganz der Weltverbesserung zu widmen. Natürlich sind auch das Ausreden. Besser also: Ich mag mein Leben, wie es ist, und bin (noch?) nicht bereit, es aufzugeben, um mich ausschließlich um die „wirklich wichtigen Dinge“ zu kümmern.

Was also kann ich als ansatzweise gebildete, künstlerisch tätige, in bürgerlicher Sicherheit aufgewachsene Frau und Mutter tatsächlich tun? Die Adresse eines bislang unentdeckten Biobauern herausfinden? Ein neues Kochbuch schreiben (ha, ha)? Den Beweis liefern, dass es sich ohne tierische Produkte gut leben lässt? Ich habe nicht das Gefühl, als würde das irgendwen hinter dem Ofen hervorlocken.

Geht es möglicherweise tatsächlich ganz banal darum, abzunehmen, ohne sich dem Stigma der Diät auszusetzen? Wenn ich ehrlich zu mir selbst bin, ist es zumindest ein angenehmer Nebeneffekt, dass die Jeans etwas lockerer sitzt. Freunde machen sich Sorgen: „Nicht, dass du ’ne Essstörung bekommst." Thanks, but no thanks. Die Einschränkungen, die ein Leben auf der Suche nach dem perfekten Hintern mit sich bringt, sind es definitiv nicht wert.

Also was? Die Unterhaltung mit einem klugen Menschen, der zum Glück noch dazu mein Mann ist, hilft. Stefan findet: Was bringt ein Selbstversuch, wenn er nicht die Möglichkeit des Scheiterns in sich trägt? Gerade diese Fragen und Zweifel sind es doch, die zu einer langfristigen, persönlichen Lösung führen können, ohne den Anspruch zu haben, daraus einen klugen Sinnspruch für einen Lebensratgeber zu extrahieren. „Universelle Liebe", „Carpe diem", „Leben im Jetzt" etc. sind wichtige Weisheiten, doch erst der Versuch, sie mit Inhalt zu füllen und wirklich danach zu leben, wird ihre Umsetzbarkeit in der individuellen Lebensrealität zeigen.

Für heute also haufenweise Fragen und keinerlei weltbewegende Erkenntnisse. Außer vielleicht eine: Hände weg von Carob-Schokolade!

FREI UND GLÜCKLICH

Heute war ich in der Stadtbibliothek, um mich mit weiterer Literatur zum Thema Veganismus zu versorgen. Siehe da: nicht ein Buch! Alle entliehen. Vor dem Regal, in dem die erhofften Werke zu finden sein sollten, stehen nur mehr reihenweise Bücher zu der Ernährungslüge, der Gefahr von Salz, dem Nutzen von Salz, warum Weizen dick und krank macht, und natürlich: ab morgen bin ich schlank/schön/erfolgreich etc. Ich fühle mich von Ratgebern zum glücklichen Leben erschlagen und frage mich, wo all die glücklichen Bücherkonsumenten wohl stecken mögen.

Anschließend Yoga. Die Schlange windet sich zum Eingang hinaus. Ihre Genervtheit laut herausstöhnend warten die Bewegungswütigen darauf, endlich dranzukommen, um sich in den heiligen Hallen in Stille zu versenken. Wohin ich sehe: gut aussehende, schlanke, teuer gekleidete junge Frauen, manche mit Yogatattoo auf dem Knöchel, viele mit sehnsüchtigem Blick hin zum schönen Yogaguru. Das vegane Bioessen lässt ihre makellose Haut erstrahlen, und ich fühle mich wie ein Pseudorocker, der feststellen muss, dass er doch nur seichten Pop produziert.

Im Yogaraum liegen die Matten dicht an dicht. Ich stehe mit mäßig intelligentem Gesichtsausdruck herum und suche nach einem mattenbreiten Platz zwischen all den Leibern. Einige der Damen müssten ihre Matten verschieben, doch alle halten die Köpfe gesenkt wie Schüler im Lateinunterricht. Erst als der Guru höchstpersönlich für Platz sorgt, beginnt das allgemeine Mattenrücken. Als ich mich hinlegen will und dazu einen der braunen Korkklötze verschiebe, zischt es hinter mir: „Das ist meiner!“

Während wir das Om chanten und ein Mantra singen, das darum bittet, unsere Worte, Taten und Gedanken mögen zur Freiheit und dem Glück aller Lebewesen beitragen, spüre ich, wie ich wütend werde. Total un-shanti, schon klar, aber hilft ja nix. Ich habe das Gefühl, wenn ich noch eine weitere bewusste, Ujjayi-atmende Grafikdesignerin sehe, laufe ich Amok. Gerade kommt mir das alles so verlogen vor. Ein Haufen Girls in Stretchklamotten, die beim Meditieren heimlich checken, ob die neben ihr Sitzende nicht doch den besseren Busen hat. Das ständige Betonen der Zwischenmenschlichkeit, nur um urplötzlich nach der Nachbarin zu treten (sic!), wenn sie einen bei der Vorbereitung zum Schulterstand mit den Füßen streift. Und natürlich die Mantras vom freien Leben durch Loslassen oder Bewusstwerdung der Triebe und Impulse ...

In der „FAZ“ habe ich den Artikel „Deutschland, Land der Veganer“ gelesen, in dem der Veganismus als eine Art neue Religion bezeichnet wurde. Das „Essen und seine Kontrolle“ nehmen den Status des moralisch Höherstehenden ein. Wer vegan esse, sei Meister des Verzichts und fühle sich somit im Recht, über andere zu urteilen und zu predigen. Absolution durch Bio-Essen, Heiligwerdung durch den perfekten Körper.

In mir steigt das ungeminderte Verlangen nach reiner Triebhaftigkeit auf, nach Sex, Alkohol, blutigem Fleisch, impulsivem Wüten. Ich sehne mich sogar fast nach einer ordentlich depressiven Phase.

Es gibt die schöne Anekdote von David Lynch, der seinen Therapeuten fragte, ob mit der Depression auch die wirren Träume weggehen würden, von denen seine Filme inspiriert sind. Als dieser bejahte, zog David Lynch es vor, seine Depression zu behalten. So zumindest die Mär.

Die Menschen, die ich mag und die mich inspirieren, sind manchmal sicherlich bewusst lebend und achtsam. Meist jedoch sind sie: tendenziell Borderliner, spielsüchtig, zweifelnd, selbstzerstörerisch, sie trinken zu viel, schlafen zu wenig, essen gerne und haben mit Mitte 30 keine Ahnung, was sie einmal machen wollen – von irgendeinem Anspruch auf Rentenbezüge sowieso abgesehen. Ja, sie sind nicht immer glücklich. Aber meist ziemlich witzig dabei. Was man von der Truppe im Umkleideraum nur schwer behaupten kann.

Vor Kurzem saß ich in einer Gesprächsrunde, in der eine Frau davon sprach, wie wenige Menschen sich in Gleichmut und Annahme üben. Ein Österreicher mit ausgeprägter Sprachfärbung meinte dazu trocken: „Manchmal ist es aber auch schön, sich zu echauffieren.“ Ich fühlte mich ihm nahe, sehne ich mich doch gerade an Tagen wie diesem nach teenagerhaftem Polarisieren, nach dem intensiv und wild gelebten Moment und der sinnbefreiten Echauffage, selbst wenn der Absturz bodenlos sein kann.

Wenn mein Sohn in 20 Jahren wissen will, was ich getan habe, um die Welt ein bisschen besser zu machen, möchte ich eine Antwort geben können. Aber vor allem möchte ich ihm sagen: Ich habe gelebt, geliebt, gelacht, getanzt...

Ich stehe nach wie vor zu meinem Experiment und finde es sinnvoll und alles, aber ich fürchte, ich werde wohl niemals nur gut, bewusst und achtsam sein. Zu viele Impulse, zu viel Trieb, zu viel Lust.

GERADE RÜCKEN

Zurück auf Los. Jonathan Safran Foer packt mich eben da, wo ich am Abend zuvor aufgehört habe: mein Kind und seine Zukunft. Foer schreibt über mutierte Grippeviren, die in naher Zukunft zu einer Pandemie führen könnten, was seriöse Forscher für sehr wahrscheinlich halten. In seinem Buch und auch bei Andreas Grabolle sind die Hintergründe und Gefahren ausführlich beschrieben.

Sollte sich beispielsweise ein Schwein, das für alle möglichen Viren anfällig und so der ideale Zwischenwirt wäre, mit dem Vogelgrippevirus H5N1 und zugleich mit einem menschlichen Grippevirus anstecken, bestünde die Möglichkeit, dass diese Viren ihre Gene austauschen und mutieren. Das Worst-Case-Szenario wäre in dem Fall ein neues Virus, das ansteckend sei wie eine einfache Erkältung, dabei aber so tödlich wie die Vogelgrippe.

Aber auch abgesehen von dieser durchaus realistischen Gefahr gibt es alle möglichen anderen Keime und Viren, die von kranken, zugekoteten und verletzten Tieren ausgehen können. Bis zu 70 Prozent des Hühnerfleischs (und zwar inklusive Biofleisch!) ist nach Foers Buch zum Zeitpunkt des Kaufs mit Campylobacter oder Salmonellen infiziert.

Andreas Grabolle schreibt, dass allein diese beiden Keime in Deutschland pro Jahr jeweils für 50 000 bis 60 000 gemeldete Fälle von Darmentzündungen verantwortlich sind. Auch die mitunter tödlichen Listerien (fast jeder fünfte Infizierte stirbt) und E.-coli-Bakterien (zu denen auch Ehec gehört) wurden in zahlreichen Stichproben gefunden. Grabolle schreibt weiter, dass in Deutschland bereits über die Hälfte aller geschlachteten Schweine mit einem Stamm des antibiotikaresistenten Klinikkeims MRSA infiziert ist.

Das größte Problem der Erkrankungen durch Keime ist ebendiese zunehmende Antibiotikaresistenz, die nicht zuletzt dem unmäßigen Einsatz von Antibiotika in der Massentierhaltung zuzuschreiben ist. Allein in den USA werden laut Foer 11,2 Millionen Kilo Antibiotika zu nichttherapeutischen Zwecken an Masttiere verfüttert.

Andreas Grabolle zitiert dazu das Europäische Zentrum für die Prävention und Kontrolle von Krankheiten, demzufolge Antibiotika-Resistenzen inzwischen die öffentliche Gesundheit bedrohten.

Foer führte außerdem Interviews mit illegalen Einwanderern, die in Mastbetrieben arbeiten und dort ebenso krank werden wie die Tiere. Wenn die Arbeiter die Zustände nicht mehr ertragen können, werden sie zum Teil depressiv – oder sie lassen die durch das maschinenartige Töten angestauten Aggressionen an den Tieren aus. Mit Knüppeln eingeschlagene Schweineschnauzen, brutal in Anus oder Vagina gerammte Eisenstangen, zu schwache Ferkel, die – um kein unnötiges Futter an sie zu verschwenden – an Steinwände geschlagen werden, und andere Gewaltexzesse setzen den bis dahin erlebten Misshandlungen die Krone auf. Auch wenn es in Deutschland stärkere Kontrollen geben dürfte, als es in vielen US-Betrieben der Fall zu sein scheint, gibt es auch hierzulande beispielsweise sogenannte Hühnerstopfer für die Verladung, denen von der EU empfohlen wird, die Verletzung der Tiere auf ein Mindestmaß zu beschränken.

Die 2007 von Thomas D („Die Fantastischen Vier") und PETA (People for the Ethical Treatment of Animals) gedrehte

Dokumentation „Das Geschäft mit dem Tod“ zeigt die desaströsen Zustände in deutschen Mastbetrieben auf. Verletzte, tot geborene, von Insekten befallene Ferkel, deren qualvoller Tod weit günstiger kommt als die Konsultation eines Tierarztes. Kranke, verkotete Schweine, die noch auf dem Weg in den Schlachthof – so sie nicht beim Transport zerdrückt werden – geschlagen, getreten oder an den Beinen grob hineingeschleift werden. Mir ist schlecht.

In Sandra Forsters Kochbuch lese ich danach ein paar Interviews mit verschiedenen Veganern. An sich erschütternde Zahlen, beispielsweise der jährliche Tod von 500 000 eigens fürs Münchner Oktoberfest gezüchteten Hühnern. Jeder kennt ähnliche Statistiken, jeder weiß (oder sollte wissen), dass wir so nicht weiter konsumieren können. Warum reagieren so wenige, ich eingeschlossen? Verdrängung ist so viel einfacher als das Hinschauen ...

Selbstverständlich muss ich nicht milde lächelnd auf einer Yogamatte sitzen und sicherlich nicht diejenigen, die es tun, be- und verurteilen. Jedem sein Stück vom Glück. Vielleicht kann man wild und frei leben, ohne den Kopf ganz abzuschalten, bewusst und achtsam sein, ohne zum viel zitierten „Gutmenschen“ zu mutieren ...?

Bei ersten Recherchen für ein Drehbuch über Flüchtlinge stoße ich auf unterschiedliche Berichte über hiesige Flüchtlingslager, die allesamt in katastrophalem Zustand zu sein scheinen. Knapp vor der großen Weltdepression frage ich mich, wie Menschen, die sich mit Mühe ein Busticket leisten können, es anstellen sollen, „gutes“ Fleisch zu essen – oder auch an regionale, biologisch angebaute Lebensmittel zu kommen, um ihre Klimabilanz zu optimieren. Aber das ist wahrscheinlich deren geringstes Problem. Also wer, wenn nicht wir?

SEITAN UND EI

An sich lässt sich die ganze Veganismussache ganz gut an und ich vermisse wenig. Dennoch möchte ich weitere Alternativen ausloten. Im Bioladen stehen jede Menge Fleischersatzprodukte in den Regalen. Allen voran natürlich Tofu, aber auch Seitan, Tempeh und Lupine.

Seitan ist, so lerne ich, ein von tibetischen Mönchen zur vegetarischen Ernährung entwickeltes Produkt aus Weizeneiweiß, also Gluten. Ich wundere mich. Gerade in der heutigen Zeit haben so viele Menschen eine Glutenallergie, dass mir eine reine Glutenmasse als wenig ratsame Alternative erscheint. Egal, ich kaufe das Fertigprodukt und schäme mich kurz vor Nicole Just, die mir in ihrem Kochbuch ein so einfaches Rezept zur Selbstherstellung geliefert hätte.

Tempeh, ein indonesisches Produkt, wiederum sieht aus wie eine körnige Wurst und entsteht laut Wikipedia durch Fermentierung, indem gekochte Sojabohnen mit niederen Schimmelpilzen beimpft werden. Es gibt durchaus appetitanregendere Produktbeschreibungen, aber sei's drum.

Am sympathischsten ist mir die Süßlupine, die nicht nur ähnliche Eigenschaften aufweist wie Soja und in Fleischersatzprodukten Verwendung findet, sondern noch dazu eine heimische Pflanze ist, die (zumindest bislang) ohne Genmanipulation und Regenwaldrodung auskommt.

Zu Hause wende ich mich zunächst dem Seitan zu. Aus der Verpackung ziehe ich einen graubraunen Klumpen. An Fleisch erinnert er nicht, wenn überhaupt, dann an die mehrere Tage alte Leber eines alkoholkranken Schweins. Ich schneide das Stück in Scheiben und probiere eine davon pur. Dazu kann man sagen: Don't do it. Es schmeckt, als hätte ich in einen Brühwürfel gebissen, und ich zögere, mein gutes Marktgemüse damit in Berührung zu bringen. Ich brate das Fake-Fleisch mit Wintergemüse. Erstaunlicherweise schmeckt der Seitan gewürzt und scharf angebraten richtig lecker. Nicht unbedingt wie Fleisch, aber nahe dran und zugleich sehr ungewöhnlich. Ich freue mich, eine weitere Alternative zu „Gemüse pur“ gefunden zu haben, und lege Tempeh und Lupinensteak bis auf Weiteres in den Kühlschrank.

Zur Entspannung beginne ich mit der Lektüre von Karen Duves Buch „Anständig essen“, das mir als unbedingt zu lesen empfohlen wurde. Auf dem Bild auf der Buchrückseite sitzt eine Dame im ausgeleierten Strickpulli, die sich von einem fetten Hund am Ohr lecken lässt. Ich frage mich, ob ich am Ende meiner Versuchsreihe auch so weit sein werde. (Dazu fällt mir nebenbei die Geschichte einer Freundin ein, die als Selbstversuch einen Tag lang nicht urteilen wollte. Nach einer Stunde gab sie es als unmöglich auf. In meiner augenblicklichen Karma-Verfassung wäre es bei mir wohl eher eine Minute …). Karen Duve startet im ersten Teil ihres Buchs mit dem Versuch, sich nur mehr biologisch-dynamisch zu ernähren. Interessant wird es, als sie über Eier schreibt und erzählt, dass in Deutschland die Nachfrage nach Freilandeiern so groß ist, dass diese aus dem Ausland importiert werden müssen. Die deutschen Verbraucher haben inzwischen mitbekommen, dass Käfigeier nicht der Weisheit letzter Schluss sind. Deshalb werden die Käfigeier zu anderen Lebensmitteln verarbeitet. Kuchen, Eiernudeln, Mayonnaise, Kaiserschmarren, Pfannkuchen etc.

Auf dem Statistikportal „Statista“ erfahre ich, dass 2012 der jährliche Verbrauch pro Bundesbürger bei rund 217 Eiern lag. Natürlich kann eine solche Menge Eier nicht von ein paar happy Wiesenhühnern erzeugt werden.

Es ist so weit. Der erste offizielle Beschluss meines veganen Versuchs: Wenn ich zum Monatsende überhaupt noch Eier essen will, werde ich keine Produkte mehr konsumieren, bei denen unklar ist, woher die darin enthaltenen Eier stammen. Amen.

UND KEINER GEHT HIN

Ich wollte doch nichts als einen Monat fleischlos essen. Hätte mich jemand gewarnt, dass das derart mit Selbstreflexion und Zweifeln behaftet sein würde, ich weiß nicht, ob ich mich dem so ausgesetzt hätte ... Gerade habe ich vor allem das Gefühl: Es interessiert keine Sau.

Gestern wechselte ein Bekannter beim gemeinsamen Abendessen mitten in meinem frenetischen Käfigei-Monolog ohne Übergang das Thema. Ich hörte die unausgesprochene Frage: Mein Gott, warum beschäftigst du dich nicht mal mit was Relevantem? Vielleicht denkt er das gar nicht, vielleicht hatte er einfach nur keinen Bock oder war müde. Egal. Weshalb sollte sich auch irgendwer dafür interessieren, ob ich Käse esse oder Tofu? Es heißt ja nicht umsonst „Selbstversuch".

Was also bringt mich dazu, eine harmlose Supermarktbesucherin mit der Frage zu belästigen, weshalb sie zwar Biogemüse kauft, ihre Wienerl aber trotzdem aus konventioneller Tierhaltung stammen? Ich weiß genau, wie ich in diesem Fall auf Menschen wie mich reagieren würde: Mind your own fucking business! Dagegen war sie noch fast höflich. Bin das noch ich? Und wenn ja: Was soll das? Plane ich, eine Art Michael Moore zu werden, der den Menschen mit seinen Fragen so lange auf den Senkel geht, bis er die Antwort bekommt, die er sucht? Echauffiere ich mich deshalb ständig, weil ich eben doch hoffe zu missionieren? Weil ich mich für besser und „sehender" halte als alle anderen? Stelle ich mich über die Menschen und suche zugleich deren Anerkennung? Würde ich das Ganze auch machen, wenn es tatsächlich allen egal ist? Oder betreibe ich hier bloße Nabelschau mit Dingen, die bei einem Therapeuten besser aufgehoben wären?

Mein Ansatz ist und war, so ehrlich wie möglich darüber zu schreiben, wie es mir mit dieser Gewohnheitsveränderung geht. Gerade fühlt es sich an, als würde mich mein Versuch vor allem von Menschen, die mir wichtig sind, separieren. Ist es so, dass ein neuer Blick und das Verlassen alter Pfade automatisch dazu führen muss, dass sich Beziehungen neu ordnen? Bin ich bereit, tatsächlich Grundlegendes an meinem Leben zu „überarbeiten"?

An sich halte ich mich für einen Menschen, der versucht, Veränderung zuzulassen und das Stagnieren in überflüssig gewordenen Mustern zu vermeiden. Aber was, wenn das hier erst der Anfang ist? Wenn die Kluft zu einigen Vertrauten mit der Zeit tiefer wird? Oder können sich Menschen ohnehin nicht verändern, wie ein guter Freund überzeugt ist …?

In Goethes „Faust II" singen die Engel: „Wer immer strebend sich bemüht, den können wir erlösen." Vielleicht geht es auch einfach nur darum. Sich zu bemühen. Eine bessere Antwort habe ich gerade nicht.

DER TEUFEL WOHNT IM ZWEIFEL

Nun ist aber auch mal gut. Andere essen Flugzeuge, um ins „Guinness Buch der Rekorde" zu kommen, oder debattieren über „Germanys next Topmodel", ohne sich permanent die Relevanzfrage zu stellen. Abgesehen davon ist mein Ausgangspunkt ja nicht, Zuspruch zu bekommen. Ich will im Selbstversuch erfahren, ob und wie es sich ohne tierische Produkte leben lässt, um nicht zur Massentierhaltung und dem übermäßigen Fleisch-, Milch- und Eierkonsum beizutragen.

Gerade heute kann ich nur sagen: Es geht, und zwar phantastisch. Am Nachmittag war ich in einem wunderschönen Café, in dem sämtliche Pralinen, Schokoladen, Kuchen, Torten … bio, organisch, fair und komplett vegan sind. Ich kann mich nicht erinnern, jemals ein ähnlich gutes Gebäckstück gegessen zu haben wie das Schoko-Bananen-Törtchen. Die Süße des Biskuitteiges kommt fast ausschließlich von Bananen, Hafersahne sorgt für die cremig-weiche Ganache. Ein Traum. Auch der zitronige Mini-Gugelhupf, dem statt Eiern Mineralwasser zugegeben wurde, schmeckt wunderbar. Noch dazu eine nette, kompetente Bedienung und Beratung. Ich bin glücklich.

Inzwischen habe ich weitere Kochexperimente gestartet. Das säuerliche Tempeh ist nicht ganz mein Geschmack, dafür ist eine fertig zu kaufende vegane Bolognesesoße richtig gut. Natürlich gibt es einen Unterschied zu Rinderhack, doch ist dieser bei Weitem nicht so groß wie ich dachte. Es kommt mir zwar noch immer ein wenig seltsam vor, Fleischgerichte vegan „nachzubauen", doch finde ich es sinnvoll, auch hier den Dogmatismus zurückzufahren. Weder sollten Veganer „Allesessern" vorschreiben, was diese zu tun haben, noch andersherum.

Außerdem habe ich probiert: Soja „Big Steaks" (toll), Lupinensteaks (etwas trocken, aber ganz okay), diverse Margarinen, vegane Schokoladenprodukte (schwankend), fleischfreie Bratwürstchen (wunderbar), Thunfischersatz (nie wieder!). Im Internet kann man auf verschiedenen Veganportalen unzählige Produkte bestellen, wobei ich versuche, nicht allzu genau über die Verpackung und den Aufwand des Versendens nachzudenken. Zumindest ist das Bild vom darbenden Asketen tatsächlich überholt.

Leider muss ich jedoch meinen Verbrauch an Sojaprodukten etwas einschränken – mein Magen scheint für allzu ausschweifende Sojazufuhr nicht gebaut. Es gibt wohl einige Menschen mit Sojaallergie, was die fleischlose Ernährung dann doch etwas beschwerlich macht. Außerdem habe ich in der letzten Woche mehr Fleischersatzprodukte zu mir genommen als je zuvor echtes Fleisch, und es soll ja auch darum gehen, insgesamt weniger zu konsumieren und auch mal zu verzichten. Nur ein winziger Prozentsatz der Sojabohnen wird in Deutschland angebaut, und ich glaube kaum, dass ein ungebremster Konsum importierter Sojabohnen meinem ökologischen Fußabdruck besonders guttut.

Auf einem Ausflug bin ich an einem regionalen Biohof vorbeigekommen. Der Betrieb liegt inmitten wunderschönster Landschaft, circa 50 Kilometer südlich von München. Es war Sonntag und der Laden geschlossen, doch habe ich mir zumindest kurz die Stallungen angesehen. Ich fürchte, ich bin rundum naiv. Klar haben die Rinder dort Platz und Auslauf, aber das ist ja das Mindeste. In meinem Kopf leben Biorinder in schönen, mit Heu gepolsterten Einzelkabinen, in denen sie sich nach Lust und Laune ablegen können. Hier aber stehen sie relativ eng, der Boden ist aus Beton und mit einer bräunlichen Schicht bedeckt. Beim Recherchieren wird mir klar, dass dies keine Ausnahme ist, sondern schon fast das Maximum eines einigermaßen wirtschaftlich arbeitenden Biobetriebes. Wer das Fleisch von unbeschwert auf Blumenwiesen grasenden Rindern essen will, muss wohl einen Bauern suchen, der seine Kühe beim Namen kennt und alle paar Monate mal eine davon schlachtet. Ich nehme mir vor, weiterzusuchen, ob nicht vielleicht irgendwo in meiner Umgebung ein ebensolcher zu finden ist. Zumindest bis ich die „Fleisch-oder-nicht-Fleisch-Frage" final für mich gelöst habe.

Nach dem Besuch bin ich mehr denn je überzeugt, dass die Fragen, die ich mir durch den Versuch stelle, sinnvoll sind, und fühle mich gerade mit der veganen Welt sehr im Reinen.

SAPERE AUDE

Heute wurde ich, die ich stets mit meinem zweifelnden Geist hadere, mit einem interessanten Gedanken konfrontiert: Zweifel an sich ist nichts Negatives, sondern im Gegenteil dazu angetan, uns aufhorchen zu lassen und uns den Weg zu weisen hin zu ... uns selbst wahrscheinlich. Ein guter Bekannter findet es bedenklich, dass Zweifel und Irrtum in unserer Welt keinen Platz mehr haben. Er nennt das „Optimismus-Zwang". Alles muss immer wow und geil und wahnsinn sein. Den großen Spaß mit unseren vielen Freunden und die irren Erfolge verkünden wir in sozialen Netzwerken. „Shiny happy people" wohin das Auge sieht. Zweifler stören dabei nur.

Richtig schlimm wird es, wenn die verdrängten Zweifel in umgewandelter Form ans Licht kommen und so massiv sind, dass man sie nicht betrachten kann, ohne das gesamte Lebenskonzept infrage zu stellen. Dazu sind die wenigsten bereit. Bestenfalls richtet sich das so Verdrängte gegen die anderen. Beispielsweise wenn man krank wird gegen den Dönermann, der ein Betrüger ist, weil im Döner für 1,99 Euro Gammelfleisch gewesen sein muss. Oder auch gegen den korrupten Banker, der einen falsch beraten hat. Das System anzuzweifeln, das dahintersteht, würde wiederum bedeuten, das eigene Leben und die eigenen Werte überprüfen und möglicherweise verändern zu müssen.

Wir leben in einer Welt, in der man täglich, stündlich, oft minütlich verzweifeln könnte. Beim Nachrichtenschauen, beim U-Bahn-Fahren, beim Zappen durch die Fernsehsender ... Aber wir sind doch Teil des Systems. Wie sollen wir weitermachen, wenn wir anfangen, auf die Zweifel zu hören und danach zu leben? Möglicherweise als Außenseiter. Möglicherweise komplizierter. Möglicherweise befreit.

Der Amerikaner Colin Beavan, der in seinem Buch „Alles öko!" beschreibt, wie er über ein Jahr versucht hat, in Manhattan mit seiner Familie klimaneutral zu leben (was nur bedingt und mit viel Mühe gelang), schreibt über das „Hamsterrad des Geldverdienens", dass wir nur so viel arbeiten und dafür zu wenig Zeit für Familie, Freunde und schöne Momente haben, um im allgemeinen Konsumwahn mittun zu können.

Von der Arbeit erschöpft, wollen wir uns zumindest etwas „gönnen“ – erneuter Konsum und die Notwendigkeit, noch mehr zu arbeiten, sind die Folge.

Ich glaube, die Welt wäre ein besserer Ort, wenn wir alle wieder lernen würden, auf unser individuelles Gefühl und unser gesundes Urteilsvermögen zu hören.

So wie Kants „sapere aude“ uns nahelegt: „Habe Mut, dich deines Verstandes zu bedienen!“ Wage es, selbst zu denken.

SCHLIMMER GEHT IMMER

Je mehr ich lese, höre, sehe, recherchiere, desto krasser wird das alles. Die Zustände in Schlachthöfen und Tierhaltungsbetrieben sind eine Sache. Aber es geht noch weiter, sehr viel subtiler, aber nicht weniger bedenklich.

Für Wein, klare Fruchtsäfte und Essig wird laut einem „GEO“-Artikel häufig Eiklar, Gelatine oder eine Hausenblase (eine getrocknete Fischblase) verwendet, um diese zu „schönen“, also sie haltbar zu machen und von Trübstoffen zu befreien. Zwar gibt es zumindest beim Wein seit dem 1. Juli 2012 eine neue Richtlinie, die Allergikern mehr Schutz bieten soll, doch gilt diese nicht für alle tierischen Inhaltsstoffe. Auf verschiedenen Plattformen wird versichert, die Inhaltsstoffe würden nach der Anwendung wieder vollständig entfernt („ausgeflockt“), aber wenn ich nicht will, dass Massenhaltungstiere getötet werden, möchte ich auch nicht, dass aus ihnen Gelatine gemacht wird. Ob unsichtbare Reste davon in meinem Apfelsaft schwimmen, ist dann erst die zweite Frage.

Natürlich hört es auch hier nicht auf. Mit ein bisschen Nachdenken hätte ich darauf kommen können, dass in vielen Kosmetika wie Creme, Shampoo usw. tierische Produkte enthalten sein können. Aber dass selbst Zahnpasta mitunter Rindertalg und tierische Fette enthält, ist mir ebenso unbegreiflich wie neu. Die Tierschutzorganisation „PETA“ führt auf ihrer Website eine Liste tierischer Inhaltsstoffe auf – inklusive nicht-tierischer Alternativen – und informiert, dass die Hauptquelle „verarbeiteter“ Tiere die Schlachthäuser seien, die die „unverzehrbaren“ Teile der dort getöteten Tiere liefern. Auch Körper von eingeschläferten Hunden oder Katzen würden bei den weiterverarbeitenden Fabriken landen. Tote Katzen im Shampoo, Rinderteile in der Zahnpasta – was kommt noch?

Von Karen Duve (die in ihrem Buch mittlerweile Veganerin und gut informiert ist) lerne ich, dass die Gänsedaunen in vielen Bettdecken nicht etwa von toten Gänsen stammen, sondern den Tieren oft bei lebendigem Leibe ausgerissen werden, damit die Federn nachwachsen und somit mehrfach „geerntet“ (Fachterminus!) werden können! Ich glaube es nicht, bis ich – wiederum bei „PETA“, aber auch in dem (möglicherweise neutraleren) Artikel „Gänse, Daunen und Lebendrupf – Das arme Federvieh“ der „Süddeutschen Zeitung“ – dieses Vorgehen bestätigt finde. Beim „Lebendrupf“ wird der Kopf der Gans zwischen den Knien fixiert, wobei den Tieren, die sich vor Schmerzen panisch zu befreien suchen, oft Flügel gebrochen oder Hautlappen ausgerissen werden. Eigentlich, so lese ich, ist der Lebendrupf EU-weit verboten. Was soll's? Werden die Daunen halt importiert …

Im „GEO Magazin“ mit dem Titelthema „Und was essen wir morgen? – Revolutionäre Konzepte für die Welternährung der Zukunft“ geht es um die Frage, wovon wir uns ernähren werden, wenn alle Ressourcen verbraucht sind. Die Ideen der Wissenschaftler: Gen-Getreide, Insekten, aus Stammzellen erzeugtes Muskelfleisch, in Hochhaustürmen angebautes Gemüse, das die Sonne nie gesehen hat, und Fisch aus gigantischen Aquakulturen. Wenn das alles die schöne neue Welt ist, dann würde ich gerne aussteigen.

Laut dem 2006 veröffentlichten Bericht „Livestock's Long Shadow" der Welternährungsorganisation FAO soll sich der Fleischkonsum bis 2050 verdoppeln, dabei verursacht die Fleischerzeugung schon jetzt mehr Treibhausgase als alle Autos, Flugzeuge, Züge und Schiffe zusammen. Die Milchproduktion ist da noch nicht einmal mit einberechnet. Dem „Fleischatlas" der Heinrich-Böll-Stiftung zufolge werden allein zur Rinderhaltung 70 Prozent aller landwirtschaftlichen Nutzflächen der „Agrargroßmacht" Brasilien beansprucht – und entsprechend Regenwald abgeholzt, um all die Rinder unterzubringen.

So viel dann auch zur Idee, Biofleisch könnte die Lösung sein. Gehobene Standards sind richtig und wichtig für die einzelnen Tiere und die Menschen, die deren Fleisch essen, doch dass sieben Milliarden Menschen nicht täglich Fleisch von gesunden, glücklichen Tieren essen können, liegt auf der Hand. Noch dazu, da – zumindest in den westlichen Industrienationen – ein Großteil des Tieres weggeworfen oder zu Tiermehl verarbeitet wird. Schweineschnauze, Ohren, Füße, Innereien oder auch nur sehnige, knorpelige Teile will keiner essen. Bei genauerer Betrachtung scheint mir der Ansatz, Fleisch aus Stammzellen im Labor zu züchten, durchaus vernünftig.

Vor Kurzem habe ich den großartigen Film „Taste the Waste" von Valentin Thurn gesehen, in dem er unser Wegwerfverhalten kritisiert und zeigt, welche Auswirkungen das unbändige Konsumverhalten der reichen Länder auf die ärmeren Regionen der Welt hat. Allein von dem, was wir in Europa wegwerfen, könnte dem Film nach die gesamte Weltbevölkerung zweimal ernährt werden! Oder anders: Wenn auch nur ein Viertel der jährlich 1,3 Milliarden Tonnen schlecht gewordener oder weggeworfener Lebensmittel eingespart würde, könnten der Welternährungsorganisation FAO zufolge die 870 Millionen hungernden Menschen ausreichend ernährt werden. Klartext: Niemand

müsste auf dieser Welt hungern! Und dabei geht es noch nicht einmal um Verzicht, sondern um reinen luxuriös-feisten Überfluss!

Noch dazu könnten, würden wir nur halb so viele Lebensmittel wegwerfen, damit so viele Klimagase vermieden werden wie mit der Stilllegung jedes zweiten Autos!

* * *

Vieles davon sind bekannte Informationen. Mit dem Wissen um leer gefischte Meere, Umweltkatastrophen, subventioniertes EU- und US-Getreide und -Gemüse, das dafür sorgt, dass die lokalen Bauern in der sogenannten Dritten Welt ihre eigenen Produkte nicht mehr loswerden, heißt das ganz simpel: Wir leben unser schönes, sicheres, reiches Leben auf dem Rücken der Ärmsten. Und wir sind nicht bereit, darauf zu verzichten. Wenn es hochkommt, geben wir ab und an unsere E-Mail-Adresse bei dem Politiknetzwerk „Avaaz" ein, meist ohne recht zu wissen, worum es eigentlich geht. Amazonas? Find ick jut. Oder wir spenden zu Weihnachten 50 Euro für was auch immer. Lässt sich ja von der Steuer absetzen.

Die Entscheidungen, die wir treffen, als Einzelner oder als Gemeinschaft, führen dazu, dass einer von acht Menschen abends hungrig ins Bett gehen muss – und in vielen Fällen am Morgen nicht mehr aufsteht.

Zum Beispiel die Idee, die Joghurts aus der hinteren Regalreihe zu nehmen, die länger haltbar sind – wodurch die vorderen über das Mindesthaltbarkeitsdatum fallen und entsorgt werden müssen. Müll. Oder die Wahl von „schönem" Gemüse, die dazu beiträgt, dass – wie in „Taste the Waste" gezeigt wird – zum Teil 40 bis 50 Prozent der Ernte aussortiert wird: zu knollig geratene Kartoffeln, Gurken, die nicht in die Supermarktkisten passen, oder Tomaten, die von einem Computerprogramm als zu groß oder zu klein aussortiert werden. Müll. Orangenpaletten aus Kamerun, die komplett weggeworfen werden, sobald zwei oder drei schlechte Früchte darunter sind, während in dem Herkunftsland die Leute verhungern. Müll.

Inzwischen gibt es mehr und mehr vor allem junge Menschen, die aus Protest gegen diese Entwertung der Lebensmittel ihr Essen ohne finanzielle Not aus dem Abfall holen, wobei dies in Deutschland im Gegensatz zum Beispiel zu Österreich oder der Schweiz strafbar ist. Valentin Thurn hat im Zuge seines Films die Organisation „Foodsharing" ins Leben gerufen. Auf deren Website können überflüssige Lebensmittel angeboten werden – und wer möchte, kann sie abholen. Ansonsten heißt das einfache Geheimnis: weniger. Weniger kaufen, weniger konsumieren, weniger wegwerfen. Dazu muss man wahrscheinlich noch nicht einmal sein Leben ändern.

BUTTER!

Nach drei Wochen der erste richtige Einbruch. Gestern noch habe ich sämtliche Argumente gegen tierische Produkte aufgelistet, heute verfolgt mich die Vision einer dick gebutterten Scheibe Bauernbrot. Noch nicht einmal Fleisch, Fisch oder Käse. Nur: Butter! Ich liebe den Geschmack von Butter pur oder mit Kräutern oder ... Ei! Ein warmes Hühnerei, der Dotter noch leicht warm ... Aaah! Nichts gegen Margarine. Margarine ist okay. Ich habe sogar eine Sorte gefunden, die richtig gut schmeckt. Nur ist sie eben nicht: geschmacksintensiv, nussig, salzig, rahmig ... Eben nicht: Butter.

Nicht zuletzt dank Andreas Grabolle weiß ich jedoch um die erstaunlich schlechte Energiebilanz von Butter. Zur Butterherstellung braucht es viel Milch (circa fünf Liter für ein 250-Gramm-Päckchen). Dafür wiederum sehr viele Kühe, die zum Großteil mit schwer verdaulichem Kraftfutter aus importiertem Sojaschrot gefüttert werden und große

Mengen des Treibhausgases Methan produzieren. Um die kostbare Muttermilch nicht an den Tiernachwuchs zu „verschwenden", werden die Kälber nach der Geburt von den Müttern getrennt. Angstschreie und totale Verstörung sind dabei notwendige Übel.

Eine simple Formel also: Je mehr Butter, desto mehr Milch, desto mehr Milchkühe, desto mehr Methan sowie verängstigte Kälbchen. Auf der Website www.klima-sucht-schutz.de kann man sich den Energieaufwand des eigenen Einkaufsverhaltens recht anschaulich berechnen lassen. Butter lässt meinen virtuellen Einkaufskorb klimamäßig explodieren.

* * *

Ich versuche, mir all die Auswirkungen des gedankenlosen Butterkonsums ins Gedächtnis zu rufen, doch was ist schon eine schwer zu greifende CO_2-Gefahr im Gegensatz zu waschechter Gier? Es wäre so einfach. Die Butter liegt im Kühlschank direkt neben meinem veganen Margarinepaket. Stefan lässt sich auf vieles ein, er isst sogar Margarine, wenn denn nichts anderes da ist, doch sobald ich ihm nicht mit dem neu erworbenen Veganerblick sanft mahnend über die Schulter sehe, kauft er Butter. Bio zwar, aber doch Kuh. Was meine Standfestigkeit heute auf eine umso härtere Probe stellt …

Möglicherweise liegt es daran, dass ich gestern veganen Frischkäse auf mein ökologisches Bauernbrot geschmiert habe, der leider weder frisch noch käsig schmeckte. Oder an meiner Suche nach veganem Hartkäse. Dieser sieht für mich schon auf dem Foto aus wie eine geschmacksfreie Gummimasse und besteht aus Zutaten wie Nussmus, Hefeextrakt und Kartoffelstärke. Niemand soll mir erzählen, dass das irgendwas mit echtem Käse zu tun hat!

Verdammt. Ich liebe gutes Essen und bin absolut bereit, dafür auch Geld auszugeben. Muss ich nun für alle Zeiten auf Glück bringende Genüsse verzichten, nur weil ich „es besser weiß"?

Neulich ist mir ein Erich-Kästner-Ausspruch untergekommen: „Entweder man lebt oder man ist konsequent." Ich will ja gut sein und die Tiere, das Klima, meines Sohnes zukünftigen Lebensraum schützen. Aber: Butter! Ich schwaches, triebgeleitetes Wesen… Es fühlt sich an wie einst bei meinem Versuch, mitten im Winter eine Fastenkur anzufangen. Schon am ersten Abend war mir eiskalt, ich hatte Migräne vom Kaffeeentzug und nichts anderes im Kopf als den überlebensnotwendig erscheinenden Gedanken: Essen! Auch heute signalisiert mir mein Hirn: Nichts kann mich retten außer reines tierisches Fett. Und zwar viel davon.

Auf der „Öko-Test"-Website finde ich, auf der Suche nach Argumenten, Testberichte zum Thema Margarine. Ich erfahre, dass einige Sorten davon eine mögliche Vorstufe des wohl krebserregenden Stoffes Glycidol enthalten, die sogenannten Glycidyl-(Fettsäure)-Ester, die bei der industriellen Produktion von Fetten entstehen können. Vor allem bei Palmfetten, die häufig zur Margarineherstellung verwendet werden. Unklar ist, ob tatsächlich ein Krebsrisiko von Glycidyl-Estern ausgeht, doch „Öko-Test" rät zur Vorsicht. Leider wird unter den vier Margarinesorten mit erhöhtem Anteil an Fettschadstoffen ausgerechnet meine vegane Lieblingsmargarine gelistet, in der nicht nur Palmöl, sondern auch Kokosfett enthalten ist. Selbst wenn die Fettzusammensetzung nicht zwingend krebserregend sein sollte, ist der hohe Anteil an gesättigten Fettsäuren wohl zumindest ungünstig für Herz und Kreislauf.

Mir schwirrt der Kopf. Ich esse Margarine, um Butter zu vermeiden und somit die Umwelt zu schützen, gefährde dadurch jedoch meine eigene Gesundheit? Variante A: kompletter Verzicht auf Streichfett aller Art. Variante B: Augen zu und Butter aufs Brot. Variante C: weitersuchen.

Mein Buttertrauma sitzt mir im Nacken. Ich beschließe, an einer Führung durch eine Naturkäserei teilzunehmen, um mir selbst ein Bild zu machen. Möglicherweise gibt es ja doch einen gangbaren Weg, nicht vollständig auf Milchprodukte verzichten zu müssen …

AUSFLUG

Um zu der Naturkäserei zu gelangen, muss man zunächst gen Süden fahren. Das heißt: Richtung Berge. Eine strahlende Wintersonne bricht sich auf einer Seeoberfläche, schneebedeckte Bergspitzen zeichnen sich klar gegen den blauen Himmel ab, kurz: Bayernkitsch at its best. Die Voraussetzungen dafür, vom Bevorstehenden angetan zu sein, könnten besser kaum sein.

Das frisch renovierte Holzhaus liegt zurückgesetzt an der Straße. Der Parkplatz ist gut gefüllt, dennoch hat das Ganze Berghüttenflair. Glücklich-entspannte Menschen sitzen in Erwartung einer der angepriesenen Restaurantspezialitäten im milden Sonnenschein. Drinnen liegen phantastisch aussehende Heumilchspezialitäten hinter hellem, sauberem Glas. Große Fenster ermöglichen den Blick in den Produktionsraum sowie in die Lagerräume mit langen Regalen voller Käselaiber, die tatsächlich einzeln und von Hand (!) bearbeitet werden. Alles ist hier: schön, freundlich, offen. Gerade so, als gäbe es etwas derart Schmutziges wie Massentierhaltung nicht in dieser heilen Käsewelt.

Ich will mich nicht vom schönen Schein trügen lassen und frage nach, während Stefan beglückt Heumilchspezialitäten von der vitalen Verkäuferin entgegennimmt und mein Kind mit großen Augen die ebenso großäugige Kuh betrachtet.

Die nette Frau, die durch die Käsereiräume führt und über jeden Schritt der Milchproduktion Bescheid weiß, erklärt: Es gibt 21 ausgesuchte Zulieferer, allesamt Bauern aus der Region, die sich strengen Richtlinien verpflichtet haben. Gen- und Pestizidfreiheit, natürliches Futter statt Silage (Grasschnitt, der durch Gärung haltbar gemacht wurde). Den Tieren werden die Hörner gelassen, und Kühe dürfen hier bis zu 13 Jahre alt werden, müssen also nicht wie sonst vollkommen erschöpft von der übermäßigen Milchproduktion nach wenigen Jahren geschlachtet werden.

Krankheiten der Tiere werden zunächst homöopathisch behandelt, was zu großen Erfolgen führt. Sollte eine Kuh doch einmal so krank sein, dass sie um eine Behandlung mit Antibiotika nicht herumkommt, wird ihre Milch so lange weder zur Käseherstellung noch zur Kälberfütterung benutzt, bis ein Test absolute Freiheit von Rückständen garantiert. Und hier steckt die für mich entscheidendste Information. Kälber bleiben bei ihren Müttern und bekommen deren Vollmilch zu trinken. Sie werden also weder sofort nach der Geburt entsorgt (das heißt zu Wiener Schnitzeln verarbeitet) noch von den Müttern entfernt, um dann völlig verstört mit billigen Milchpulvergemischen zu Milchkühen herangemästet zu werden.

Trotz des Wissens um das Verkaufstalent dieser Frau bin ich begeistert und kann mir zum ersten Mal wieder vorstellen, dass es möglich ist, Milchprodukte zu konsumieren, ohne dafür Lebewesen unnötig zu quälen. Zwar ist dieser Ort noch lange nicht das Haus eines alten Alm-Öhis, der seine vier Ziegen im Garten hält und aus deren Milch ausgewählten Käse fertigt, aber es zeigt, dass die Produktion von „gutem Käse" nicht nur machbar ist, sondern sich offensichtlich auch wirtschaftlich auszahlt.

Es gibt also Hoffnung – die ich nach Duft und Anblick der Heumilchkäsespezialitäten auch gut brauchen kann.

TEEHAUS-BLUES

Den Butteranfall und die Erinnerung an Heumilchkäse habe ich mithilfe von veganer Reismilchschokolade einigermaßen überstanden. Sie erinnert mich an die einst heiß geliebten Eisschokoladentörtchen in diesen kleinen bunten Aluförmchen. Kindheit pur.

Das Ganze gibt mir aber nach wie vor zu denken. Will ich tatsächlich ein Leben führen, das an so vielen Punkten des Genusses mit einem großen Nein versehen ist? Immer mehr denke ich, dass es weniger um das Ob geht, sondern vielmehr um das Wie. Außer bei Fleisch, da habe ich noch keine Lösung – zum Glück aber bislang auch keine nennenswerten Anfälle von Verlangen.

Ich bin mit meiner Freundin Barbara in einem veganen Teehaus zum Mittagessen verabredet. Als ich zunächst alleine eintrete, ist kein Tisch frei. Ein Blick in die Runde. Die Damen senken die Köpfe, jede vor einer gesunden Mittagsschale. Ihre Haltung zeigt deutlich: Komm bloß nicht auf die Idee, dich zu mir zu setzen. Vegane Gemeinschaft my ass. Es mag der zentralen Lage geschuldet sein, doch frage ich mich, weshalb auch hier – neben wenigen abgeschottet in der Ecke sitzenden Alt-Ökos – ausschließlich schicke, sportlich-schlanke und teuer gekleidete junge Frauen sitzen, von denen die eine Hälfte wahrscheinlich Pilates lehrt und die andere Pilates praktiziert.

Als Barbara dazukommt, stehe ich noch immer wie bestellt und nicht abgeholt. Sie sieht sich um und findet: Das ist ja hier wie in New York. Ich sehe mich ebenfalls um und finde: Na ja …

Ja, ich weiß. Ich urteile. Und ich weiß auch, dass ich das nicht sollte, dass es ja nicht darauf ankommt, wie die anderen sind, sondern nur auf mich selbst. Trotzdem, ein bisschen Sexyness könnte dieser braven Zusammenkunft körperbewusster Esser nicht schaden ... Da sind mir ja beinahe die mit Schweinshaxen schwingenden CSU-Bayern im Biergarten lieber, die jeden, der will oder nicht will, lautstark zu sich an den Tisch bitten ... (Aber echt nur beinahe!)

Das Essen ist gut, nur wenig und teuer. Vielleicht schmeckt es mir aber auch, weil sich meine Geschmacksnerven gerade umbilden. Barbara, die – wie sie mir leicht beschämt beichtet – zu Hause gerade ein Brot mit Aldi-Wurst gegessen hat, findet (um freundliche Worte ringend), es schmecke so „separiert“. Und dann diese Linsen ... Ich trumpfe mit dem Wissen auf, dass es sich bei den harten Körnern um roten Reis handelt, und muss ihr zustimmen. Die einzelnen Gemüsesorten kommen zwar frisch und gesund rüber, doch so ein richtiger Geschmacksflash mag dabei nicht aufkommen. Erst der anschließende Streuselkuchen mit aufgeschäumter Vanillesojamilch statt Sahne versöhnt mich.

Ich beschließe, dem Teehaus noch eine Chance zu geben. Vielleicht nicht unbedingt zur Mittagszeit, wenn gestresste Menschen ihre Stunde Ruhe vor der Welt und vor Freizeitveganern wie mir haben wollen. Wer weiß – möglicherweise geht hier zu einer anderen Zeit der Punk ab und sie schütten braunen Rum in ihren grünen Tee ...? Möglich ist alles.

HAUPTSTADT

Berlin. Stadt meines Herzens und Deutschlands veganes Mekka. Ich werde nur zwei Tage hier sein, um zu arbeiten, daher beschränke ich meine veganen Berlin-Recherchen für dieses Mal auf Kreuzberg und Umgebung.

Kaffee mit aufgeschäumter Sojamilch gibt es quasi an jeder Ecke. Da ich das Wort „Latte“ wenn irgend möglich zu vermeiden suche, trinke ich Cappuccino, der etwas schlapp daherkommt, aber zumindest ist er warm und macht wach, was ich nach der morgendlichen Anreise gut gebrauchen kann.

Ich treffe mich mit Freund und Kollege Florian zur Projektplanung. Während dieser hoch konzentriert denkt, bleibt mein Beitrag bescheiden. Ohne Kohlenhydrate wird das nichts.

Mekka hin oder her, veganes Essen zu bekommen erfordert ein Minimum an Planung. Zum Glück erklärt sich Florian bereit, mir beizustehen. Wir landen in einem vegetarisch-veganen Burgerladen. Ich esse einen „McWheaty" mit Seitansteak, dazu Pommes, Florian einen Chicken-Cheese-Burger mit Hähnchensteak aus Tofu. Er findet es fast besser als echtes Huhn. Ich probiere und registriere erstaunt, dass veganer Käse so geschmolzen ziemlich lecker ist. Der Burger schmeckt wunderbar, und originalgetreu habe ich sofort einen veganen Mayonnaisefleck auf der Hose. Die Pommes sind auf den ersten Blick ungewöhnlich kurz und klein, bis mir klar wird, dass hier eben nicht nur Normkartoffeln verwendet werden. Echte Kartoffeln, selbst gebackene Burgerbrötchen, alles knackt und ist frisch, mein Hirn kommt allmählich in Schwung.

Nach langem Arbeitstag bin ich zum Abendessen bei meinem Freund Christoph geladen, der ursprünglich Schweizer Käsefondue geplant hatte und auf meinen momentanen Spleen nur mit leisem Seufzen reagierte. Im Gegensatz zu unserem Kumpel Frank, der sehr viel von gutem Essen hält – und sehr wenig von Genussverzicht. Ahnend, was kommen wird, habe ich mutig dennoch drei vegane Pastéis de Nata gekauft, kleine portugiesische Puddingtörtchen. Frank hobelt sich große Stücke des Parmesans auf die phantastische Tomatensoße (Christoph ist Perfektionist und bestellt seine Zutaten nur bei Spezialhändlern) und bittet mich, ihn mit meinem Diätscheiß zu verschonen. Frank ist nicht unbedingt bekannt für sein diplomatisches Kommunikationsverhalten, und auch dafür mögen ihn diejenigen, die ihn mögen. Ich mag ihn – und esse meine Törtchen selbst. Christoph probiert und erklärt diplomatisch (Schweizer, der er ist), dass er, obwohl sie irgendwie echt ganz okay sind, nicht unbedingt mehr davon braucht.

Mit sehr gutem Saale-Riesling in Bauch und Kopf gehen wir in „die Bar mit dem besten Apfel-Mascarpone-Kuchen". Ich widerstehe trotz fortgeschrittener Stunde und halte mich an meinem Cuba Libre mit Alternativ-Coke fest.

Das hätte ich mal besser nicht getan. Der nächste Morgen zeigt deutlich, dass mein gemüseverwöhnter Körper sehr viel weniger Alkohol verträgt als zuvor. Ich leide! Und jammere Florian, mit dem ich erneut zum Arbeiten verabredet bin, so lange voll, bis er mit mir in ein veganes Café geht, in dem es zu dieser frühen Stunde zum Glück schon Mittagessen gibt. Vegane Brotaufstriche sind mir jetzt zu hart.

Ich esse Reis mit Spinat und Tofu. Leider nicht fett genug. In diesem Zustand brauche ich normalerweise Eier, Zwiebeln, Wurst und Käse mit jeder Menge Butter, um den Alkohol in meinem Magen mit einer öligen Schicht zu umschließen. Ich frage die Bedienung, ob das Pide-Brot auch vegan ist. Sie zögert einen Moment zu lange – und sagt dann einfach mal Ja, was ich ihr übel nehme, denn ich besitze kein Smartphone und kann daher nicht mal eben im Netz recherchieren. Ich sehne mich nach der neutralisierenden Unterstützung des Weißmehls ... Florian fragt leicht angestrengt, ob wir irgendwann auch mal arbeiten können. Zu Hause finde ich heraus, dass das Pide in der Tat vegan und mein Verzicht daher vollkommen unnötig war.

Erstaunlich und tatsächlich neu ist die Erfahrung, mal wieder so richtig hungrig zu sein. Zu Hause habe ich mich in meiner veganen Welt so eingerichtet, dass Versorgungslücken nur sehr selten entstehen. Unterwegs ist das eine ganz andere Sache. Sinnvoll ist es daher, immer ein paar Nüsse oder (wie Attila Hildmann in seinem zweiten Buch „Vegan for Fit" vorschlägt) handgefertigte Müsliriegel dabeizuhaben. Habe ich natürlich nicht, und so besorge ich mir Studentenfutter in einem Neuköllner Bioladen.

Wer hier einkauft, wird gefragt, ob er den ermäßigten Preis zahlt oder den normalen. Ermäßigt sind die Preise für sozial Benachteiligte sowie für Studenten und Rentner. Gefragt wird jeder, ein Nachweis ist nicht erforderlich. Die meisten Kunden zahlen den vollen Preis. Aber auch wer ermäßigt zahlt, wird nicht schräg angesehen. Wenig Geld zu haben ist in Berlin sehr viel üblicher als in München. Und auch dafür liebe ich diese Stadt. Keiner guckt peinlich berührt, wenn man kein Geld hat - und wer gerade welches hat, zahlt für die anderen mit. Nicht immer natürlich, aber oft, und da mir Geiz und Unterscheidung von Menschen in mehr oder weniger solvente Mitglieder des Wirtschaftssystems unerträglich sind, fühle ich mich hier einfach freier. Die Lösung für die finanziellen Fragen dieses Landes und der Welt ist das nicht, klar. Aber ehrlicher als das Verdrängen der Realitäten und blauäugige Wachstumsgläubigkeit ist es allemal.

Am Abend treffe ich meine Freundin Hanna in einem kleinen vietnamesischen Restaurant am Görlitzer Bahnhof. Wer will, kann hier Huhn und Rind essen, es gibt jedoch viele vegetarische und einige vegane Alternativen wie beispielsweise die scharfe Reisnudelsuppe mit Seidentofu und Seitan. Der Laden ist eng und gut besucht. Hanna und ich reden drei Stunden im Akkord und teilen uns zum Abschluss eine Banane im Reisteig mit Kokoscreme. Irgendwann kollabiert mein von Schlafmangel und Alkoholmissbrauch gezeichneter Körper samt Sprachzentrum. Ich verabschiede mich und eile durch die eisige Berliner Nacht in Richtung Bett.

Nach zwei Tagen und viel gutem Essen werde ich morgen früh abfahren. Zum Glück komme ich bald wieder - es gibt noch so viele vegane Orte, die ich in den zehn Jahren, in denen ich hier gelebt habe, niemals registriert hatte.

Zum Frühstück habe ich mir ein Brötchen (das morgen trocken sein wird), zwei Bananen und eine Seitanwurst besorgt. Das mit dem Essen für unterwegs lässt nach wie vor Raum für Verbesserung…

HUNDE ESSEN

Immer wieder gehen dramatische Fotos durch die sozialen Netzwerke dieser Welt, auf denen zu sehen ist, wie in einigen Ländern Straßenhunde brutal getötet werden. Das ist fürchterlich und unerträglich. Mich verwundert jedoch die Empörung, mit der die Leute darauf reagieren. Möglicherweise bin ich abgestumpft von den Bildern und Videos, die ich aus unseren Fleischproduktionsbetrieben gesehen habe. Was vielerorts mit unschuldigen Hunden passiert, geschieht jeden Tag tausendfach mit Rindern, Schweinen, Hühnern, Hahnenküken, Schafen … und viel zu wenige regen sich auf, nein, wir kaufen noch das so entstandene Fleisch und nennen es Abendessen.

Wer wundert sich über Hunderttausende auf grauenvolle Weise zu Tode gekommene Oktoberfest-Hühner? Große Events verlangen nun mal nach Tieropfern. Klar, der Vergleich hinkt, denn das Hundefleisch wird ja nicht am Spieß gebraten, sondern unverdaut auf den Müll geschmissen.

Aber vielleicht liegt ja gerade hier der Denkfehler. Gerade die großen Städte dieser Welt sind voller ausgesetzter Hunde und Katzen. Tierheime quellen über, in Kleinanzeigen werden Katzenbabys neben alten Sofas zum Verschenken angeboten, an südlichen Stränden liegen Hundeleichen im weißen Sand. Räudige Köter, dürr, verdreckt, überflüssig.

Seit ich nicht mehr in Berlin lebe, hat sich mein Blick verändert. Ich starre nicht länger bei jedem Schritt angestrengt suchend auf den Boden und trete daher bei jedem Ankommen in Neuköllns Straßen garantiert in einen riesigen, stinkenden Haufen. Auch hier: zu viele Hunde!

***

Wie ich aus dem Film „Earthlings" erfahren habe, sterben von jährlich etwa 25 Millionen heimatlos gewordenen Haustieren um die neun Millionen auf den Straßen an Hunger, Krankheit und Kälte. Die übrigen 16 Millionen Hunde, Katzen und „Kleintiere" werden dem Film zufolge aufgrund von Platzmangel in Tierheimen oder anderen Einrichtungen getötet. Wer hätte schon ahnen können, dass dieser Köter so viel Schmutz macht!? Die Medikamente zum Einschläfern sind teuer, weshalb die Tiere in manchen Ländern in Gaskammern geworfen werden, in denen es bis zu 20 Minuten dauern kann, bis sie tot sind.

***

Makabres Gedankenexperiment: Könnten diese ungeliebten Esser nicht die Lösung unserer Fleischprobleme sein? Statt teuer Rinder zu züchten, sollen die Leute doch Straßenköter-Burger und Mischlings-Steaks essen!

Noch dazu soll Hundefleisch laut wissenden Internetquellen nicht nur wärmende Eigenschaften haben, sondern auch noch die Potenz steigern. Ich imaginiere hundekotbefreite Berliner Straßen, die testosterondurchwirkte Kerle glückselig durchschreiten, die Mägen warm und voll vom Pitbull-Döner ...

Das ist natürlich reichlich polemisch formuliert. Wenn ich Bekannten davon erzähle, merke ich auch sogleich: Beim Hund hört der Spaß recht hurtig auf. Des Menschen bester Freund wird geherzt, geküsst, bekleidet und verehrt. Wer die Zeitung apportieren, Stöckchen holen und Pfötchen geben kann, landet nicht im Kochtopf. Allerdings könnten viele Schweine das auch, doch wer will schon einen Eber an der Leine durch die City führen ...?

Tiere leiden und empfinden Schmerz – ob es sich nun um einen Golden Retriever handelt oder „bloß" um eine ordinäre

Milchkuh. Der Aufschrei wäre riesig, wenn Hunde oder Katzen wie die Rinder kopfunter an eine Maschine gehängt und (wie Andreas Grabolle beschreibt) durch unzureichende Kontrollen und fehlerhafte Betäubung zum Teil bei lebendigem Leibe und vollem Bewusstsein in ein heißes Brühbad getaucht würden. Oder ihnen – wie Jonathan Safran Foer es von manchen US-Betrieben weiß – ohne vorherige Betäubung das Fell heruntergerissen würde. Weshalb sollte ein derartiges Vorgehen an „Nutztieren“ moralisch besser sein?

Ja, lasst uns gegen die schlechte Behandlung von Straßenhunden protestieren. Aber dieser Protest sollte der Anfang für ein Nachdenken und Aufbegehren auf anderen Ebenen sein. My humble opinion.

MUTTERTIER

Gestern ist mein Sohn von einem Stuhl gefallen, während ich dabei war, mein veganes Abendessen vorzubereiten. Nicht hoch, doch hoch genug, dass er sich richtig wehgetan hat – und sich noch viel schlimmer hätte wehtun können. Als ich die Tränen von seinem Gesicht gewischt habe, den Blick auf meinen Tofu-Karotten-Salat, kam mir der Gedanke: „Was interessiert mich das Schicksal einer Kuh, wenn es nur diesem Kind gut geht?“ Ich hätte mir nie vorstellen können, wie sehr sich die Relevanz der Dinge verändert, wenn das eine Geräusch, das die Welt in ihren Fugen hält, das Weiteratmen dieses kleinen Lebewesens ist.

Ich war vor einiger Zeit bei einer Lesung: Texte und Geschichten aus Europa im 20. Jahrhundert. Es ging um die Jahre 1914 bis 1918. Kriegsjahre. In einem der Texte berichtete Käthe Kollwitz davon, wie sie die Nachricht vom Tod ihres Sohnes erhielt. Und wie sie danach irgendwie versucht hat weiterzuleben. Und wie schwer das war. Europa ist im Krieg, Menschen sterben reihenweise, doch was zählt, ist der eine Mensch, den es nicht mehr gibt.

Auf einem Fragebogen stellt Max Frisch zur Debatte, ob man, wenn man selbst nicht mehr lebte und alle Bekannten ebenso, tatsächlich an der Erhaltung des Menschengeschlechts interessiert wäre... Die Antwort ist relativ erschreckend, finde ich.

Am Ende geht es also wohl doch oft um puren Egoismus. Die eigene Haut, der geliebte Mensch, die unmittelbare Umgebung. Alles andere ist abstrakt. Leidende Tiere, abgeholzte Wälder, pestizidverseuchte Plantagen. Wir wissen das alles, aber es wird irrelevant gegen die kleinen, alltäglichen, persönlichen Probleme, gegen Migräne, Liebeskummer oder Halsschmerzen.

Nur: Wie soll es diesem Kind gut gehen, wenn es keine Welt mehr gibt, in der es vernünftig aufwachsen kann? Hört nicht die Abstraktion dort auf, wo die konkrete Zukunft meiner Liebsten bedroht ist durch Klimakatastrophen, Inflation, Ressourcenknappheit, Atommüll ...?

Ist es also vielleicht ebenso purer Egoismus, nachzudenken und zu versuchen, diese Welt ein bisschen besser zu machen? Möglicherweise klingt das nach Küchenkalenderphilosophie, nur als ich gestern meinen Sohn im Arm hielt, der sich zum Glück nicht das Genick gebrochen hatte, kam es mir plötzlich absolut wahr und offensichtlich vor: Ich will die Welt für ihn so gut wie möglich machen. Am Ende dieses Monats werde ich meinen ökologischen Fußabdruck im Bereich der Ernährung reduziert und vielleicht sogar das eine oder andere Tier indirekt gerettet haben. Das ist zwar global gesehen ein winziger Beitrag, ein minimaler Schritt, aber immerhin. Ich möchte nicht, dass die Erde zerstört wird, dass fiese Viruserkrankungen von genmanipulierten Hühnern und Schweinen die Menschheit bedrohen oder dass irgendwann Millionen wütender Migranten aus den Armutsregionen dieser Welt gewaltsam einfordern, was wir ihnen gewaltsam genommen haben. Ich möchte das nicht, weil jemand, der mir wichtig ist, in dieser Welt glücklich und frei leben soll. Rein egoistisch.

OHNE KÄSE

Nachdem ich fast einen Monat lang vegan gelebt habe, bin ich erst jetzt auf das bislang noch einzige vollständig vegane Geschäft Münchens gestoßen.

Ich betrete den kleinen, etwas vollgestopften Laden mit großer Vorfreude auf bislang unbekannte Produkte ohne Tier. Und bin zunächst begeistert. Hier werden nicht nur die üblichen veganen Lebensmittel wie Seitan, Tofu, Tempeh & Co. verkauft und verschickt, sondern auch: tierversuchsfreies Waschmittel, Kosmetikprodukte ohne tierische Zusatzstoffe und vegane Kleidung. Ein kleines veganes Mekka mitten in der Stadt. Toll.

In der Kühltheke entdecke ich verschiedene klassische Festtags-Highlights in veganer Form. So gibt es aus Soja geformte Entenbrust, vegane Garnelen, Braten und sogar Lachsfilet mit nachgebildeter Fischhaut. Das erscheint mir des Guten nun doch etwas viel. Ich verstehe ja, dass Veganer um der Tiere willen auf bestimmte Lebensmittel verzichten und nicht etwa, weil ihnen eine Festtagsgans als solche nicht schmeckt. Trotzdem erinnern mich diese nachgebauten Fleisch- und Fischteile an Gummipimmel im Porno-Shop. Es muss doch auch anders gehen. Geht es auch. Der langhaarige Verkäufer meint auf meine entsprechende Frage mitleidig: „Das ist vor allem für Übergangsveganer." Er ernähre sich von Obst, Gemüse, Nüssen. Verschämt sehe ich auf meinen Einkauf mit Seitansteaks, Sojaschnitzeln, Räuchertofu „mediterran" und veganen Lebkuchen.

Meine Frage, ob der vegane Mozzarella tatsächlich schmecke wie Käse, beantwortet er mit herablassendem Ton: „Ich habe seit 20 Jahren keinen Käse mehr gegessen." Er sieht mich mit herausforderndem Blick an. Ich wurde klar als Eindringling identifiziert. Wer den Geschmack von echtem Käse kennt, gehört natürlich nicht zum „inner circle".

Schade eigentlich. Und doch irgendwie zu erwarten. In sich geschlossene alternative Szenen – egal ob Veganer, Surfer, Kunstschaffende oder Esoteriker – tendieren meiner Erfahrung nach allzu oft dazu, Neulingen und Neugierigen das Gefühl zu geben, sie wären Idioten. Ich überlege kurz, den vollen Korb abzustellen und aus Protest in einen Laden zu gehen, in dem billiger Scheiblettenkäse und Käfigeier verkauft werden, doch ich atme durch, denke „Friede sei mit dir" und wende mich der Klamottenecke zu.

Die veganen Schuhe überraschen mich positiv. Ich hatte eine Armada von groben, aber praktischen Gesundheitstretern erwartet. Stattdessen gibt es hier neben recht schönen Stiefeln diverse Halbschuhe und sogar Pumps. Mal wieder konfrontiert mit dem Ausmaß der eigenen Vorurteile, überlege ich kurz, doch habe ich für mich die Frage „Kunststoff oder Tierhaut?" noch nicht final geklärt, deshalb für heute keine Schuhe.

Am Ende meines Einkaufs gibt mir der Verkäufer den kleinen „Vegan Guide München" mit. Wohl für den Fall, dass ich es doch ernst meine. Ernst ist auch der Text im Folder, der einen darauf hinweist, dass man sich offensichtlich für Respekt und gegen Gedankenlosigkeit und Grausamkeit entschieden habe. Ja, okay. Ich weiß, dass es darum geht, „nichtmenschlichen Tieren" kein Leid zuzufügen. Trotzdem sind sowohl der Guide als auch der Shop hier definitiv nicht meine Witzgruppe.

Ein Stück des veganen Käses zeigt mir auch, warum. Das kann einfach keines Menschen Ernst sein. Er schmeckt fade, latent holzig und hinterlässt noch eine ganze Zeit später einen künstlich-ranzigen Geschmack im Mund. Geschmolzen mit Soße auf einem Burger mag das ja angehen, aber wer solchen Käse auf sein Frühstücksbrot oder als gemischte Käseplatte zum Wein isst, muss gewichtigere Ziele haben, als einfach nur gutes Karma zu produzieren und sich für das Leben anderer Wesen einzusetzen.

Ich werfe den Käse weg, unnötige Müllerzeugung hin oder her. Zum Glück gibt es Läden wie das vegane Schokokuchen-Café, sonst müsste man fürchten, der Veganismus wäre zwangsläufig dem Untergang geweiht…

ALTE SCHWEINE

In ihrem Buch „Zukunftsmenü" erzählt Sarah Wiener von den Schweinen, die ihr bei ihren „kulinarischen Abenteuern" begegnet sind. Neben den auf pure Masse hin gezüchteten „Normschweinen" gibt es immer wieder Züchter, die sich „alten Rassen" verschrieben haben. Einerseits mit dem Ziel, diese vor dem Aussterben zu bewahren, zugleich aber wissen sie zu schätzen, wie sehr sich dieses Fleisch von Schweinefleisch aus dem Supermarkt unterscheidet. Zwar isst Sarah Wiener, wie sie schreibt, selbst nur selten Fleisch – wenn überhaupt als Beilage zum Gemüse –, doch sie isst es. Es ist interessant, die Fleischfrage zur Abwechslung mal aus der Sicht einer nichtveganen Köchin zu betrachten. Sie erzählt von vergessenen Obstsorten, von kuhwarmer Milch und Sauerteigbrot aus dem Holzofen. Auch wenn Weltklima und Tierleid bei ihr durchaus eine große Rolle spielen, steht der im Untertitel formulierte Gedanke im Vordergrund: „Warum wir die Welt nur mit Genuss retten können". Regionalität ist ihr wichtig, was ich für einen ausschlaggebenden Punkt halte. Mehr noch seitdem ich mein Obst und Gemüse nahezu ausschließlich auf dem Wochenmarkt kaufe: regionale, saisonale, biologische

Lebensmittel, die völlig anders schmecken als alles, was ich in den letzten Jahren im Supermarkt (auch im Biosupermarkt) erstanden habe.

Immer öfter wundere ich mich in letzter Zeit über einige Vegetarier und Veganer, die sich zum Großteil von Flugmangos und Bananen, ägyptischen Avocados, australischen Macadamianüssen, peruanischem Quinoa, Biosoja aus Brasilien und „Superfoods" aus aller Welt ernähren. Per Flugzeug transportiertes Obst und Gemüse ist klimatechnisch betrachtet kein Gewinn. Zwar sorgt es für weniger Tierleid – was viel ist –, doch fehlt mir bei diesem Ansatz ein wenig der globale Gedanke, weshalb ich die heimische Süßlupine auch so zu schätzen gelernt habe. Björn Moschinski hat diesen Gedanken in seinem neuen Kochbuch „Hier & jetzt vegan" aufgegriffen, indem er die Rezepte nach Jahreszeiten ordnet, was ich sehr toll finde.

Seit Beginn meines veganen Monats ernähren wir uns, zumindest was Obst und Gemüse betrifft, fast ausschließlich von regionalen Saisonprodukten. Der Markteinkauf fällt in mein Ressort, doch solange ich nicht mit Grünkohl ankomme, ist Stefan davon durchaus angetan. Selbst Sylvester isst Karotten und Äpfel pur und winkt tatsächlich mit „schmeckt nicht" ab, wenn ihm das glänzend-grüne, künstlich polierte Stück eines „Granny Smith"-Apfels angeboten wird.

Mein verändertes Nachdenken über tierische Produkte beeinflusst inzwischen mein gesamtes Essverhalten. Wenn Gemüse die Hauptrolle spielt, wachsen die Ansprüche an den Geschmack. Zwar wäre ich auch davor nie auf die Idee gekommen, im Winter Erdbeeren oder Spargel zu kaufen, doch habe auch ich meist konsumiert, ohne mir über die Herkunft der Produkte allzu große Gedanken zu machen. Israelischer Biobrokkoli mag zwar pestizidfrei angebaut worden sein, legt aber trotzdem Unmengen an Flugmeilen zurück, ehe er auf meiner Pasta landet. So kaufe ich, wenn irgend möglich (und meist ist es möglich), auf dem Markt bei einer Familie, die Gemüse anbaut, Brot bäckt, Eier ihrer eigenen Hühner sammelt ... Im Sommer ist dieser Stand sicher voll mit buntem Gemüse unterschiedlichster Art, im Winter gibt es: Kohl, Pastinaken, Topinambur, Rote Beete, Karotten und Endiviensalat. Die Hühner legen kaum Eier, deshalb gibt es keine. Ich ersinne Wintersalate, Eintöpfe, neue Pastasoßen, zum Beispiel aus Kürbis und Lauch. Wenn ich mal nicht zum Markt komme, bereue ich es heftig. Eine Karotte ist eine Karotte ... von wegen ...

In dem Film „The Future of Food“ wird berichtet, dass 97 Prozent der Gemüsesorten, die es noch Anfang des 19. Jahrhunderts gab, inzwischen ausgestorben sind.

Zurück zu den Schweinen. Vor ein paar Tagen bin ich eher zufällig auf einem Biohof gelandet, auf dem versucht wird, die Bestände alter Haustierrassen zu erhalten. Dort traf ich neben Miniferkeln und großäugigen Kälbern, die alle ziemlich zufrieden in ihren Naturgehegen chillten, auf ausgewachsene Bentheimer Schweine. Die schwarz-rosa Kolosse lagen fett und feist im Schlamm, scheinbar zufrieden mit sich und der Welt. Und plötzlich dachte ich: „Die zu essen wäre doch irgendwie okay.“

Der weiße Veganer-Engel auf meiner Schulter schreit erschüttert auf, während der Teufel begeistert mit Koteletts jongliert. Wie kann ich nur ...?

Ich bin aufgewachsen mit einer Mutter, die mir zwar Getreidebratlinge nahezubringen suchte, lange bevor bio hip und frisch geschrotetes Getreide zum Verkaufsschlager wurde, die aber wiederum auf Spaziergängen Schweine sieht und aus vollem Herzen davon schwärmt, was diese für einen tollen Braten ergeben würden. Und dann mein Vater, der auf dem unterfränkischen Land groß wurde und als Kind kopflosen Hühnern beim Herumrennen im Hof zusah. An Schlachttagen nahm der Metzger das Hirn der frisch zerlegten Sau als besondere Spezialität mit. Alles kein großes Ding, Festtage eher denn Tage der Trauer um zerstückelte Tiere.

Es fühlt sich auf eine Art seltsam „natürlich" an, was sicher mit meiner Sozialisation zusammenhängt. Selbst ein Schamane meines Vertrauens, der Reisen zu Seelentieren unternimmt, ist überzeugt, dass frühere Generationen und auch die Naturvölker ohne Fleisch schlicht nicht überlebt hätten und somit das Essen von Tieren zur menschlichen Natur gehört. Ist das so? Und was bedeutet es für unser heutiges Gehirn?

Ich recherchiere hin und her, doch scheint das Thema meist deutlich emotionsbeladen. Ich finde Interviews mit Wissenschaftlern, die davon ausgehen, dass das menschliche Gehirn sich nur aufgrund des Fleischverzehrs zum jetzigen Stadium entwickelt hat. Die „Veganerfraktion" wiederum meint: Selbst wenn wir als Fleischesser konzipiert waren, bedeutet es nicht, dass wir, die wir Zugang zu pflanzlichen Proteinquellen aller Art haben, deswegen weiter Fleisch essen müssen.

Die Wissenschaftler bestätigen allerdings: Massentierhaltung ist der falsche Weg und ein Fleischverzicht um gut zwei Drittel dringend anzuraten. Ich überlege, ob die beste Lösung sein könnte, einmal im Monat das Fleisch eines bis zu seinem Tode glücklich im Dreck suhlenden, mit bestem Futter genährten Ökoschweins zu essen.

Vegetarier und Tierschützer würden mir jetzt wohl vorwerfen, mit eben den Ausflüchten zu argumentieren, mit denen Fleischesser zu allen Zeiten ihre Ernährungsgewohnheiten gerechtfertigt haben. Oder sie würden mit der Argumentation von Richard David Precht antworten, die dieser in seinem Buch „Wer bin ich – und wenn ja wie viele?" anführt: Was wäre, wenn Aliens, die geistig weiter entwickelt sind, auf die Erde kämen und beschließen würden, dass es okay ist, uns zu essen?

Ich stecke in einem Zwiespalt. Zum einen zählt das Leben vor der Schlachtung, und ich bin felsenfest davon überzeugt, dass Fleisch aus Massentierhaltung für mich keine Option ist. Andererseits steht zwischen dem glücklichen Leben und dem leckeren Kotelett der Akt des Tötens, und ich bin mir nicht endgültig sicher, wie ich dazu stehe. Möglicherweise ist das Ganze schlicht zu abstrakt, und was ich kenne, sind eben: Schwein und Kotelett. Das Dazwischen gibt es nicht – oder nur sehr entfernt.

In ihren Sendungen macht sich Sarah Wiener auf die Suche nach ursprünglichen, landestypischen, in Vergessenheit geratenen Produkten. Dabei legt sie selbst Hand an. Sie fängt Fische, sie köpft Hühner, sie melkt Kühe... Auch wenn mir die mediale Omnipräsenz ein wenig suspekt ist, habe ich das Gefühl, dass ihr gute, „ehrliche" Lebensmittel ein echtes Herzensanliegen sind. Sich dem eigenhändigen Töten auszusetzen, mag brachial wirken – vor allem aber ist es konsequent.

Müsste ich nicht die Schlachtung eines ach so „glücklich" scheinenden und „sauber" getöteten Schweins selbst ansehen, um entscheiden zu können, ob ich das Töten in diesem Fall akzeptabel und natürlich finde? Erst durch das konkrete Erleben werde ich ja die Konsequenzen meines Handelns verstehen und es in der Folge abwägen können.

Wenn ich mich nur nicht so gruseln würde...

ENTHALTSAMKEIT

Um mich von den Schweinegedanken abzulenken und mich bei der Suche nach veganem Genuss zu unterstützen, laden meine Mutter und ihr Mann uns in ein veganes Restaurant in der Münchener Innenstadt ein. Der erste Blick auf die Karte ruft bei allen Beteiligten kurzes Aufstöhnen hervor. Neben Weizengrassaft und Co. finden sich jede Menge alkoholfreie

Biere, Weine und auch der eine oder andere antialkoholische Aperitif, jedoch kein einziges alkoholhaltiges Getränk.

Nun ist es nicht so, dass ich zwingend zu jedem Essen Alkohol trinken muss oder denke, ein Abend könne nur mit einem vernünftigen Rausch gelingen, doch ist mir dieser Totalverzicht zu dogmatisch und fremdgesteuert, als dass ich mich damit wohlfühlen würde. Wer vegan essen will, soll bitte schön auch auf allen anderen Ebenen rein und enthaltsam sein.

Stefans Blick wandert ergeben von veganem Gulasch zu alkoholfreiem Bier, er schweigt jedoch tapfer. Der vegane Wein schmeckt noch nicht einmal ansatzweise nach Wein. Ebenso der Sekt, der mehr wie eine leichte Limonade daherkommt. Wieder einmal regt sich in mir der Drang, aufzubegehren. Promille, und zwar zackig! Doch ich bin in bester Begleitung und daher friedfertig. Zumal das Lokal trotz allem voll ist, was entweder den Trend zur Alkoholabstinenz ankündigt oder ein wachsendes Interesse an veganem Essen signalisiert.

Auf der Karte stehen zum Großteil traditionelle Fleisch-, Sahne- und Käsegerichte, die „veganisiert" wurden. Bratwurstplatte, Käsespätzle, Remouladensauce usw. Ich bin nach wie vor skeptisch. Wenn zum alkoholfreien Wein auch noch ein fleischloses Rahmgeschnetzeltes serviert wird, kann sich da der ganze Abend nicht schnell anfühlen wie ein großer Fake? Denn das Geschnetzelte mag zwar lecker sein, schmeckt aber natürlich nicht wie das Original. Das ist schade, tut es doch veganem Essen einen Abbruch, den dieses nicht nötig hätte. Tierproduktfreie Küche muss ja nicht zwangsläufig eine „nachgebaute" Alternative zu Essen mit tierischen Zutaten, sondern könnte völlig neu und eigen sein. Biologische Spitzenweine zu raffinierten veganen Kreationen. Oder aber sehr unaufgeregt. Selbstverständlich kann man zum Vegan-Burger ein Biobier trinken, so man denn möchte. Oder halt nicht. Aber es bleibt eine eigene, lustgesteuerte Wahl, und die möchte ich haben, selbst wenn ich dann trotzdem den Weizengrassaft wählen sollte.

Die Entscheidung, vegan zu leben, kann natürlich rein körperlich oder spirituell getroffen werden. In erster Linie verstehe zumindest ich sie als eine Abwendung von der Massentierhaltung und dem gewohnheitsmäßigen Töten von Tieren. Und mir will noch immer nicht einleuchten, weshalb das nicht etwas entspannter und meinetwegen mit einem ordentlichen Trinkgelage in Einklang zu bringen sein sollte.

Allerdings – die rote Grütze mit Sojaeis und Sojasahne war eine echte Offenbarung!

WAS NUN?

Morgen ist mein veganer Monat vorbei. Wenn ich mich nur an meine „Spielregeln" halte, könnte ich also ab 0.01 Uhr Butter, Joghurt, Käse und Schinken reinhauen, mir in der Früh ein Ei braten und am Abend Schnitzel essen gehen. Und allen erzählen, wie toll ich durchgehalten habe... Ich fühle mich schutzlos. Im Rahmen eines Selbstversuchs vegan zu essen, ist eine Sache. Eine Entscheidung für mein weiteres Leben zu treffen, eine ganz andere. Heute kommt mir die Vorstellung, mit dem Messer in ein Stück Fleisch zu schneiden, völlig absurd vor. Während ich früher den Vergleich von Fleisch mit Leichenteilen völlig übertrieben fand, ertappe ich mich heute dabei, das weiße Schenkelfleisch eines Brathuhns mit ähnlichen Assoziationen zu betrachten.

Trotzdem weiß ich noch nicht sicher, ob ich für immer auf tierische Produkte verzichten kann und will, so gerne ich moralisch so standhaft wäre. Ich merke, dass ich mich durch diese „Reise" verändert habe. In der Wahrnehmung einiger Freunde und Bekannter bin ich offenbar zur Aktivistin mutiert, und sobald ich von meinem momentanen Gedankenstand berichten will, fahren sie auf: „Viele Nüsse sind mit Pilzen (oder besser Mykotoxinen) befallen – und das haltet ihr für gesünder als Fleisch!?" „Ihr" heißt: ihr Veganer.

Etwas daran schreckt mich. Will ich tatsächlich dieses „ihr" sein? Assoziationen laufen vor meinem inneren Auge ab.

Die Zunahme veganer Eisdielen und Pizzerien in Ecken von Berlin, die bis vor Kurzem von Hausbesetzern, Dönerbuden und „Astra"-Trinkern beherrscht wurden, ist um der Tiere und des Planeten Willen durchaus begrüßenswert. Zugleich zeigt eine solche Entwicklung allzu deutlich den Gentrifizierungsprozess, der hier stattgefunden und das Stadtbild nachhaltig verändert hat: Hippe Menschen mit Geld verdrängen ältere Menschen, Ausländer und Familien an den Stadtrand. Steht veganes Leben heutzutage also für: jung, cool, bewusst, besser verdienend ...? Mehr eine Art Accessoire denn tatsächliche Geisteshaltung?

Wenn ich Anthony Bourdains „Geständnisse eines Küchenchefs" querlese (trotz seiner literarisch fragwürdigen Qualität eines meiner Lieblingsbücher), in dem er von Foie gras und blutigen Steaks schwärmt, die pure Lust am Essen (und allem anderen) feiert und über Vegetarier und Veganer, die er als eine Art terronistische Untergruppe bezeichnet, herzieht, frage ich mich, ob ich selbst nicht auch nach einer Weile ein Leben ohne Rindersteaks, alten Käse und frische Muscheln als Beschneidung meiner Lebensfreude empfinden werde. Gibt es denn tatsächlich nur Schwarz oder Weiß: ökologische Tugendhaftigkeit oder das Zelebrieren gedankenloser Konsumfreude?

Wenn tierische Fette das Überleben sichern, ist das eine Sache. Aber Lebensmittelknappheit ist deutlich nicht das Problem der westlichen Welt, und ich habe zu viel gehört, gesehen und gelesen, um nicht beschließen zu müssen, keine Produkte aus Massentierhaltung mehr zu konsumieren. Das bedeutet allerdings nicht nur, kein fieses Billigfleisch im Supermarkt zu kaufen, sondern auch: keine Waffeln auf dem Weihnachtsmarkt, kein Fischbrötchen am Hamburger Hafen, kein Lachs im Sushi... Noch sehnt es mich nicht nach Bratwurst in der Semmel, aber was, wenn das demnächst passiert und weit und breit kein veganer Wurststand zu finden ist? Gewöhnung und Verdrängen gehen schnell...

Um nicht im Kreis zu denken, berechne ich meinen Fußabdruck – und bin von den Socken. Mit der Umstellung auf größtenteils regionale Saisonprodukte und dem Verzicht auf tierische Lebensmittel ist er auf 3,7 Hektar geschrumpft. Noch immer über zwei Erden, doch die dritte Kugel ist nur mehr minimal angeschnitten und nicht wie zuvor fast ausgefüllt. Im Punkt „Ernährung" ist die Quote von etwa 35 Prozent auf unglaubliche zwei Prozent geschrumpft!

Ich bin euphorisch. Klar, ein kleiner Schritt für die Menschheit, doch für mich? Gigantisch. Das Beste daran: Zuerst schien ein tierproduktfreier Monat eine wirklich große Herausforderung. Inzwischen scheint selbst ein tierproduktfreies Leben immerhin vorstellbar. In diesem Monat habe ich für mich ganz persönlich erlebt, dass veganes Leben nicht nur möglich und auf eine Art sogar bereichernd ist, sondern dass mich der Verzicht zum Nachdenken in vielen weiteren Bereichen gebracht hat. Am Anfang wollte ich herausfinden, ob ich meinen ökologischen Fußabdruck durch einen so simplen Verzicht tatsächlich verringern kann. Inzwischen finde ich: Fleisch ist erst der Anfang.

Durch die Bücher, die ich gelesen habe, durch Blogs, Websites, vor allem aber durch die neue Auseinandersetzung mit mir selbst und den Menschen um mich fühle ich mich beschenkt und inspiriert. Und seit ich pünktlich zum ersten Dezember stolze Besitzerin eines veganen Adventskalenders geworden bin, auf dem ernsthaft ein Weihnachtsmann einen Schlitten zieht, während die Tiere obenauf sitzen, habe ich sogar das Gefühl: Auch Veganer können witzig sein. Ich beschließe, der endgültigen Entscheidung noch etwas Zeit zu lassen, und werde weiter vegan leben, bis Heißhungerattacken oder Weihnachtsplätzchen mich zu einer Entscheidung zwingen. Bis dahin wende ich mich meinem zweiten Selbstversuch zu.

NUMMER ZWEI

Wo anfangen? So vieles läuft irgendwie schief auf der Welt, und je mehr ich erfahre, desto dringender möchte ich in den unterschiedlichsten Bereichen mehr wissen und vor allem: etwas verändern!

Eine der dringlichsten Ideen ist der Versuch, mich tatsächlich ausschließlich von regionalen und saisonalen Produkten zu ernähren. Allerdings werde ich gerade in diesem Monat immer wieder unterwegs und noch dazu eine weite Strecke der Zeit mit Sylvester allein sein. Mein Zauberkind steht früh auf, schläft spät ein und ist nachts wach, was bedeutet: Ohne Kaffee stehe ich das nicht durch. Noch dazu werden Freunde und Familie mich wohl von sämtlichen Vorweihnachtsfeiern ausschließen, sollte ich zusätzlich zum Verzicht auf tierische Produkte noch auf Getreide, Schokolade und Honig aus der Region bestehen und Pfeffer, Salz und andere Importprodukte meiden. Es ist ja schließlich Weihnachtszeit.

Eine andere Idee gilt unserem zu hohen Stromverbrauch, doch fehlt mir das Vorstellungsvermögen, wie ich das im Alleingang bewerkstelligen soll. Unsere Fenster sind undicht und es ist wirklich sehr kalt. Stefan dazu zu bringen, im Schlafsack am Schreibtisch zu sitzen – wie es ein stromsparender Bekannter tut – stelle ich mir abenteuerlich vor, und auch ein Kind mit Lungenentzündung scheint wenig erstrebenswert.

Der Londoner Journalist Leo Hickman fing seine Selbstversuche zum „ethischen Leben" mit der Anschaffung eines Wurmkomposters an, Regenwürmer für zu Hause, die den Biomüll aufessen und Erde daraus machen. Selbst ohne die Hickman'sche Ratte, die seiner Frau zufolge aufgrund des Komposters den Weg zu ihnen fand, halte ich diese Anschaffung für schwer vermittelbar. Besonders da die Würmer mitunter den Weg nach draußen finden. Planetensorge schön und gut, aber mal ganz ehrlich ...

Als ich sinnierend durch die Stadt laufe, fällt mir auf, dass quasi jeder Mensch große Plastiktüten mit sich herumträgt. Erste Geschenke, Adventskränze, Kerzen, Kalender ... Weihnachtszeit ist Einkaufszeit. Einkaufszeit ist Verpackungszeit.

Selbst im Bioladen sind die Produkte zu einem Großteil in Unmengen an Plastik verpackt, eine Tatsache, die mich schon länger ärgert.

Ich habe auf Reisen durch Zentralamerika, Indien, Afrika, aber auch durch Europa erlebt, wie Verpackungsmaterial und Einwegbehältnisse säckeweise aus Zügen und Bussen geschmissen wurden. Ich habe zugemüllte Flüsse gesehen, stinkende, brennende Plastikberge gerochen, war dabei, als Plastikgeschirr für eine Großfamilie nach jeder Mahlzeit in den Abfall geworfen wurde. Und auch in meiner eigenen Realität wundere ich mich immer wieder, wie ein Zweieinviertelpersonen-Haushalt alle zwei Wochen einen großen Sack voll Plastikmüll produzieren kann. Ich ärgere mich über Plastik an schönen Seen, sammle Plastik von Bergwiesen und mag meinen Kaffee nicht durch Plastikdeckel trinken. Klar, wir trennen Müll und werfen unsere Kunststoffe brav in die Plastiktonne. Doch wohin kommt das alte Plastik eigentlich? Ist es sinnvoll, Joghurtbecher erst zu spülen? Oder ist das ohnehin egal? Wie viel Energie ist nötig, Plastik herzustellen, wie viel Erdöl braucht es dazu und wie lange wird der Vorrat noch ausreichen? Sind alternative Stoffe wie kompostierbare Müllbeutel aus Maisstärke die Lösung? Ich habe keine Ahnung, nur ein ungutes Gefühl und die Gewissheit, dass ich mit der guten alten Jutetasche fußabdruckmäßig besser fahren würde.

Daher habe ich beschlossen, einen Versuch zu starten, dem ich von Anfang an etwas ratlos gegenüberstehe: Ich möchte einen Monat lang keinen Plastikmüll produzieren (und auch meine sonstigen Abfälle so weit wie möglich herunterfahren). Da Stefan und Sylvester zwar mit mir leben, doch den Versuch nicht mit mir gemeinsam durchführen, wird komplette Vermeidung schwierig. Das Gute ist: Ich werde sehr genau sehen, was mein Anteil am häuslichen Plastikmüll ist. (Natürlich gehe ich eigentlich davon aus, dass dieser verschwindend gering ist.)

Wem ich auch von der Idee erzähle, alle sagen sofort: Das ist unmöglich. Und bei näherem Nachdenken scheint mir das auch so. Selbst das Glasbehältnis meiner Naturcreme hat einen Plastikdeckel, von Klopapier in Plastikhülle ganz zu schweigen. Eine Freundin meint, ich könne doch einfach Shampoo, Duschgel etc. vorab kaufen und den Monat über verbrauchen. Hab ich auch schon dran gedacht, ist nur nicht so richtig Sinn der Sache ... Eine andere Freundin fragt schlicht: „Was soll der Scheiß?" Auch das habe ich mich bereits in ähnlicher Formulierung selbst gefragt.

Ich merke aber, dass mich bestimmte Fragen nicht loslassen. Veganer vermeiden Lederschuhe, um Tierleid zu verringern. Kann Kleidung aus Kunststoff, der Jahre braucht, ehe er verrottet, die Lösung sein?

Ich will mehr wissen, deshalb: mein plastikfreier Monat. Toll.

KAPITEL ZWEI

OHNE PLASTIK

KEIN PLASTIK

Um das mal vorwegzunehmen: Veganer zu sein und ohne Plastik zu leben ist so gut wie unmöglich, es sei denn, man reduziert das Essverhalten ausschließlich auf frisches Marktgemüse und lose Getreideprodukte. Jede Soja-, Hafer-, Reis- oder Mandelmilch kommt im praktischen Tetrapak daher. Tofu ist verpackt in Plastik, ebenso Sojajoghurt, Lupinenschnitzel, Seitangulasch oder auch Margarine. Muss jemand, der tierproduktfrei leben will, notgedrungen dazu beitragen, den Planeten mit einer Plastikschicht zu überziehen?

Mein Gang durch den Biosupermarkt endet schnell. Cornflakes gehen nicht, ebenso wenig wie jedes Müsli. Ich finde Haferflocken und Hirsegries in der Papiertüte. Das Kichererbsenglas hat einen Aludeckel. Aus Mangel an Alternativen kaufe ich eine Hafermilch und meine vegane Lieblingsmargarine. Zwei Punkte Abzug, und der Tag hat kaum begonnen. Mit „demeter"-Milch in der Glasflasche für meinen Sohn beende ich diesen unbefriedigenden Lebensmitteleinkauf und begebe mich ein Stockwerk höher in die Kosmetikabteilung.

Ich stehe hilflos vor Shampooflaschen in Plastik. Das darf doch nicht wahr sein. Kein einziges Shampoo ist in der Glasflasche zu haben. Die nette Verkäuferin beruhigt mich. Immerhin ist dieses Plastik recycelbar und enthält nicht die schädlichen Stoffe normaler Verpackungen. Aber ist nicht jedes Plastik angeblich recycelbar? Sie scheint mir keine Expertin, legt mir aber ein Shampoo ans Herz, das ausschließlich auf Lebensmittelbasis und komplett giftbefreit hergestellt wurde. „Das Haarspray haben wir hier sogar getrunken." Ich wende mich irritiert ab und erstehe – und jetzt kommt's – eine Olivenölseife zum Haarewaschen und eine Glasflasche mit Obstessig, um daraus – wie ich im Netz gelernt habe – Essigwasser zu machen (statt Conditioner). Klo putzen kann ich damit auch noch. Halleluja. Das Ganze mag kostengünstig sein, schlechte Laune habe ich dennoch.

Ich kaufe Ökowindeln aus Maisstärke in der kompostierbaren Verpackung. Außerdem finde ich abbaubare Wattepads in einer ebensolchen. Ein Stimmchen spricht zu mir: Wäre es nicht ökologisch sinnvoller, sich mit einem Stofftuch abzuschminken? Ich summe laut, die Stimme verstummt. Beim Klopapier sieht es dagegen finster aus, ebenso bei den Spülmaschinentabs, die allesamt einzeln in Plastik- oder Alufolie verpackt sind. Ich beschließe, mich dazu noch einmal kundig zu machen und mich bis dahin mit Restbeständen durchzumogeln.

An der Kasse treffe ich die Haarspray-Dame wieder. Angesichts meiner Einkäufe fühle ich mich in Erklärungsnot und erzähle von meinen hehren Plänen. Die Frau sinniert säuselnd. Sie findet ja, es komme nicht auf die Vermeidung an, sondern auf eine andere Bewusstseinsebene. Die Lösung sei schlicht: Liebe. Wenn es gelänge, Plastik nicht abzulehnen, sondern es in Liebe anzunehmen, würde Mutter Erde uns den Weg weisen, wie diese von Menschen erschaffenen Moleküle auf natürlichem Wege wieder abgebaut werden könnten. Wer spreche denn noch mit den Bäumen auf der Straße und frage: Bruder Baum, wie geht es dir? Tja.

Ich fühle mich wie Harry Potter, der Dumbledore anschnauzt, er solle ihm nicht ständig mit seinem Geschwafel von der Macht der Liebe auf die Nerven fallen (oder so ähnlich).

Sie spricht weiter. Von einem grandiosen Putzwasser, das alle Flächen absolut rein hinterlässt, und von ihrer erhellenden Zusammenarbeit mit der wunderbaren Jasmuheen. Dieser Name lässt in mir die Alarmglocken schrillen. Ich habe vor einiger Zeit einiges über den von der Esoterikerin Jasmuheen – wie sie sich nennt – initiierten „Lichtnahrungsprozess“ gelesen: Leben ohne Essen und Trinken, ausschließliche Ernä' rung von Prana (Atem) und Licht. Neben vielen erleuch

Prana-Essern gibt es bei dieser Praxis offenbar immer wieder Fälle von recht weltlichem Sterben durch Verhungern oder aufgrund fehlender Flüssigkeitszufuhr. Die konnten dann wohl ihr Herz dem Göttlichen nicht weit genug öffnen ...

Ich bin durchaus offen für Spiritualität, glaube an die Macht des Geistes, an Homöopathie und eine größere, meinetwegen göttliche Kraft, die mich leitet. Aber ich habe auch erfahren, wie gerade unter allzu dogmatischen Esoterikern recht unschöne Energien aufkommen können, durch mehr oder weniger subtilen Druck und die sanft-aggressive Aura derer, die es besser wissen.

Als hätte sie meine Gedanken gehört, eröffnet mir die Dame, dass nur wirklich weit ist, wer auch Hitler als das, was er war und getan hat, annehmen und lieben kann. Ich sage, dass ich nicht denke, jemals auf diese Bewusstseinsstufe vorzudringen. Mit mitleidigem Lächeln entschwebt sie, möglicherweise um sich ein weiteres Schlückchen Haarspray zu genehmigen.

WELT AUS PLASTIK

Um mich zu motivieren, sehe ich mir als erste Maßnahme den Film „Plastic Planet“ von Werner Boote an. Der Enkel des Geschäftsführers eines Plastikwerks beschreibt darin, wie es kam, dass unsere Welt sich in einen „Plastik-Planeten“ verwandelt hat, und welche Gefahren das birgt.

...hen sechsmal mehr Plastik als Plankton,
... Plastikstrudel steigt es zum Teil gar auf
...re sterben mit plastikverklebten Mägen,
...n beeinflussen, werden in Babyspielzeug
...und Urin der meisten Menschen (bis hin

zu Amazonas-Indianern und Inuit) lassen sich Chemikalien aus Plastikprodukten nachweisen. Industrieunabhängige Wissenschaftler haben einen Zusammenhang zwischen bestimmten Plastikzusatzstoffen wie Bisphenol A (BPA), Phthalaten, Quecksilber, Flammschutzmitteln etc. und der Zunahme von Krebs, Allergien, ADS, Lernbehinderungen und anderer „moderner Krankheiten" nachgewiesen. Die Weichmacher in Plastikflaschen und Tupperware treten besonders bei Wärme aus, wobei diese Chemikalien wie Östrogen funktionieren und so unter anderem die Spermaproduktion und den Testosteronhaushalt bei Männern beeinflussen können. Unfruchtbarkeit oder Fehlgeburten können die Folge sein. Allein in den letzten 50 Jahren habe sich die Spermaproduktion bei Männern um 53 Prozent reduziert. Ich denke an einige Freunde und Bekannte, die mit zunehmend verzweifelten Maßnahmen versuchen, Kinder zu bekommen, und an den Boom, den in meiner Wahrnehmung Kinderwunschzentren erfahren haben. Kann das tatsächlich mit der Omnipräsenz von Kunststoffen zu tun haben? Immerhin leben wir und werden zumindest in der westlichen Welt auch immer älter. Wissenschaftler, mit denen Werner Boote spricht, erklären dazu: Die Gifte wirken langsam, nicht tödlich, sondern auf subtilere Weise gesundheitsschädigend. Einer davon rät, auf dem Weg zur Chemotherapie darüber nachzudenken, ob Plastik unsere Lebensqualität tatsächlich verbessert hat.

Die zuständige EU-Kommissarin erklärt dem Filmemacher sehr offen, über die Gefahren Bescheid zu wissen. Es wird versucht, die Verpackungsindustrie zur genaueren Kennzeichnung ihrer Produkte zu verpflichten, doch der EU-Kommission sind international die Hände gebunden. Zwar gibt es EU-weit immer mehr Verbote, doch Importprodukte mit kaum nachvollziehbaren Inhaltsstoffen unterwandern diese Kontrollen. Das System ist mir aus anderen Zusammenhängen bekannt: Es ist nicht Aufgabe der Produzenten, zu beweisen, dass ein Produkt unbedenklich ist, sondern der Verbraucher und die zuständigen Behörden müssen nachweisen, dass eine Gefahr besteht.

* * *

Mich beeindruckt in dem Film besonders eine Szene, in der Werner Boote von dem Biologen und Plastikforscher Frederick vom Saal von der Universität Missouri-Columbia das Ergebnis seiner Blutuntersuchung unterbreitet wird. Die deutliche Verunreinigung seines Bluts mit BPA führt dem Wissenschaftler zufolge dazu, dass Boote gerade noch fruchtbar genug ist, geistig oder körperlich beeinträchtigte Kinder zu zeugen. In der Szene ist der Filmemacher kein souveräner Beobachter, sondern ihm ist deutlich die Angst anzusehen. In einem Interview auf seiner Website zum Film beschreibt er diese Panik, die ihn bei seinen Recherchen irgendwann überkam. Als wäre die Welt von einer unsichtbaren Gefahr bedroht – nur merkt es keiner.

Ein weiterer Aspekt, den ich mir absurderweise noch nie so richtig klargemacht habe, ist die Bedeutung von Worten wie „Einweg" oder auch „Wegwerfprodukt".

Plastik ist biologisch nicht abbaubar (es zerfällt lediglich in Kleinstteile), und zu seiner Herstellung wird Energie und Erdöl benötigt. Etwa vier Prozent des Rohöls werden für die Kunststoffherstellung benutzt. Endliche, nicht nachwachsende Ressourcen werden zur Produktion von Dingen verwendet, die von vornherein zum einmaligen Gebrauch bestimmt sind.

Natürlich gibt es Wertstofftonnen, doch Recycling ist bei Plastik notgedrungen ein „Downcycling": Die Materialien sind nach dem Recyceln minderwertiger. Die unterschiedlichen Kunststoffe werden in Recyclingtonnen zusammengeworfen und können nicht vollständig getrennt werden. Aus dem neu gewonnenen Kunststoff werden dann beispielsweise Rohre gefertigt, durch die unser Wasser fließt. So haben wir alle Chemikalien auf einen Schlag in unserem Grundwasser. Nice.

Noch dazu ist Plastik nicht unendlich wiederverwertbar und taugt irgendwann nur noch als Brennstoff. Die austretenden Gifte werden zwar herausgefiltert, doch diese Filter müssen ja irgendwo hin. Was läge näher, als sie zusammen mit anderen toxischen Stoffen unter Tage endzulagern? Könnte man doch schön direkt neben die Urantonnen in der Asse schmeißen ...

Seit einiger Zeit gibt es zunehmend Bemühungen, ökotoxikologisch unbedenkliche Kunststoffprodukte aus nachwachsenden Ressourcen herzustellen, sodass sie sich im Wasser auflösen oder bei Hitze kompostierbar sind. Andere Forscher haben Systeme gefunden, Öl aus Plastik zurückzugewinnen (vgl. „Öko-Energie Umweltfonds 1") oder aus dem Plastikmüll neuartige Produkte herzustellen. Mir erscheint das zwar als ein Schritt in die richtige Richtung, doch lässt mich der Gedanke nicht los, wie falsch und hirnrissig es ist, Dinge zum einmaligen Gebrauch herzustellen. Das liegt wohl in erster Linie daran, dass Plastik so billig und im Fall von Plastiktüten für den Verbraucher sogar häufig kostenlos ist. Alle beschwören die Schrecken der Ölknappheit herauf, doch Produkte, die aus Erdöl hergestellt werden, landen millionenfach auf dem Müll.

Schöne neue Welt.

UNMÖGLICH?

Am interessantesten an der Plastiksache ist bislang die Reaktion der Menschen um mich, die mir allesamt begeistert erklären, was ich noch nicht benutzen darf („Hast du schon an dieses kleine Röhrchen am Ende der Schürsenkel gedacht?"). Allein die Erwähnung meines veganen Versuchs hatte bei vielen eher Aggressionen oder unaufgeforderte Schuldeingeständnisse hervorgerufen, mit dem deutlichen Ziel, möglichst schnell das Thema zu wechseln. Das Thema „Tiere essen" ist emotionsbeladen wie kaum ein anderes, wie die Diskussion um einen vegetarischen Wochentag an deutschen Großküchen deutlich gezeigt hat. Plastik dagegen ist überall, und der Verzicht derart kompliziert, dass allein der Versuch zum Scheitern verurteilt sein muss. So sind die Reaktionen auch sehr viel euphorischer. Eifrig schneiden mir selbst entfernt Bekannte Artikel aus oder schicken mir Links zu Filmen. Es scheint mehr eine Art Sport als ein ernst zu nehmender Versuch – denn klappen kann das eh nicht.

Und wirklich. Heute ist erst der fünfte Tag, und ich bin bislang fulminant gescheitert. Das mag unter anderem daran liegen, dass ich mich mal wieder nicht vorbereitet habe. Ich habe noch keine abbaubaren Plastiktüten bestellt, mir fehlt der kompostierbare Kompostbeutel ebenso wie die praktische Brotzeitdose, in der ich meine uneingeschweißten Produkte nach Hause tragen kann. Im Netz finde ich jede Menge Informationen zu Alternativprodukten, doch momentan habe ich eine fiese Grippe und meine Motivation geht gen null. Fontane sprach einst treffend: „Was macht man sich aus der Liebe der ganzen Menschheit, wenn man Zahnweh oder Migräne hat?" Was kümmert mich schnöder Plastikmüll, wenn mein Körper sich anfühlt wie durch den Fleischwolf gedreht ...?

Doch auch abgesehen von diesen Hürden ist es schlicht verdammt schwer. Alles, alles scheint aus oder in Plastik zu sein. Und gerade wenn ich denke, ich hätte dem ein Schnippchen geschlagen, kommt es von hinten um die Ecke: Die Umhüllung des Weinflaschenkorkens, der Gummi, der die Petersilie zusammenhält, der Deckel meiner Alu-Zahnpastatube. Aluminium habe ich mir aus purer Hilflosigkeit vorerst erlaubt, immerhin verliert dieses im Gegensatz zu Plastik beim Recycling nicht an Wert und kann quasi unendlich wiederverwertet werden.

Selbst auf dem Regionalmarkt packt mir die nette Marktfrau den Salat schneller in eine Plastiktüte, als ich „Jute" sagen kann. Als ich von meinem Experiment erzähle, sagt sie:

„Das geht nicht." Diese Frau lebt auf einem Ökohof, auf dem Gemüse gepflanzt, Hühner gehalten und Brot gebacken wird. Wenn schon sie nicht an die Durchführbarkeit meines Versuchs glaubt – wer dann?

Ich fühle mich ausgeliefert und werde missgelaunt bis nörgelig, was zu Hause nicht gerade zum Stimmungshoch führt. Komplizierte Einschränkungen, Abende, die für die Recherche nach unverpackten Klopapierrollen draufgehen, die Weigerung, bei Einladungen „normal" zu essen – all das trägt Stefan mit Fassung und bemerkenswerter Unterstützung. Beim häuslichen Herummeckern und miesepetrigen Blicken auf in Plastik verpackte Biowienerl hört es allerdings auf. Recht hat er.

Ist dieses Gefühl, auf verlorenem Posten zu stehen, möglicherweise der Grund, weshalb so vielen „Ökos" das Stigma der Freudlosigkeit anhaftet?

Bei meinen Nachforschungen stoße ich auf diverse themenrelevante Filme – und auf eine Grazer Familie mit dem schönen Namen Krautwaschl, die weitestgehend ohne Plastik auskommt. In ihrem Buch „Plastikfreie Zone" beschreibt Sandra Krautwaschl, wie sie sich zu einem Menschen entwickelt, der von einigen ihrer Nachbarn als „Plastik-Taliban" bezeichnet wird. Angeregt von „Plastic Planet" beschloss die gesamte Familie, Plastik aus ihrem Leben zu verbannen, und zwar stets unter der Prämisse: Wenn's keinen Spaß mehr macht, hören wir auf. Das ist inzwischen einige Jahre her. Hier also ist erstmals der Beweis: Es ist möglich. Nicht durchgehend (die Familie besitzt nach wie vor eine Waschmaschine und auch der Computer ist nicht aus Holz), aber doch sehr konsequent. Ich lese in Frau Krautwaschls Buch und betrachte einige Fotos. Obwohl die Familienmitglieder alles andere als Ökofanatiker zu sein scheinen, fühle ich mich nicht recht wohl. Will ich tatsächlich diejenige sein, die dem Barkeeper im Club ihre mitgebrachte Porzellantasse reicht, auf dass er das Bier nicht im Plastikbecher serviere ...?

Es ist eine Sache, stets ein bis zwei Einkaufstaschen dabeizuhaben, Milch, Joghurt und Saft in Pfandflaschen zu kaufen und Brot nur dort, wo es in Papier gewickelt wird. Eine andere Sache ist es, mich in breiter Öffentlichkeit als unbequemer Störenfried zu präsentieren. Der Coolnessfaktor von Brotdose und Trinkflasche liegt eher im Minusbereich.

Plötzlich habe ich eine heiße Sehnsucht danach, es praktisch zu haben. Plastiktüten zu benutzen, wenn ich es will, eine in Plastik eingeschweißte Gurke zu kaufen, mir billige, ausschließlich Stylingzwecken dienende Plastiksonnenbrillen ins Haar zu schieben. Allein das Gefühl des Verbotes, das ich mir ja selbst auferlegt habe, drängt mich, es zu brechen. Hier geht es schließlich nicht um das Leben eines Baby-Hahns, sondern nur um ordinären Kunststoff. Der Effekt, den mein Verbrauch auf das Wohl der Welt hat, ist ungleich weniger direkt, als es beim Genuss tierischer Produkte der Fall war – und der Verzicht so viel enervierender …

In meinem Hirn formen sich Ausreden: Es gibt so viele Vorzüge. Plastikschläuche und Silikonnadeln für Insulinpatienten, hygienische Frischhalteverpackungen in afrikanischer Hitze, keine kaputten Glasflaschen mehr, deren Deckel nicht richtig zugedreht war … Noch dazu hat mir meine Zahnärztin angedroht, mich nicht mehr zu behandeln, sollte ich eine Holzzahnbürste auch nur in Erwägung ziehen. Die sehe nicht nur aus wie aus dem Neandertal, sondern sei ihrer Erfahrung nach schlicht eine zahnschmelzfressende Bakterienschleuder.

In ihren Blogs beschreiben Plastikverweigerer, dass die meisten plastikfreien Deodorants dem Schweißgeruch nach ein paar Tagen nur umso stärker zur Entfaltung verhelfen. Da ich eine ausgesprochene Schweiß-Phobikerin bin, befreit mich diese Information von der Notwendigkeit, einen Deokristall oder auch ein Kokos-Deo-Puder zu testen. Nachdem ich bei Leo Hickman von einer möglichen Verbindung zwischen dem in herkömmlichen Deodorants verwendeten Aluminiumchlorid und Brustkrebs gelesen habe und selbst bei Wikipedia zusammengetragen wurde, dass Forschungsergebnisse kontroverse Ergebnisse lieferten (inklusive der Empfehlung, bis auf weitere Erkenntnisse Deo nicht „in die frisch rasierte Achselhöhle einzubringen"), benutze ich ein aluminiumfreies Glas-Deodorant. Dieses jedoch mit Plastikdeckel. Hilft ja nichts.

Das allerdings ist genau der Punkt, der mir am meisten aufstößt und mir auf eine Art sogar etwas Angst macht. Es gibt kaum eine Wahl. Wer in dieser Gesellschaft leben und am normalen Leben teilnehmen möchte, kommt um Plastikprodukte nicht herum. Man kann aussteigen und sich komplett entziehen. Die Zähne mit Salz putzen, die Wäsche per Hand waschen, nicht mehr telefonieren ... Oder sich eben der Industrie beugen.

Ich will das nicht! Ich will eine freie Wahl, mich dem Plastikdiktat zu unterwerfen oder nicht. Deshalb werde ich diesen Versuch noch nicht als gescheitert abtun, sondern nach einem Weg suchen, mich der Plastikhölle so weit wie irgend möglich zu entziehen – und trotzdem weiterhin meine Lebensrealität zu leben.

Eine positive Sache habe ich allerdings schon herausgefunden, als ich mich von meiner Olivenölseife verabschiedet und frustriert auf die Suche begeben habe: In einem Geschäft kann ich mir ökologisches Shampoo und Conditioner in 200-Milliliter-Gläser abfüllen lassen – und die Verkäuferin hat noch nicht einmal die Augenbrauen gehoben!

PERSONENSCHADEN

Wieder einmal bin ich unterwegs nach Erfurt. Im Gegensatz zum einstigen veganen Darben heute jedoch bestens vorbereitet. Ich habe Kaffee mit aufgeschäumter Reismilch in der Thermoskanne, Obst, Reismilchschokolade, Brot mit Margarine und Marmelade, Müsli mit Sojajoghurt im Schraubverschlussglas. Normalerweise hätte ich an einem solchen Morgen viel Geld für miesen Kaffee, fade belegte Brötchen oder fetttriefende Croissants ausgegeben. Auch wenn die Thermoskanne natürlich mal wieder nicht dicht ist und ich mit leicht suppiger Jutetasche im Zug sitze, macht mir das Ganze gerade Spaß.

Das mag aber auch daran liegen, dass es mir wieder besser geht, nachdem ich die letzten zwei Tage magenkrank und fieberschwach vor mich hin vegetiert bin. Wer schon einmal im Minutentakt kotzend über einer Toilettenschüssel hing, während ein sich ebenfalls erbrechendes Kleinkind mit Bindehautentzündung brüllend an einem zerrt, kennt möglicherweise das Gedankenspiel, ob sterben nicht doch eine reizvolle Alternative sein könnte. Allerdings – und das macht den ganzen Unterschied – kann ich mir in meinem schönen, warmen, sauberen (nun ja) Badezimmer diese Art von Gedanken leisten. Ich muss nicht zusehen, wie mein Kind durch eine Trachom-Infektion erblindet oder an Unterernährung stirbt, während ich vom Gelbfieber geschüttelt auf der Erde liege und ihm noch nicht einmal sauberes Trinkwasser geben kann. Gerade in solchen Situationen wird mir das Glück, hier geboren worden zu sein, oft so viel stärker bewusst als in Momenten tatsächlichen Wohlbefindens.

Aus dem Fenster sehe ich in die wunderschöne Landschaft, und mein Aufwachsen in Deutschland, die Möglichkeit, mir um gesundes Essen in plastikfreien Behältnissen Gedanken machen zu können, erscheint mir gerade als der Gipfel an Luxus.

Wenig später sitze ich in Fulda am Bahnhof fest. Personenschaden. Keiner weiß, wann es weitergeht. Es ist saukalt, alle Menschen rufen und schimpfen durcheinander. „Der Ersatzbus braucht anderthalb Stunden nach Eisenach!? Da wär ich ja mit'm Lkw schneller!" Auch ich fühle mich im ersten Moment danach, den Verursacher des Schadens laut zu verfluchen. Kann der sich nicht von 'nem Dach stürzen oder Tabletten nehmen? Immerhin muss ich hier dringend zur Arbeit für das öffentlich-rechtliche Fernsehen!

Ich betrachte die neben mir frierenden Menschen und stelle mir vor, wie sich einer von ihnen auf die Gleise legt, entschlossen, zumindest einmal im Leben wirklich wahrgenommen zu werden. Und sei es nur in der Wut über eine Unbequemlichkeit. Plötzlich sehne ich mich danach, die Lautsprecher würden statt anhaltender „Wir bemühen uns, die Gleise für Sie möglichst schnell wieder freizubekommen"-Durchsagen zu einer Schweigeminute aufrufen, um den Tod eines gesichtslosen Fremden zu würdigen.

Dabei weiß ich noch nicht einmal, ob der Mensch überhaupt ungeliebt und ungesehen war. Vielleicht war er todkrank oder grundverzweifelt. Oder es hat sich überhaupt niemand vor den Zug geworfen, sondern jemand hatte einen Herzinfarkt oder ... keine Ahnung. Die im Infopoint eingeholte Erklärung, ein Staatsanwalt müsse die Strecke erst wieder freigeben, lässt zumindest nicht auf ein gebrochenes Bein schließen. Ich frage mich, weshalb es in einem Land, in dem alles funktioniert und jeder alles Überlebensnotwendige zur Verfügung hat, so viele Menschen gibt, die trotzdem nicht leben wollen oder können ...

In Erfurt erzähle ich dem Taxifahrer die Geschichte meiner Verspätung. Dieser weiß zu berichten, dass sich die Zugselbstmorde zu Weihnachten immer häufen. „Ab Silvester geht es dann richtig los!" Ist das traurig. Logisch irgendwie, aber doch unerträglich, dass selbst die Verzweiflung einkalkuliert werden kann.

Der Taxifahrer dagegen findet es nicht besonders tragisch. Zum einen leisten sich Menschen, die zu spät kommen, eher mal eine Taxifahrt, und außerdem hat er ein Faible für die

Gerichtsmedizin. „Hab ick mir 'n Buch jekooft, noch vor der Wende. Nich billich." Mit den Augen eines Kindes beim Anblick des Weihnachtsbaumes erzählt er mir von seinen Erkenntnissen. „Wenn der Zug so mit 100 Klamotten rankachelt. Die platzen wie die Knallerbsen ..." Ich erspare alle weiteren Details, die mir leider nicht erspart werden. Mein noch nicht vollständig regenerierter Magen ist dieser Begegnung kaum gewachsen.

Weshalb nur reagieren so viele Menschen, ich eingeschlossen, so abgestumpft auf all die Dinge, die jeden Tag passieren? Ein Bekannter arbeitet auf einer Rettungsstation im tiefsten Wedding. Ich durfte ihn dort eine Nachtschicht lang begleiten. Noch nie habe ich irgendwo so viele tiefschwarze Scherze über das Leiden der Menschen gehört. Er sagt: „Sonst hältst du das nicht aus." Okay, fair enough. Und alle anderen? Eigentlich müsste man bei den 20-Uhr-Nachrichten doch jedes Mal aufschreien. Aber meist halten einen die Bilder sich im eigenen Blut wälzender Menschen noch nicht einmal vom Chipsessen ab. Und falls es zu hart wird, kommentiert man mal eben die miese Frisur der Nachrichtensprecherin ...

Als Autorin macht es Sinn, die Dinge immer wieder mit Abstand zu betrachten, zu polarisieren, zu überspitzen. Aber als Mensch? Könnte ich es überhaupt ertragen, all das, was ich Tag für Tag höre und sehe, tatsächlich an mich heranzulassen? Oder würde ich zwangsläufig verrückt oder zumindest sehr unglücklich? Ein guter Freund, der viel über die Welt weiß und nachdenkt, verfällt zwischendurch immer wieder in totale Hoffnungslosigkeit und hält es für unverantwortlich, mit der Aussicht auf eine solche Zukunft Kinder zu bekommen. Andererseits hat das meine Mutter Ende der 70er-Jahre auch gedacht. Ich bin recht froh, dass sie es dennoch gewagt hat.

Gibt es nur die beiden Lösungen – Zynismus oder Verzweiflung? In Momenten wie diesem hätte ich gerne einen Glauben. Meine Großmutter, die ihr Leben lang gearbeitet hat und dennoch arm war, deren Mann früh gestorben ist, ebenso wie ihre Brüder, ebenso wie ihr Sohn, hat ihr Leben lang an einen gerechten Gott geglaubt. Das gab ihr die Kraft weiterzumachen. Obwohl ich es nie zugegeben hätte und mich als Teenager wann immer möglich lauthals über die Greueltaten der katholischen Kirche ausließ, habe ich sie doch um die Unbedingtheit ihres Glaubens beneidet.

Es ist nicht so, als hätte ich es nicht versucht. Ich habe mich mit verschiedenen Religionen befasst, bin der ebenso offensichtlichen wie überbemühten Weisheit erlegen, dass der Buddhismus tendenziell freudvoller ist als der Katholizismus, ohne jedoch das Bedürfnis zu verspüren, deshalb gleich bei der Weißen Tara Zuflucht zu suchen. Würde ich fest an Wiedergeburt glauben, könnte ich wohl keine Tiere essen. Glaubte ich wie manche Sufis an „einen Gott, der vollkommen ist, sodass alles seinen rechten Platz im Universum hat", würde ich möglicherweise Fleisch essen, ohne weiter darüber nachzudenken, und Gott den Rest machen lassen.

Da es aber bislang keinen Gott gibt, von dem ich überzeugt bin, dass er es schon richten wird, muss mein Weg wohl über mich selbst führen. Den Zynismus kenne ich. Er schützt nur bedingt. Die Verzweiflung habe ich zur Genüge ausprobiert. Ist auf die Dauer auch nicht das Wahre ...

Natürlich weiß ich, was die Frau aus dem Bioladen meinte, als sie von der Kraft der Liebe sprach, auch wenn ich das von ihr angeführte Beispiel nach wie vor für unglücklich halte. Dass jedoch Hass und Urteil nicht zu einer besseren Welt führen, ist offensichtlich. Vielleicht ist es sogar so, dass tiefere Wahrheiten oft ganz banal daherkommen und deshalb schnell als naiv abgetan und belächelt werden. Wahrscheinlich macht es im Zweifelsfall wahrscheinlich mehr Sinn, sich mit einem Baum zu unterhalten, als autistisch auf einen Fernseher zu starren.

Die Frau hat ihre Art des Umgangs gefunden. Und vielleicht ist dieser Versuch hier mein kleiner persönlicher „dritter Weg“ ... Wohin das noch führen soll? Keine Ahnung.

Eigentlich wollte ich stolz berichten, dass ich in den vergangenen Tagen tatsächlich kein Stück Plastik verbraucht habe, wollte von selbst gemachten Reinigungsmitteln schwärmen und den Schwank vom Biobäcker erzählen: Als ich ihn bat, das Brot in meine schraddelige Jutetüte zu packen, warf er seiner Biobäckergattin einen verzweifelten Blick zu, der die Frage beinhaltete, ob es nicht doch besser wäre, Tiefkühlteiglinge aus China zu importieren, um Menschen wie mich fernzuhalten. Irgendwo bin ich wohl falsch abgebogen.

SELBER MACHEN

Ich blättere mal wieder in Sarah Wieners Buch. Zwischen Lebensfragen und -zweifeln tut es gut, ab und an schlicht pragmatische Tipps zu lesen. Für den Einkauf rät Sarah Wiener selbst von biologisch abbaubaren Tüten ab, die aus Mais gefertigt werden. Im Herstellungsprozess verbrauchen sie viel Energie, und sie verrotten in der Industriekompostierung erst bei 60 Grad. Zum Einkauf machen Körbe und Stoffbeutel wesentlich mehr Sinn. Auch zur Aufbewahrung von Lebensmitteln ist das luftundurchlässige Material nicht die beste Möglichkeit. Brot beispielsweise bewahrt sie in einem Tontopf oder einem hängenden Leinenbeutel auf, damit es länger frisch bleibt.

Hier schließt sich der Kreis zur Lebensmittelverschwendung. Die Köchin bietet Informationen und Rezepte, um Lebensmittelreste weiterzuverwerten, von Suppe und Semmelknödeln aus altem Brot über Scheiterhaufen aus Kuchenresten bis hin zu Zunge und Nieren vom Kalb. Ich bin kein Fan von Innereien, verstehe aber, dass auch alles verwendet werden sollte, wenn man einem Tier das Leben nimmt, um es zu essen. Ein Rind besteht nun mal nur zu einem Bruchteil aus Filets.

Besonders wichtig ist ihr natürlich das Selbermachen. Wie bereits erwähnt, bin ich im Gegensatz zu Sarah Wiener keine leidenschaftliche Köchin, noch dazu arbeite ich gerade viel und versuche mir dennoch, Zeit für meinen Sohn, meinen Mann, meine Freunde und Familie zu nehmen. Ich lese gerne, ich gehe (auch berufsbedingt) häufig ins Kino, ich mache Sport, ich will Bier trinken in Kneipen, reisen usw. Schon ohne meine Versuche scheitere ich wie so viele allzu oft an der Kürze der Tage. Wenn ich nun noch anfange, Brot selbst zu backen, Marmelade einzukochen und Nudeln zu walken, fliegt mir das Ganze um die Ohren, befürchte ich.

Ich versuche dem, was mich antreibt, noch einmal etwas genauer auf den Grund zu gehen. Seit geraumer Zeit habe ich das Gefühl, dass die Welt tendenziell bequemer, denkunwilliger und auf eine Art langweiliger wird. Es gibt Rolltreppen, Navigationsgeräte, Kaffeemaschinen, Digitalkameras, Computer, automatische Ansagen in der Bahn, die Rechtschreibreform, Facebook und vieles, vieles mehr. Niemand muss sich bemühen, alte Schulkameraden zu finden. Man kann mit einem Klick deren Hochzeitsbilder betrachten, ohne jemals wieder ein Wort gewechselt zu haben. Wer fragt noch die hübsche Frau an der Ampel nach dem Weg, lädt sie spontan zu einem Kaffee ein und bekommt dann zwei Kinder mit ihr, denen man Jahr für Jahr die romantische Kennenlernstory erzählen kann? Einfach die Navi-App installiert und los geht's. Fürs Kennenlernen gibt's ja Dating-Sites.

Ein Leitspruch, der mir für mein Schreiben, aber auch für das Leben viel gebracht hat, ist: „It's always the better story." Zu erzählen, dass die Bahn pünktlich kam, man auf dem zuvor reservierten Platz saß, der Kaffee heiß und die Arbeit am neuen Notebook entspannt war, ist keine besonders gute

Geschichte. Sich zu verirren, zu suchen, mit Menschen in Kontakt zu kommen, meinetwegen in Guatemala ausgeraubt zu werden, die wichtigen Abiballfotos zu verhunzen, weil der Kameradeckel aufging – und vielleicht doch noch dieses eine Bild mit Rotstich gerettet zu haben … Daraus werden Geschichten gemacht.

Meine Mutter kommt viel mit Menschen aus unterschiedlichen Arbeitsrealitäten in Kontakt und findet, dass ich falsch liege. Ihrer Meinung nach wird die Welt immer anstrengender und überfordernder und absolut nicht bequem. Sie glaubt, dass sich deshalb keiner mehr die Mühe machen will, am Abend vernünftige Filme anzusehen oder sich gar zu unterhalten, weil so viele Menschen am Ende eines jeden Tages schlicht ausgelaugt und leer sind.

Vielleicht hat sie recht und Bequemlichkeit ist nicht das richtige Wort. Möglicherweise ist das, worum es mir geht, mit Effizienz besser umschrieben. Alles muss immer schneller, besser, effizienter werden. Wer nicht mitmacht, fällt raus aus dem System. Dafür gibt es Brot und Spiele: immer anspruchslosere Fernsehsendungen und in der Werbepause neue, Glück versprechende Dinge, die das Leben leichter, schöner und eben einfach lebenswerter machen. Ich shoppe, also bin ich.

Ein Freund ist über Jahre in kein öffentliches Verkehrsmittel oder Auto gestiegen, weil er es absurd fand, zu seinem Wohlbefinden eine Tonne Stahl zu bewegen. Dabei hat er wunderbare analoge Bilder gemacht und viele kluge Gedanken gedacht. Ich mochte das. Ich mag die Idee, einfach mal nicht mitzumachen, aus dem, was bequem und allgemeingültig erscheint, auszusteigen, Feststehendes zu hinterfragen, zu überdenken und möglicherweise gar zu ändern.

Von diesen Gedanken motiviert, mache ich mich ans Brotbacken – und zwar mit Sylvester zusammen. Er hilft begeistert, und weil es so lustig ist, kochen wir gleich noch Apfelmus.

Danach sind wir klebrig vom Teig und hatten viel mehr Spaß als auf einem nasskalten Kinderspielplatz.

Colin Beavan schreibt in dem Buch über seinen CO_2-Verzicht, wie ihn Bekannte fragen, woher er die Zeit nehme, beispielsweise seinen Joghurt selbst zu machen. Für ihn ist das nicht nur eine Frage der Zeitumschichtung (weniger fernsehen beispielsweise), sondern eine Frage danach, wie er leben will. Fühlt sich das Leben im ständigen Zeitdruck richtig an? Sollte es unter Zeitdruck geschehen, sich mit seinem Kind zu befassen?

Als Stefan nach Hause kommt, essen wir warme Brotfladen, während Sylvester stolz sein Apfelmus löffelt. Toll, dieses Experiment.

FAKTEN UND VERWIRRUNG

Ich habe auf Empfehlung eines Freundes den Film „Addicted to Plastic“ des Kanadiers Ian Connacher angeschaut. Zu meiner Schande auf Youtube und nicht aus der Videothek, wie es dem Aufwand des Filmemachers angemessen wäre. Bequemlichkeit. Immer bei der eigenen Nase anfangen ...

Der Film wirkt auf eine Art weniger durchgeplant als Werner Bootes „Plastic Planet“.

Ian Connacher reist – so scheint es – relativ spontan durch die Welt und zeigt dabei deren unglaubliche Schönheit ebenso wie die „schmutzigsten Orte dieses Planeten“. Auch seine Suche ist eine persönliche. Er spricht mit Wissenschaftlern, die nach ihren Recherchen nie wieder aus einer Plastikflasche trinken würden, besucht Delhis größte Müllkippe, findet Menschen in Afrika und Indien, die dem Plastikproblem mit Kreativität begegnen, fischt im zur „Plastiksuppe“ mutierten Meer nach Kunststoffpartikeln und beobachtet, wie im Magen eines

Eisvogels unterschiedlichste Plastikteile gefunden werden. (Colin Beavan schreibt, dass 97 Prozent der tot aufgefundenen Baby-Laysanalbatrosse an Plastikstückchen gestorben sind.) Connacher berichtet weiter von 50 Millionen Tonnen allein in den USA hergestelltem Kunststoff, von dem gerade mal fünf Prozent recycelt werden, und von jährlich sechs Millionen Tonnen Plastikmüll, der in die Ozeane gelangt, dort die – ebenfalls in den Meeren herumschwimmenden – giftigen Chemikalien aufnimmt und diese durch Fische und Vögel in die Nahrungskette einführt (Sushi, Fischstäbchen, Graved Lachs ...). Er erklärt den Begriff des „Downcycling" noch einmal konkret: Eine Plastikflasche kann nicht wieder zur Plastikflasche werden, sondern endet als minderwertigeres Kunststoffprodukt – was bedeutet, dass für weitere Plastikflaschen wiederum neuer Kunststoff hergestellt werden muss. Auch Bioplastik beleuchtet er kritisch. Die Herstellung aus Mais ist sehr energieintensiv, außerdem bräuchte es neue Infrastrukturen, um die andere Art der Kompostierung zu gewährleisten.

* * *

Ich glaube zwar, dass Biokunststoffe immerhin ein Schritt in die richtige Richtung wären und dass die Industrie Mittel und Wege finden könnte, diese Produktion effektiver und mit weniger Energieaufwand zu gestalten, wenn die Kunden nichts anderes mehr kaufen würden, doch die beste Lösung bleibt, weniger davon zu verbrauchen. Erst wenn wir aufhören zu kaufen, werden die Konzerne die Notwendigkeit sehen, zu handeln.

Und wieder: Was mache ich? Mir ist zum Beispiel bewusst, dass schon aus gering beschädigten Plastikflaschen hormonell wirkende Chemikalien austreten können. Trotzdem trinke ich nach wie vor daraus, sofern keine praktische Alternative in der Nähe ist. Vor Beginn meines Plastikversuchs habe ich in einem Coffeeshop Sojacappuccino to go gekauft. Als ich, weil ich es schlicht nicht mag, auf den Plastikdeckel für den Pappbecher verzichten wollte, sagte die Verkäuferin, das dürfe sie nicht. Also habe ich den Deckel mitgenommen und in den nächsten Mülleimer geworfen, statt ihn dazulassen oder mich wo auch immer über diese abstruse Geschäftspolitik zu beschweren.

Ein Zeichen für minderwertiges Plastik ist es, wenn die Oberfläche „milchig“ wird. Das deutet auf Kratzer im Material hin, wodurch giftige Substanzen austreten können. Ich durchsuche unsere Küche, finde zerkratztes Plastik en masse und werfe sämtliche alten Tupperboxen, Plastikschneidebretter und Schüsseln weg. Stefan kommt in die Küche, sieht mich und den großen blauen Müllsack, seufzt kurz und geht wieder. Auch in mir schreit es auf: „Die sind doch so praktisch!“ Ich wollte ja eigentlich in diesem Monat vor allem keinen Plastikmüll produzieren, was ich hiermit aber reichlich tue. Selbstverständlich ist es energieaufwendig, das Zeug herzustellen, und sicherlich noch aufwendiger, es zu entsorgen. Aber zum einen schreckt mich der Gedanke an Weichmacher in unserem Essen, und zum anderen soll der Versuch ja möglichst über das selbst gesteckte Monatsziel hinausführen. Als Stefan nach einem Schneidebrett fragt, verkünde ich, dass ich diese Produkte durch lange haltende Edelstahlvarianten ersetzen will. Er fragt: „Wann?“ Was ich geflissentlich überhöre. Gerade fühlt es sich zu gut an, mich von dem bunten Kram zu trennen, als dass ich mir um solch mondäne Dinge wie ein fehlendes Schneidebrett Gedanken machen könnte.

Deshalb als Nächstes das Kinderzimmer. Laut einem Bericht von Stiftung Warentest sind Kinderspielzeuge häufig schadstoffbelastet. Die No-Name-Plastikprodukte sortiere ich ebenso aus wie einige besonders hässliche Plastiktiere. Die Frage, wie ich dieses Spielzeugmassaker meinem Sohn vermitteln soll, verschiebe ich auf später. Zum Glück hat Stiftung Warentest die Produkte der Herstellerfirma der heiligen Feuerwehrstation als schadstofffrei gelistet. Auch Müllauto und Bausteine dürfen bleiben.

Am Ende stehe ich vor einem großen Karton voll aussortierter Kunststoffprodukte. Und jetzt? Kurz überlege ich, den ganzen Krempel an eine Sammelstelle zu geben, ärgere mich aber sofort über mich selbst. Ich habe doch gesehen, wie im tiefsten Afrika unsere alten Kleinbusse ohne Katalysator ihre Abgase in die Luft blasen. Sollen die jetzt auch noch meinen Plastikschrott abkriegen, damit ihre Kinder sich vergiften und nicht meines!?

Ich bringe die Sachen zum Wertstoffhof, wundere mich, wohin das Zeug nun wohl kommen mag – und beschließe, dieser Frage demnächst nachzugehen. Um sehr viel Plastik ärmer und meinem Ziel der Müllvermeidung ferner denn je kehre ich dennoch erleichtert nach Hause zurück. Bleibt die Frage, wie ich Sylvester die Sache mit den Plastiktieren erklären werde.

„Manufactum“ und Aluminium

Das Warenhaus „Manufactum“ ist so etwas wie der Garten Eden einer jeden Filmausstatterin, sofern der zuständige Produktionsmensch die finanziellen Mittel freigibt, sich dort einzudecken. Alles ist: schön, hell, sauber, retro, Holz, Edelstahl… Rundum herrlich also. Nicht ganz so herrlich ist es, zwei Wochen vor Weihnachten das Geschäft zu betreten beziehungsweise sich in winzigen Schritten in der Masse voranzuschieben. Ich suche keine Weihnachtsgeschenke, sondern Toilettenpapier ohne Plastikhülle. Wo, wenn nicht in diesen, die guten alten Zeiten lobpreisenden Hallen? Immerhin ist der Wahlspruch hier: „Es gibt sie noch, die guten Dinge.“ Das lässt doch hoffen.

Ich dränge mich vorbei an Küchenmaschinen aus Edelstahl zu 1150 Euro und gerate in die Badabteilung, in der zwar ein Halter mit dem nicht ganz geglückten Namen „Clojo“ angeboten wird, Toilettenpapier aber sehe ich nirgends. Kurz überlege ich, den von einem Schwarm kaufwütiger Kunden umringten Verkäufer zu fragen, doch ich fühle mich dem allgemeinen Weihnachtshype heute nicht gewachsen und verlasse das Geschäft so schnell es an Tagen wie diesen eben geht.

Beim Rausgehen höre ich, wie ein Mann zu seiner Frau den schönen Satz sagt: „Ich möchte mir nicht eingestehen, dass ich in dem Alter bin, hier einzukaufen." Den mag ich. Weihnachtsgeschenke bei „Manufactum" zu shoppen ist ein bisschen wie den Tisch mit pfiffigen Deko-Ideen aus einer Frauenzeitschrift zu schmücken oder eine richtig gute Flasche aus der hauseigenen Weinsammlung zu entkorken, nachdem man sie viele Jahre im gut temperierten Kellerabteil aufgehoben hat, statt sie wie einst bei erster Gelegenheit auf den Kopf zu hauen.

Auf meinem Heimweg komme ich an einem großen Outdoorladen vorbei und ergreife die Gelegenheit, endlich eine alternative Trinkflasche zu kaufen. Bevor es allerdings dazu kommt, haben mich Konsumrausch und Fernweh fest im Griff. Dringend will ich endlich wieder eine große Reise machen – wozu ich auf der Stelle ein neues Moskitonetz, einen in der Kältekammer getesteten Schlafsack, einen in der Regenkammer getesteten Rucksack und eine wo auch immer getestete Minihängematte brauche. Die Marketingspezialisten dürfen sich auf die Schultern hauen – es funktioniert bestens.

Ich befinde mich jedoch im Konsumverweigerungsmodus, weshalb ich lediglich eine Bisphenol-A- und Phthalat-freie Aluminiumflasche sowie eine einfache Alubox erstehe. Ich würde gerne noch einen Isolierbecher mitnehmen, aus dem ich Kaffee trinken kann, wenn ich unterwegs bin, doch niemand vermag mir zu sagen, ob der Kunststoffdeckel Bisphenol A enthält oder wo dieser Becher hergestellt wurde. Da sich die Plastikgifte bei heißem Inhalt besonders gut lösen, lasse ich den Becher stehen. Vielleicht besser so. Kaffee trinken in einem Café aus einer Tasse mit etwas Ruhe ist ohnehin die bessere Wahl.

Leider ist die Alubox eingeschweißt in ... na klar. Anscheinend muss man, um Plastik zu vermeiden, zunächst jede Menge Plastikmüll produzieren. Zu Hause merke ich dann, dass ich mal wieder erst gehandelt und dann gedacht habe. Die Dose mag von einer vernünftigen Firma stammen, aber Aluminium ist, wie ich erfahre, beispielsweise zur Aufbewahrung säurehaltiger Lebensmittel nicht besonders gut geeignet, weil sich dadurch lösliche Aluminiumsalze bilden können, die im Verdacht stehen, Alzheimer zu verursachen. Auf der Website des Herstellers finde ich keine dementierende Erklärung. Zum Bergsteigen mag die superleichte Box optimal sein. Um unterschiedliche Lebensmittel darin aufzubewahren oder an der Käsetheke einzukaufen, wäre eine fest verschließbare Box aus Edelstahl sicher besser. Ich vertage diese Frage auf später, hatte ich doch bislang noch nicht das Bedürfnis eines Käsethekenbesuchs.

Da ich ja inzwischen keinen Plastikmessbecher und keine Plastikrührschüssel mehr besitze, muss ich überlegen, was ich stattdessen benutzen möchte. „Manufactum"-Käufer würden raten: Kauf was Vernünftiges, das hält das ganze Leben. Macht Sinn, nur wächst meiner Erfahrung nach die Gefahr, Dinge zu ernst zu nehmen, mit dem Bewusstsein um deren Gegenwert in Geld. Außer meinem Computer besitze ich wenig wertvolle Sachen, und das würde ich auch gerne so beibehalten. Ich möchte mich nicht mit meinen Liebsten streiten, weil irgendein Teil (zum Beispiel die teure Rührschüssel) kaputtgegangen ist. Dafür sind mir die Liebsten zu wichtig und Dinge eben nur: Gegenstände.

Spielt ein solcher Gedanke nicht der Wegwerfgesellschaft in die Hände und ginge ich vielleicht doch achtsamer mit den Sachen um, wenn sie teuer wären? Glaub ich eigentlich nicht. Meine Teekanne zum Beispiel hab ich einst für 50 Pfennig auf dem Treptower Flohmarkt gekauft, und sie steht bis heute schwer geliebt in meinem Schrank.

Weil Winter ist und keine Flohmarktzeit, gehe ich zu Ebay. Ja, ja, Großkonzern und so. Ich weiß ja. Finde es trotzdem eine feine Sache, besonders nachdem ich jetzt einen super Glas-Messbecher aus Buxtehude (ernsthaft) und eine 60er-Jahre-Küchenwaage aus Duisburg mein Eigen nenne.

Ich hoffe, sie werden nicht in allzu viel Plastik verpackt sein ...

ERFOLGSMELDUNG

Wir haben zu Hause zwei Schubladen, die von Freunden liebevoll als Messie-Schubladen bezeichnet werden. Dort werfen wir allen recycelbaren Müll wie Papier, Alu, Plastik und Altglas hinein. Wenn die Schubladen so voll sind, dass sie sich kaum noch öffnen lassen, muss ein armer Mensch die Sachen sortieren. Heute bin ich das.

Ich bin sprachlos. Wo normalerweise mindestens ein großer Sack Plastikmüll zusammenkommt, bleibt heute lediglich eine relativ kleine Tüte mit Verpackungen, deren Inhalt nicht von mir verbraucht wurde. Nachdem ich gestern frustriert überlegt hatte, das ganze Projekt hinzuschmeißen, weil es ja eh nicht geht, bin ich jetzt fast euphorisch und vermeide den Gedanken, wer wohl bislang in diesem Hause für den Großteil des Plastikmülls verantwortlich war.

Noch dazu hat mir Stefan einen Kaffeebecher aus Bambus geschenkt, der aussieht wie ein klassischer To-go-Becher, aber zu 100 Prozent abbaubar ist. Ich bin spontan verknallt. Da soll mir mal einer mit 'nem Goldkettchen kommen.

Leider ist der Stapel mit Papiermüll nahezu unvermindert riesig. Auch wenn Papier natürlich abgebaut wird, bleibt der Energieaufwand zur Herstellung hoch, und um die Bäume ist es auf diesem Planeten auch nicht sonderlich gut bestellt. Schweren Herzens kündige ich das Abo der Süddeutschen Zeitung. Zwar liebe ich es sehr, diese morgens vor der Tür liegen zu haben, und ich mag es nicht, Zeitung am Computer zu lesen, doch ist der Ausschuss einfach zu groß. Meist werfe ich alles vom Sportteil über den Bayernteil bis hin zu den Immobilienseiten, „Beruf & Karriere" und natürlich die Werbebeilagen ungelesen weg, um mich dann den relativ dünnen ersten drei Teilen zu widmen, so ich denn die Muße habe, was oft genug auch nicht der Fall ist. Tut mir etwas leid für die Zeitung, die ihre Abonnenten sicher gut gebrauchen kann. Wie man es auch macht, ein Haken scheint immer dabei ...

Zugleich erlebe ich beim Aussortieren mal wieder das gewohnte „Wegwerf-High". Das Gefühl, „reinen Tisch" zu machen, für Luft und Leere zu sorgen, etwas zu schaffen. In der Fernsehdokumentation „Taste the Waste" spricht ein Psychologe genau über dieses Phänomen. Menschen lieben es, einzukaufen, sich einmal etwas richtig Schönes zu gönnen. Dann ist der Schrank voll und die Seele noch immer leer. Zum Glück gibt es das Mindesthaltbarkeitsdatum, das zwar wenig über die Haltbarkeit der Produkte aussagt, dafür aber die Legitimation gibt, die Sachen ungebraucht wegzuschmeißen – und wieder Neues zu kaufen. Gruselig, aber ich weiß, wovon er spricht.

Der psychologische Effekt spielt der Industrie und der Illusion von unbeschränktem Wachstum sehr schön in die Hände. Nicht umsonst wird das Mindesthaltbarkeitsdatum immer weiter nach vorne „verbessert". Nichts soll die Menschheit vom gewissensbefreiten Konsum abhalten.

Dabei sind Produkte mit Mindesthaltbarkeitsdatum auch nach Überschreiten dieses Datums noch genießbar. Es bedeutet nichts weiter als die Garantie der Hersteller, dass das Produkt bis zu diesem Tag unverändert vorgefunden wird. Bei Milchprodukten kann sich danach zum Beispiel etwas Molke absetzen, ein ganz normaler Vorgang, der mit einem Mal Umrühren behoben werden kann. Über die Qualität oder Haltbarkeit der Produkte sagt das Mindesthaltbarkeitsdatum dagegen nichts aus. (Im Gegensatz dazu ist das „Verbrauchsdatum" auf verderblichen Lebensmitteln wie Fleisch und Fisch tatsächlich als verbindliches Datum anzusehen.)

Nicht umsonst sind wir Menschen mit Augen, Nase und Geschmackssinnen ausgestattet worden, die uns mitteilen können, ob ein Joghurt gut oder schlecht ist. Die alte Sache mit der Bequemlichkeit. Die Industrie schreibt eine Zahl drauf, und wir geben die Verantwortung ab. Ich habe früher immer wieder abgelaufene Lebensmittel ungeöffnet weggeworfen, weil es ja draufstand. Das kommt mir gerade vollkommen absurd vor. Wozu hab ich dieses Hirn denn, wenn nicht zum Denken?

Dies abwägend, kaufe ich gleich mal im Reformhaus abgelaufenen Sojajoghurt zum halben Preis. Kein Unterschied.

AROMA, GIFT UND GROSSGARNELEN

Im Buch „Die Essensfälscher" des „foodwatch"-Gründers Thilo Bode werden die Tricks der Industrie offengelegt, mit der Verbraucher willentlich getäuscht werden. Obwohl ich Bodes Engagement und das, was er erreicht hat, großartig finde, wundere ich mich über seine anhaltende Empörung. Wer sich zumindest ansatzweise mit dem auseinandersetzt, was er zu sich nimmt, dem sollte klar sein, dass aus Fleischabfall zusammengeleimtes „Formfleisch" auf der Tiefkühlpizza kein Qualitätsfleisch und die zuckersüße „Milchschnitte" kein gesunder Pausensnack sein kann. Nicht, dass ich die Praxis der

Unternehmen auch nur ansatzweise gutheiße, diese Produkte als natürlich, gesund und vitaminreich zu bewerben, nur leben wir in einem System, das sich den Gesetzen des Marktes verpflichtet hat, und es ist irgendwie logisch, dass das nicht beim Essen haltmacht. Billig produzierte Massenware bringt Gewinn, das ist bei Fleisch so wie bei allen anderen Lebensmitteln.

Ein positiver Aspekt an meinem Plastikversuch: Ich komme gar nicht erst in die Versuchung, industriell verarbeitete Lebensmittel zu kaufen. Neben versteckten Schimmelpilzen, heimlich untergejubelten Geschmacksverstärkern und Lebensmittelabfällen (wie den in „Die Essensretter“ angeführten Rindfleischresten im Heringssalat) kommen die meisten davon in schönen, bunten und garantiert sterilen Plastikverpackungen daher.

* * *

Eine interessante Reportage zum Thema ist auch der „Spiegel TV“-Beitrag „Lebensmittel zum Abgewöhnen – der Wahnsinn unserer Lebensmittel-Industrie“. Es geht darin um den Einfluss, den Pharma- und Chemiekonzerne auf unsere Lebensmittel haben. Beispielsweise die „naturidentischen Aromastoffe“, die nichts sind als in Chemielaboren nachgebauter Geschmack, oder auch japanisches Enzympulver, das kleine Fleischabfallteilchen in zwei Stunden zu einem scheinbar natürlichen Rindersteak zusammenschmelzen lässt. 130 Kilo aromatisierte Lebensmittel pro Jahr nimmt der deutsche Verbraucher im Durchschnitt zu sich, oft im Glauben, sich mit diesen Fruchtzubereitungen etwas Gutes zu tun …

Eigentlich ist diese Verbrauchertäuschung nur die logische Konsequenz der Annahme, stetiges Wachstum könne möglich sein. An Lebensmitteln zeigt sich diese Fehleinschätzung in ihrer ganzen Absurdität. Da diese Branche irgendwann nicht weiterwachsen kann, einfach weil die Menschen ja eigentlich nicht immer mehr essen können, wird offenbar bewusst auf die Verfettung der Gesellschaft spekuliert.

Mit Werbeetats in Millionenhöhe werden vermeintlich neue Waren mit verbessertem Inhalt angepriesen, hinter denen sich doch nur das immer gleiche Produkt verbirgt. In Arztpraxen liegen Gutscheine erwiesenermaßen wirkungsloser Joghurtdrinks aus, und von Firmen angestellte „Wissenschaftler" preisen deren Wirksamkeit. Laut Andreas Grabolle waren im Jahr 2010 über 40 Millionen Kinder unter fünf Jahren übergewichtig.

Ein Artikel in der „Zeit" beschreibt die Marketingstrategien der Lebensmittelindustrie für Kinderprodukte und zeigt, mit welch perfiden Mitteln diese Erzeugnisse heutzutage beworben werden, von knuddeligen Tierfreund-Avataren bis hin zu Schulprojekttagen wie der „Mobilen Schokowerkstatt", in der die Kinder eigene Schokoladenquadrate eines dafür bekannten Herstellers nachformen dürfen. Natürlich werden diese Strategien nicht für gesundes Essen angewandt. Die Rendite für Gemüse & Co. liegt bei 4,6 Prozent, bei Waren aus billigem Fett und süchtig machenden Aromastoffen dagegen bei 15 bis 18 Prozent. Was bei alledem klar ist: Es geht nicht um Qualität. Es geht ums Geldverdienen.

Deshalb macht es natürlich Sinn, der Industrie auf die Finger zu schauen. Zugleich halte ich es für wichtig, auf politischer Ebene mehr Wert auf Bildung und Bewusstsein für Lebensmittel zu legen. Besseres Essen für Kitas und Schulkantinen, einfacher Zugang zu Informationen über Inhalte der Lebensmittel, bessere Kennzeichnung ... Das ist wahrscheinlich nicht im Interesse der Hersteller, aber doch in dem der Verbraucher. Sollte man zumindest annehmen.

Von der „Deutschen Stiftung Verbraucherschutz" (DSV) wurde das „Bündnis für Verbraucherbildung" ins Leben gerufen, das unter anderem in Vorträgen an Schulen dem seit den 90er-Jahren um 50 Prozent angestiegenen Übergewicht von Kindern entgegenwirken soll. Laut „Spiegel Online" sind allerdings wichtige Unterstützer in diesem Bündnis Vertreter großer Lebensmittelkonzerne, von Fast-Food-Ketten und dem Einzelhandel. So bekommen die Unternehmen freien Zugang zu den Schulen und Lernplänen unserer Kinder, um die kleinen Konsumenten von heute zu großen Konsumenten von morgen heranzuziehen.

Die meisten Eltern dürften den Moment kennen, wenn das eigene Kind im Supermarkt den berühmten Tobsuchtsanfall hat, weil Gummibärchen und „Kinder"-Produkte ihm auf dem Weg zur Kasse ins Auge stechen. Seit Beginn meiner Experimente gehe ich nur sehr selten in herkömmliche Supermärkte. Meine Strategie ist in solchen Fällen jedoch, Sylvester über das Stakkatogebrüll von „Ich will aber!" sehr laut zu erklären, dass fiese Werbemenschen die bunten Eier nur dort hingestellt haben, damit Kinder wie er sie kaufen wollen. Der Effekt ist, nun ja ... überschaubar.

Doch bei allem Schimpfen auf die Industrie: Was ist mit der Eigenverantwortung? Auf der Website des Statistischen Bundesamtes finde ich eine Tabelle, die den prozentualen Anteil von Lebensmitteln an den Konsumausgaben privater Haushalte im internationalen Vergleich darstellt. Deutschland, Österreich und die Schweiz liegen dabei recht weit hinten, sprich: Wir geben trotz hohem Verdienst relativ wenig Geld für Nahrung aus. Solange dies so ist, müssen wir uns über minderwertige Ware bis hin zu Pferdefleisch in der Fertiglasagne eigentlich nicht wundern.

Allerdings komme ich aus einer Familie, in der immer frisch gekocht und Wert auf gutes Essen gelegt wurde. Noch dazu hatten wir genug Geld, uns von gesunden, natürlichen Lebensmitteln zu ernähren. Mir ist klar, dass dies nicht selbstverständlich ist. Ich finde es ein Unding, wenn ein Joghurt-Erdbeer-Shake, der laut „foodwatch" 18 Stück Würfelzucker enthält, günstiger zu haben ist (nämlich für knapp 80 Cent) als ein Biojoghurt mit einer Handvoll frischen Früchten (der wohl gut das Doppelte kosten würde).

Natürlich wird es immer Menschen geben, die sich gute, gesunde und ökologisch produzierte Lebensmittel nicht leisten können. Ein Blick in die Supermarktregale oder auch den eigenen Kühlschrank reicht meist, um klarzumachen, dass das Ganze sich nicht auf finanziell schwache Haushalte beschränkt.

Nebenbei wird in dem Spiegel-TV-Beitrag gezeigt, in welchen Dreckstümpeln als edel geltende Großgarnelen gezüchtet werden. Damit sie nicht an Krankheiten und Viren sterben, wird kiloweise Gift in das vor Kot trübe Wasser gekippt. Setzt man einen Fisch hinein, stirbt er in Sekundenschnelle.

Jonathan Safran Foer beschreibt, dass für ein Pfund Garnelen zwölf Kilo Beifang mitgefischt werden. 80 bis 90 Prozent dieser Tiere werden tot oder sterbend zurück ins Meer gekippt. Wer sich danach weiterhin in seinem Lieblingsrestaurant mal so ein richtig schönes Garnelengericht gönnen will, ist selbst schuld.

HÜHNERSUPPE

Die Menschen um mich werden nicht müde, mir zu sagen, mein momentanes Konstitutionstief müsse am veganen Essen liegen. Auch wenn ich heimlich glaube, dass der Gedanke Balsam auf der Seele so manchen Fleischessers ist, bin ich gerade empfänglich für gute Ratschläge. Ich gebe nach und kaufe ein Super-Öko-Happy-Suppenhuhn. Für die Qualität finde ich es nicht besonders teuer, auch wenn die kleine Filiale des lokalen Biohofs mich mehr an eine Boutique erinnert denn an kernige Naturverbundenheit. Das leuchtende Obst und Gemüse liegt in Weidenkörben wie andernorts Goldkettchen auf Samtkissen. Es ist deutlich: Hier kauft eine bewusste und finanziell liquide Oberschicht. Wer wenig Geld hat, muss leider draußen bleiben. Für einen Moment sehne ich mich nach dem Türkenmarkt am Berliner Maybachufer.

In ihrem Buch „Das Leben ist eine Öko-Baustelle" spricht Christiane Paul mit dem Sozialpsychologen, Autor und Klimaspezialisten Harald Welzer. Ihre erste Frage, ob „öko" nur etwas für Reiche sei und „der Hartz-IV-Empfänger" also draußen bleibe, beantwortet Harald Welzer mit der Feststellung, „der Hartz-IV-Empfänger" sei zu einer ähnlichen Voodoo-Figur mutiert wie „der Chinese", der angeblich die Umwelt versaut, billige Produkte herstellt und uns zu überrennen droht. Für Welzer ist diese Haltung „paternalistisch". Weshalb wird so oft angenommen, dass Menschen, die weniger verdienen, sich weniger Gedanken machen? Außerdem würde beim Kauf eines Neuwagens und der fünften Flugreise auch niemand an „den Hartz-IV-Empfänger" denken. Nur wenn es ums Nichthandeln geht, um billige Flüge und Fleisch für alle, werden die schlechter Verdienenden hervorgezogen, dabei würden die Mehrausgaben derer, die es sich leisten können, soziale Ungerechtigkeiten ja eher abmindern.

Welzer geht davon aus, dass der Ressourcenverbrauch, wie wir ihn heute leben, zu einem Ende kommen muss und wird. Die Frage ist nur, ob wir den Prozess aktiv mitgestalten wollen oder weitermachen wie bisher und auf die große Implosion warten. Sein Fazit ist daher eine Umkehr von Christiane Pauls Frage, nämlich dass Reiche öko werden müssten.

Ich mag es normalerweise nicht, Fleisch selbst zuzubereiten. Gerade die gerupfte Hühnerhaut hat mich immer zu sehr an ein totes Tier erinnert und ein latentes Grausen vor möglichem Salmonellenbefall hervorgerufen. Heute betrachte ich das nackte Huhn und die sauberen Innereien extra, um mir das Tier zu vergegenwärtigen. Seltsamerweise finde ich es diesmal gar nicht eklig. Ich halte das kleine Hühnerherz in der Hand, fasziniert und irgendwie ... ja, (sorry) ehrfürchtig.

Ich habe zwar schon wieder hier und da ein Stück eines „tierischen" Produkts probiert, fand es bisher aber eher so mittel. Ausgerechnet die ersehnte Butter hatte im ersten Moment eine seltsam tranige Note und lag ähnlich schwer im Magen wie die heftig nach Tier schmeckende Kuhmilch.

Was mich tatsächlich irritiert hat, ist, dass es sofort wieder selbstverständlich war. Plötzlich habe ich nebenbei ein Stück Fleisch gegessen, fast ohne es zu bemerken. Ich finde, wenn ich schon ein Teil von einem Lebewesen esse, dann zumindest achtsam. Das ist und war vielleicht der für mich positivste Aspekt am Veganismus - ich habe dem, was und wie ich esse, viel mehr Aufmerksamkeit gewidmet. Ich möchte jetzt nicht wieder nebenbei irgendwelche Weihnachtsmänner in mich rein essen, weil die halt grad dastehen, obwohl mir bei wachem Verstand bewusst sein sollte, dass die darin enthaltene Milch sicher nicht von der glücklichen Freilandkuh stammt.

So richtig verstehe ich nicht, weshalb ich die Entscheidung nicht einfach und für alle Zeiten treffen kann. Ja klar, ich esse gerne Käse, Fisch und auch ab und zu Fleisch. Aber in der Zeit des puren Veganismus habe ich eigentlich nichts vermisst.

Vielleicht liegt es daran, dass ich Schubladen und Dogmatismen so wenig mag. Der Satz „Ich bin Veganerin" bedeutet ja nicht nur, dass ich keine tierischen Produkte esse, sondern trägt gleich ein ganzes Spektrum an Assoziationen mit sich, bei anderen, aber auch bei mir selbst. Solange ich diese Vorurteile und Altlasten mit mir herumschleppe, wird es wohl schwer bleiben, eine klare Entscheidung für mich zu treffen.

Die Suppe schmeckt okay. Kein Fleisch-Flash, aber auch kein Ekel. Viel gesünder fühle ich mich allerdings nicht.

MEIN UND DEIN

Immer öfter begegnen mir Zusammenschlüsse von Leuten, die eine neue Art von Konsum leben. Carsharing, Nachbarschaftsgärten, Klamottentausch, Community Supported Agricultures (Gemeinschaften, die einen Landwirt anstellen, ihn vernünftig entlohnen und die Ernte teilen). Menschen, die versuchen, ohne Geld zu leben, indem sie mit Gegenleistungen bezahlen. Ökodörfer, die ihren eigenen Strom produzieren, Genossenschaftswohnprojekte und vieles mehr. Der Grundgedanke ist meist: weniger Besitz, mehr Zusammenhalt.

Was mich an vielen der Projekte begeistert: Es sind in den seltensten Fällen rückwärtsgewandte Spaßverderber, sondern im Leben stehende Menschen, die Freude, Lebensqualität und Gemeinschaft dem einsamen Leben und Arbeiten vorziehen. Das Bild vom verknöcherten Aktivisten erfüllt kaum einer.

Dagegen zeigt der Dokumentarfilm „Flow" („Wasser ist Leben") von Irena Salina mal wieder sehr schön, dass beim Geld das Teilen oft aufhört. Es geht darin um die Privatisierung von Trinkwasser durch internationale Firmen, was dazu führt, dass die Allerärmsten verseuchtes Flusswasser trinken müssen, weil sie sich den „Wirtschaftsfaktor Wasser" (Platz 3 hinter Strom und Öl) schlicht nicht leisten können. Zugleich pumpen Großkonzerne wie Nestlé, Coca Cola & Co. in den von ihnen auserwählten Gegenden häufig das Grundwasser ab, sodass Felder oftmals verdorren und Böden landwirtschaftlich nicht länger nutzbar sind. Was, wenn der von Wissenschaftlern angekündigte „Komet" der Wasserknappheit auch auf unsere Seite des Planeten trifft ...?

Ein guter Freund meint, er will mal sehen, wie gemeinschaftlich oder auch nur zivilisiert die Menschen sich verhalten werden, wenn irgendwann das System kollabiert und kein Geld mehr aus dem EC-Automaten kommt, kein Strom aus der Steckdose, kein Wasser aus dem Hahn.

Eine individualisierte Gesellschaft ist nicht darauf ausgerichtet, in Notsituationen zusammenzustehen, wie es beispielsweise in manchen der indischen Dörfer passiert, die gemeinsam gegen die Wasserprivatisierung ankämpfen. Wir sind es nicht gewöhnt, das, was uns gehört, mit anderen zu teilen. Klar, mit der Familie, maximal noch mit Freunden, aber schon, wenn entfernt Bekannte ihren Besuch ankündigen, wird es oft schwierig. Von geteiltem Wohnraum oder dem eigenen Verdienst ganz zu schweigen. Spätestens wenn alle anderen massiver beginnen werden, unseren Luxus einzufordern, wird sich zeigen, auf welch festem Boden unsere Demokratie steht.

Die neuen Zusammenschlüsse machen mir dennoch Hoffnung, weil es oft eben nicht um ein Abgrenzen geht, sondern darum, dass es gemeinsam leichter sein kann. Immerhin leben wir alle zusammen auf diesem Planeten, so platt-pathetisch das auch klingen mag.

SCHWEIZ

Eine junge Frau mit langen, blonden Dreads öffnet die Tür. Sabine Wolf, Landschaftsarchitektin, Fachjournalistin, Mitglied im Genossenschaftsvorstand, Nachhaltigkeitsexpertin und allem voran: Visionärin. Wir betreten das kleine Häuschen mit dem schönen Namen Rosengarten, um etwas über das „Genossenschaftsprojekt Kalkbreite" zu erfahren. Dafür sind Stefan, Sylvester und ich mit dem Auto nach Zürich gefahren, das mir außerdem in Sachen Müllwirtschaft stets als leuchtendes Beispiel ans Herz gelegt wurde.

Sabine stellt ein Hausmodell auf den Tisch. Die Kalkbreite. Wir betrachten den mehrstöckigen Neubau mit dem großen Innenhof, der etwas erhöht liegt. Sabine erzählt, dass dieser quasi das Dach über einem Trambahn-Depot bildet. Eine ziemlich verrückte und sehr innovative Idee, die das Gelände erst für die Zwecke der Genossenschaft nutzbar machte.

Um den Innenhof herum entsteht ein Areal von Wohnblöcken und Gewerbeeinheiten, allesamt unter der Prämisse der Nachhaltigkeit und des Gemeinwohls. Für die Planung hat die 850 Mitglieder starke Genossenschaft, von denen 235 in die Kalkbreite einziehen werden, unterschiedliche Arbeitsgruppen gebildet. Wohnen im Alter, Mitglieder der Schweizer „2000-Watt-Gesellschaft" (die davon ausgeht, dass jedem Menschen weltweit ungefähr 2000 Watt Primärenergie nachhaltig zur Verfügung stehen), bereits bestehende Wohngenossenschaften mit langjähriger Erfahrung, die „Gruppe leicht leben", die sich intensiv mit dem Thema Ressourcenverbrauch auseinandersetzt etc. Unter anderem aus den Ideen und Bedürfnissen dieser Gruppen wurde das Konzept erstellt. Ich stelle es mir nicht einfach vor, die Bedürfnisse von langjährigen Mitbewohnern, älteren Menschen, Familien mit Kindern, Nachhaltigkeitsspezialisten und vielen mehr unter einen Hut zu bringen. Sabine beschreibt die Sorgfalt, mit der sie an der gemeinsamen Vision gefeilt haben. Ich bin beeindruckt. Bislang dachte ich, derartige Großprojekte seien notgedrungen dazu auserkoren, in Streitigkeiten zu versanden. Noch mehr beeindruckt bin ich, als ich erfahre, dass der Neubau Kalkbreite, mit dessen intensiver Planung 2009 begonnen wurde, schon 2014 einzugsbereit sein soll. Von meinem Gefühl her hätte eine solche Planung in Deutschland erheblich mehr Zeit gekostet. Sabine meint, dass es in der Schweiz für derartige Projekte drei wichtige Voraussetzungen gibt. Zum einen die direkte Demokratie, in der jeder mitbestimmen kann (wodurch es auch schwerer ist, sich der Mitverantwortung zu entziehen, wenn Dinge schieflaufen). Außerdem die geringe Größe des Landes, die es wichtig macht, auf die vorhandenen Ressourcen achtzugeben. Und natürlich – wer hätte das gedacht – die finanziellen Mittel.

Ich frage, ob diese Mitverantwortung nicht zugleich bedeutet, dass jeder den anderen kontrolliert, ein Volk von Hausmeistern also. Sabine überlegt. Dann schüttelt sie den Kopf. Die Schweizer sind eigentlich sehr zurückhaltend.

Ich will noch mehr über die Nachhaltigkeit der Kalkbreite wissen. Was bedeutet das konkret? Sabine holt aus. Jeder, der hier eine Wohnung mietet, unterschreibt beispielsweise mit dem Mietvertrag eine Autoverzichtserklärung. Für 88 Wohnungen gibt es gerade mal zwei Notfallparkplätze. Was einige als Restriktionen verurteilen, ist in ihren Augen ein Privileg. Nicht: Wer ein Auto besitzt, muss draußen bleiben, sondern: Wer kein Auto besitzt, darf hier leben.

Auch sonst ist alles auf Nachhaltigkeit ausgerichtet, die Höhe der Wohnungen, der Bodenbelag innen und außen, die Photovoltaikanlagen auf den Dächern, der recht kompliziert zu bewältigende Verzicht auf Bauschaum, das Öl für die Böden (Recyclingöl aus dem Maschinenbau), ein Off-Schalter am Wohnungseingang, mit dem beim Verlassen der Wohnungen die elektrischen Geräte ausgeschaltet werden können, ein Messgerät für Wasserverbrauch an den Duschschläuchen und vieles mehr. Auch was das Gewerbe betrifft, ist Ressourcenbewusstsein und Gemeinwohl oberstes Gebot. Der Bioladen wird ausschließlich regionale Produkte führen, der Gemüsehändler übrig gebliebene Lebensmittel an den in das Projekt integrierten Großhaushalt mit 50 Personen weitergeben. Eine Köchin wird damit für die Gemeinschaft kochen, um so jede Lebensmittelverschwendung zu vermeiden. Um auf energiefressende Heizlüfter zur Austrocknung des Neubaus zu verzichten, wurden zwei Menschen, die es auf dem Arbeitsmarkt schwer haben, dafür bezahlt, zweimal täglich das Haus durchzulüften. Wider die Einsamkeit im Alter gibt es „Clusterwohnungen“ mit einem Gemeinschaftsraum. Wider die Fadesse der Kindheit eine gigantische Außenrutsche sowie die „Rue Intérieure“, eine Straße, die treppauf, treppab durch den gesamten

Komplex verläuft. Ein „Miniplex"-Kino mit kleinen Sälen wird ausgewählte Filme in Originalsprache zeigen. Bei größerem Andrang kann der Film in mehrere Säle ausgestrahlt werden. In einem Foyer wird außerdem ein sogenannter Deskjockey als eine Art Hausmeister, Concierge und Herzzentrum des Gebäudes fungieren.

Es ist unglaublich. Sie scheinen hier tatsächlich an alles gedacht zu haben. Nachhaltigkeit ist keineswegs bloße Floskel, und trotz der eher bürgerlichen Schicht, die hier zum Einzug antritt, finde ich einige Ansätze durchaus radikal.

Sabine nimmt sich die Zeit, uns durch das noch unfertige Gebäude zu führen. Sie kennt jedes Detail, und nichts davon scheint zufällig oder undurchdacht. In allem steckt der Wunsch nach Achtsamkeit der Natur und den Menschen gegenüber.

Auf dem Dach kippt Sylvester fast um vor Begeisterung. Baumaterial, amtliche Matschpfützen und vor allem: riesige Kräne. Sabine erzählt, dass der Führer des einen Krans letzthin falsch geschwenkt hatte, wodurch die Kräne sich ineinander verhakt haben und – bei dem Versuch, sich zu lösen – fast aus dem Gleichgewicht geraten wären. Ich muss meinem Sohn die Geschichte wieder und wieder erzählen, und er ist schwer fasziniert von Sabine, die solches zu berichten weiß.

Ich frage, ob die Dachflächen neben den Photovoltaikanlagen noch für anderes genutzt werden. Sabine lacht. Natürlich. Zum einen wird hier die längste und höchste Wäscheleine Europas hängen. Außerdem natürlich: der Rosengarten, der Gräsergarten, eine Sauna, Bienenstöcke, Gemüsebeete, Kräuter – und alles andere, was die Bewohner für sich und die Gemeinschaft anpflanzen möchten. Viele Beete werden Hochbeete sein, damit ältere oder körperlich beeinträchtigte Menschen mitarbeiten können. Fast jeder hatte in der Bewerbung für die Wohnungen angegeben, gerne gärtnern zu wollen, und die Dachbegrünung war ihr als Landschaftsarchitektin enorm wichtig.

Sabine war einst Begründerin eines der ersten neuen Gemeinschaftsgärten überhaupt. Auch dafür war die Stadt denkbar offen. Es gibt hier die Möglichkeit eines „Gebrauchsleihvertrags", der die Zwischennutzung ungenutzter Flächen legalisiert. Das gilt nicht nur für gemeinsames Gärtnern, sondern auch für leer stehende Häuser. Ziehen Hausbesetzer dort ein, darf die Polizei diese erst vertreiben, wenn der Hausbesitzer darlegt, was er mit dem Gebäude vorhat, und dazu die Baufahrzeuge anrücken. Legale Hausbesetzungen. Wow. Ähnlich erstaunlich finde ich, dass in Zürich 2008 durch Volksabstimmung entschieden wurde, die Stadt zur „2000-Watt-Stadt" zu machen, also dafür zu sorgen, dass die Bewohner und die Stadt deutlich weniger Energie verbrauchen – bis im Idealfall ein Verbrauch von 2000 Watt pro Person erreicht sein wird.

Was den Müll betrifft, ist der Ansatz, die Bürger zu sorgsamen Recyclingmaßnahmen und insgesamt reduzierter Müllproduktion zu bewegen, denkbar simpel. Die Müllsäcke sind teuer und die Müllabfuhr wird so von den Bürgern selbst finanziert. Bedeutet faktisch: Jeder zahlt für den Müll, den er selbst verursacht.

An der Kalkbreite soll es unter anderem sogenannte Wurmcafés geben: Boxen, in denen sich Kompostwürmer durch Bioabfall fressen. Der so entstehende Wurmhumus eignet sich zur Pflanzendüngung. Ich erinnere mich schaudernd an Leo Hickmans Wurm-Episode, doch die Idee, die Außenräume mit eigenem Kompost zu düngen, fasziniert mich. Besser kann ein Stoffkreislauf wohl kaum verdeutlicht werden.

Die Schweiz erscheint mir langsam zu gut, um wahr zu sein. Ich frage Sabine, ob ihr nicht auch etwas negativ aufstößt. Sie überlegt. Der Umgang mit Ausländern und der große Zulauf, den die Schweizerische Volkspartei (SVP) gerade hat. Asylbewerber bekommen hier sieben Franken pro Tag, allerdings nur an fünf Tagen die Woche, und werden überwiegend abgeschoben. Allein in Zürich leben ihr zufolge an die 7000 Menschen illegal und ohne Papiere. Auch sollen Züricher Kindergärtnerinnen künftig nur mehr auf Schweizerdeutsch mit den Kindern sprechen.

Möglicherweise ist das tatsächlich die andere Seite der Medaille – das kleine Land pflegt und schützt sein Inneres, läuft dabei aber Gefahr, abweisend gegen Einflüsse von außen zu werden.

Ich frage zum Abschluss, wie es in der Schweiz um das Containern bestellt ist. Sabine kennt einige Menschen, die hier Mülltauchen. Zuletzt traf sie einen Mann Anfang 70, der noch nie Geld oder eine Wohnung besessen hat und häufig containern geht. Er hält viel von Warenaustausch, und als er einst als Dealer gearbeitet hat, gab es eben Gras gegen Brot.

Wir verabschieden uns von Sabine, die nachdenklich meint, es gäbe noch so vieles mehr über das Gebäude, dessen Nutzung und die Außenräume zu sagen.

Wir sind sehr inspiriert – und ziemlich platt. Wir sehnen uns nach Kaffee und einer der viel gerühmten Schweizer Backwaren, doch unser Gespräch war um einiges länger als gedacht, und wir haben schon die nächste Verabredung.

Djuna, die Tochter unseres Gastgebers, kommt auf ihrem Fahrrad. Sie wird uns ihren Garten zeigen und schlägt vor, einen Spaziergang zu machen. Wir haben das Auto dabei und dürfen es nicht länger als zwei Stunden auf dem Parkplatz stehen lassen. Die Stadt soll autofrei werden, und tatsächlich fühlt sich das Fahrzeug hier sehr wie Ballast an. Djuna radelt vor, und wir fahren hinterher – nach einer Weile dann doch froh um das Auto, denn der Garten liegt ein gutes Stück bergan. Die Vorstellung, unser müdes, hungriges und sicherlich laufunwilliges Kind dort hoch zu schleppen, lässt uns den seltenen Luxus genießen.

Der Garten liegt in einer Art Kleingartensiedlung mit gigantischem Blick über die Stadt. Djuna, die weder verschwitzt noch außer Atem ist, erzählt, dass sie zunächst zu zehnt angefangen haben. Ihre Freunde wollten jedoch mehr einen Ort zum Ausruhen. Als klar wurde, wie viel Arbeit das Ganze ist, sind sie ausgestiegen.

Wir laufen vorbei an anderen, liebevoll bepflanzten Gärten. Ich sehe indische und südländisch aussehende Familien zwischen den oft älteren Schweizern. Djuna meint, dass häufig Ausländer die relativ günstigen Gärten nutzen. Zum einen, weil es in ihrem Land eine größere Tradition dafür gibt, und außerdem haben sie hier oft kleine Wohnungen - der Garten ist da wie ein zusätzliches Zimmer.

Djunas gepflegter und zugleich verwunschener Familiengarten erinnert mich an den kleinen Garten meiner Großmutter, ein Traumort meiner Kindertage. Mangold, Kürbis, Tomaten, Zucchini, ein Apfelbaum, Salat, Erdbeeren und vieles mehr sind auf der relativ kleinen Fläche angebaut. Sylvester bekommt rote Weintrauben und setzt sich glücklich in den Matsch, um sich zu entspannen. Ich deute auf den Mangold und frage meinen Mann, was das wohl sein mag. Stefan ist eine Art Gemüselegastheniker. Es gibt die schöne Geschichte, als er für seine Mutter Kohlrabi kaufen sollte und ratlos vor dem Gemüsestand auf und ab ging. Er fragte den jungen türkischen Gemüsemann, ob er ihm den Kohlrabi zeigen könne. Der deutete auf eine Aubergine. Entschuldigend sah er Stefan an: „Wissen Sie, ich bin Tänzer." Meinen eigenen Tänzer bei dem unbekannten Gemüse und unserem großflächig verdreckten Kind zurücklassend, folge ich Djuna, die Unkraut herauszieht.

Hat sie wie ich das Gefühl, dass junge Menschen sich zunehmend fürs Gärtnern interessieren? Sie verneint vehement. Sie kennt zwar einige Leute, die einen Gemeinschaftsgarten in der Stadt betreiben, aber meist geht es da eher ums „Grillieren“ (ist das schön!) denn um die Gartenarbeit. Denn das ist es: Arbeit. Die Pflanzen anzusäen, alles mit dem Rad den Berg hochzubringen, die Beete zu versorgen, im Sommer täglich zu gießen, das Gemüse zu ernten, es zu waschen, frisch zu kochen ... Darauf haben die wenigsten Bock. Es geht mehr um das Bild von sich selbst als Gemüse-Guerillero und Selbstversorger.

Mir fällt der schöne Spruch ein, den Wam Kat, fahrender Koch für Aktivisten und Demonstranten, in Valentin Thurns Buch „Taste the Waste: Rezepte und Ideen für Essensretter“ von sich gab: dass nicht alle ein Che Guevara sein könnten, irgendjemand sei auch fürs Kartoffelnschälen zuständig.

Auf dem Weg zu unseren Freunden Sophie und Christoph nach Winterthur verfahren wir uns mal wieder heftig. Ich liebe meinen Mann unter anderem dafür, dass er mich weder für die schlechte (oder besser: nicht vorhandene) Planung noch für die Abwesenheit einer „Landkarte statt Navi“ anpflaumen würde.

Auch unsere Gastgeber reagieren sehr unaufgeregt auf unsere überdeutliche Verspätung. Überhaupt wirken die beiden entspannt wie wenige Menschen, die ich kenne. Sylvester läuft zur Begrüßung direkt mit vermatschten Schuhen in ihre Küche, öffnet den Kühlschrank, nimmt einen Saft. Ich suche erzieherisch einzuwirken, doch Christoph drückt mir ein Glas Wein in die Hand und bedeutet mir, durchzuatmen. In seinem Job berät er Unternehmen, für die Gesundheit ihrer Arbeiter zu sorgen und Krankheitsfällen aufgrund von Überarbeitung, schlechten Bedingungen, Druck usw. vorzubeugen. Ich stand in der letzten Zeit ziemlich unter Strom und fühle mich mit dem guten Amarone erstmals seit Langem entspannt. Der Abend ist wunderbar.

Am nächsten Tag fahren wir ein weiteres Mal nach Zürich hinein. Es regnet, doch die Stadt bleibt trotzdem erstaunlich einladend und freundlich. Zum Abschluss besuchen wir ein veganes japanisch-französisches Teehaus. Sylvester isst vegane Schokotorte mit blauem Marzipan. Nicht gerade der Olymp ökologischen Bewusstseins, doch er ist begeistert. Auf der Heimfahrt erzähle ich erneut die wilde Geschichte der zwei Kräne. Schon irre, dieses kleine Land.

TEFLON

Im Anschluss an den Ausflug nach Zürich waren wir übers Wochenende in einem Haus in den Bergen. Schneetreiben, Natur, alles herrlich. Der richtige Ort, um mal wieder „fünfe gerade sein zu lassen". Das Fazit zweier ansonsten phantastisch schöner Tage: ein unverhältnismäßig großer Sack Recyclingmüll (Papier, Alu, Plastik). Ich betrachte das Monstrum ungläubig. Klar, ich war etwas weniger aufmerksam, aber wir haben doch sicher nicht viel Plastik verbraucht... Haben wir offensichtlich doch. Mal wieder frage ich mich, ob jedes „Lockern" der selbst auferlegten Regeln zwingend zum sofortigen Rückfall in alte Verhaltensmuster führen muss. Ich ärgere mich, zerstört dieser Müllsack nicht nur meine Plastikbilanz, sondern mittelfristig auch ebenjene Natur, in der ich an diesem Wochenende solch schöne Momente verbracht habe.

Wäre ich nur auf mich gestellt, fiele der totale Plastikverzicht leichter, auch wenn ich wahrscheinlich Gefahr liefe, mich in einen überkorrekten Plastikspießer zu verwandeln. Auf der Rückfahrt frage ich Stefan, der sich an einem Imbiss einen Kaffee holen will, bemüht beiläufig, ob er nicht auf den Einwegbecher verzichten könnte. Er bittet mich deutlich ermüdet, ihn in Frieden zu lassen. Ich fühle mich zurückgewiesen. Gerade ich, die ich doch mit so viel Mühe den künftigen Lebensraum auch seines Sohnes schützen will, kann ja wohl um etwas Kooperation bitten! Ein Blick. Knapp vor der

Eskalation kriege ich die Kurve (eine Fähigkeit, die ich noch nicht lange und auch nicht sehr konstant beherrsche). Ich entschuldige mich. Stefan verzichtet als Versöhnungsangebot auf den Plastikdeckel – und verbrennt sich bei der Weiterfahrt sogleich die Hand.

* * *

In dem schönen Berghaus gab es zum Kochen ausschließlich leicht bis stark zerkratzte Teflonpfannen. Dass zerkratzte, mit Polytetrafluorethylen (Teflon ist lediglich der Markenname des Herstellers) beschichtete Pfannen böse sind, weiß ja wohl jeder. Oder? Ich versuche, Genaueres herauszufinden. In einem Bericht über antihaftbeschichtete Bratpfannen, den „Stiftung Öko-Test" 2007 veröffentlichte, wurden zwar viele der Pfannen als minderwertig eingestuft, doch den Schadstofftest bestanden sie unisono. Vom „Bundesinstitut für Risikobewertung" (BfR) erfahre ich, dass die giftigen Dämpfe aus fluorierten Verbindungen nur bei starker Überhitzung auftreten, weshalb eine Pfanne nicht lange ohne Inhalt erhitzt werden sollte. Schon beim Einatmen geringer Mengen der Dämpfe kann es zum sogenannten Teflonfieber (Polymerfieber) kommen. Größere Mengen wirken tödlich. Vögel reagieren laut „BfR" empfindlicher auf die Dämpfe, können schon bei geringeren Temperaturen sterben, weshalb ein Produzent davon abrät, Vögel in der Küche zu halten. Das Kochen in zerkratzten Pfannen dagegen ist dem „BfR" und „Öko-Test" zufolge unbedenklich.

Hm. Nur weil wir nicht wie Vögel schon bei geringer Überhitzung tot von der Stange kippen, heißt das sicher nicht, dass die Dämpfe keinen Effekt auf uns haben. In „Plastic Planet" sagt der Kunststoffforscher Frederick vom Saal sehr klar, dass er nur noch Kochgeschirr aus Glas benutzt. Der Mann beschäftigt sich von morgens bis abends mit Kunststoffen und ihrer Wirkung. Ich beschließe, ihm zu glauben, und entsorge zu Hause unsere Teflonpfanne.

Eine weitere Warnung gilt Verpackungen aus Altpapier. Die Stiftung Warentest fand im November 2012 Mineralölrückstände in der Schokolade von Adventskalendern, woraufhin das „Bundesministerium für Ernährung, Landwirtschaft und Verbraucherschutz" (BMELV) in einer Studie herausfand, dass Rückstände mineralölhaltiger Farben nicht nur in Adventskalendern, sondern auch in anderen Lebensmittelverpackungen aus Altpapier vorkommen – neben über 250 weiterer Substanzen, darunter krebserregende polyzyklische aromatische Kohlenwasserstoffe (PAK), Klebstoffe, Weichmacher und Fotoinitiatoren. Das BMELV hat nach eigenen Angaben zwei Verordnungen erarbeitet, um Rückstände in Altpapier künftig zu vermeiden.

* * *

Schön langsam reicht es mir. Plastik geht nicht, Bioplastik ist fragwürdig, Altpapier vergiftet – und auch sonst wird so ziemlich alles als krebsauslösend eingestuft, von Handystrahlung über chinesische Importwaren bis hin zu Aluminium im Deo ...

Gerade hätte ich große Lust, das ganze Experiment über den Haufen zu werfen. Wenn mich morgen ein Auto überrollt, ist es schließlich ziemlich egal, ob ich Mineralölrückstände im Blut hatte. Andererseits – wenn kein Auto kommt und ich eine von jährlich fast 500 000 neu an Krebs Erkrankten bin, hätte ich vielleicht doch gerne etwas mehr nachgefragt ...

Wenn es aber doch all diese Forschungsergebnisse gibt, wie kann es dann sein, dass keine größere Welle entsteht, um die Gefahren auch tatsächlich zu vermeiden? Mein Verschwörungstheoretikerherz sagt: Pharmalobby, Großindustrie, Klüngelwirtschaft ...

Andererseits: Klar gibt es wahrscheinlich Interessengruppen, die dankbar sind, wenn wir ihre Produkte nutzen, ohne an die Folgen zu denken, aber weshalb schütze ich mich ganz persönlich beispielsweise nicht bei jedem längeren Aufenthalt in der Sonne mit einer fetten Lichtschutzfaktorcreme? Ich weiß, dass die UV-Strahlung von der Krebsgesellschaft als eindeutig krebsgefährdender Faktor eingestuft wird. Aber die Creme klebt halt so, außerdem steht mir sonnenbraune Haut einfach besser.

Wenn wir nicht selbst anfangen, das zur Verfügung stehende Wissen auch anzuwenden, hilft wohl alles nichts ...

OBSOLET

Meine Jeans ist kaputt. An sich kein großes Ding, Hosen gehen eben mal kaputt. Nur konnte ich trotz erbärmlicher Hausfrauenfähigkeiten gerade Jeans bislang immer noch irgendwie flicken und auftragen. Diese Hose aber ist aus einem nur jeansähnlichen Material hergestellt und durch eingewobene Plastikfädchen nicht zu retten. Alles reißt zeitgleich ein – dabei hatte ich die Hose noch nicht einmal besonders lange.

In dem Arte-Beitrag „Kaufen für die Müllhalde" geht es um die sogenannte geplante Obsoleszenz. Darin wird gezeigt, wie Produkte, die sehr viel länger haltbar sein könnten (wie beispielsweise Glühbirnen oder Nylonstrumpfhosen) bewusst in ihrer Haltbarkeit eingeschränkt werden. Andere Produkte werden so konzipiert, dass sie irreparabel sind und, sobald etwas daran nicht mehr funktioniert, komplett ersetzt werden müssen (als Beispiel nennen die Filmemacher den iPod classic). Diese bewusste Kurzlebigkeit von Produkten wird als einer der drei Grundpfeiler der Wachstumsgesellschaft beschrieben. Die anderen beiden: Kredit und Werbung.

An sich ist es wahrscheinlich logisch. Wer verkaufen will, muss die Produkte möglichst fehlerhaft und so designen, dass sie schwer zu reparieren sind. Sonst sitzen alle mit ihrem alten

Nachkriegsstaubsauger daheim, und „Geiz ist geil" wird plötzlich zum Slogan für leere Shoppingmalls ...

Ich erinnere mich, wie ich einmal in einem Mietwagen saß, der plötzlich nicht mehr ansprang. Sicherlich ist das Herumschrauben an Autos nicht meine Fähigkeit Nummer eins, doch hier war klar: Selbst wenn ich den Schraubenzieher in die Hand nähme oder gar im Nebenwagen ein gut aussehender Mechaniker säße, den anzusprechen ich mir nicht zu blöde wäre – es würde nichts bringen. Der „ADAC", der mit einem Ersatzwagen anrückte, bestätigte mir das. Im Schlüssel gibt es einen winzigen Chip, der mit dem Anlasser korrespondiert (oder so ähnlich). Jedenfalls muss das von einem herstellereigenen Betrieb überprüft werden. Einfach so reparieren? Unmöglich. Hilflose Menschen in glänzenden Wägen, die im Falle eines Programmierungsfehlers noch nicht einmal selbsttätig ein Fenster öffnen können. Das Einzige, was in diesen Autos immer funktioniert, ist der nervige Piepton bei Anschnallverweigerung oder dem Einparken. Was hilft, den Menschen das Denken abzunehmen, hält für die Ewigkeit.

Mal wieder kommt mir beim Nachdenken über diesen ganzen Wachstumswahnsinn die Galle hoch. Ohne auch nur ansatzweise gut genug informiert zu sein, halte ich Herangehensweisen wie die von Harald Welzer nach wie vor für die einzig ehrliche Möglichkeit: den Konsumstil zu ändern und von der Illusion Abstand zu nehmen, auf diesem Planeten seien die Ressourcen unendlich vorhanden. Was ich mit meiner obsolet gewordenen Jeans anstellen soll, bleibt unklar.

WUT

Die Welt draußen glitzert in schönstem Vorweihnachtsweiß, die Menschen werden ruhiger, sie befassen sich mit Rückschau und Besinnung – und ich habe eine Sauwut. Ein Freund aus

Berlin hat mir den Link zu der SWR-Dokumentation „Billige Brötchen – Die Spur der Teiglinge" von Manfred Ladwig geschickt.

* * *

Mittelständische Unternehmen sterben reihenweise, allerorts schießen Backshops aus dem Boden, deren künstliche Aromen man dank ausgeklügelter Entlüftungstechnik schon meilenweit riecht. So weit, so bekannt.

Doch in dem Film wird nicht nur gezeigt, dass niemand wirklich zu wissen scheint, was in den Backmischungen steckt, die inzwischen gang und gäbe sind, sondern auch, dass Lebensmitteltechniker den Broten künstlich erzeugte Enzyme zusetzen, um die Backwaren elastischer, luftiger, länger haltbar, also schlicht: konsumverträglicher zu machen. Heute geht die Verbrauchernachfrage mehr in Richtung rustikal? Kein Problem, einfach ein Enzym entworfen, das dem Billigbackwerk Aussehen und Geruch eines im Holzofen kross gewordenen Bauernbrotes gibt. Eine Biotechnologin zeigt, dass acht Wochen altes Brot noch immer total elastisch aussieht. Wer zur Hölle will acht Wochen altes Brot essen!?

* * *

Das Schlimmste daran: Die meisten dieser gentechnisch veränderten Zusatzstoffe müssen noch nicht einmal deklariert werden!

Der Freund fragt zu Recht: „Ist unser Körper überhaupt in der Lage, Gentech-Enzyme korrekt abzubauen?" Die Meinungen gehen, soweit ich das verstehe, auseinander.

* * *

Das Münchner Umweltinstitut schreibt auf seiner Website jedoch, dass Ernährungswissenschaftler der Friedrich-Schiller-Universität Jena in Organen und Muskeln von Hähnchen Bruchstücke aus dem Erbgut von gentechnisch verändertem Mais gefunden haben. Zitat: „Was mit diesen Genbruchstücken passiert und ob diese nicht doch in das Erbgut von Körperzellen, Bakterien oder Viren eingebaut werden können (horizontaler Gentransfer), ist ungewiss."

Die genetische Veränderung kann demnach mit der Zeit unser Wissen über Nahrungsmittel über den Haufen werfen, weil Nährwerte sich verändern, durch Manipulation der Reifungsprozesse nicht mehr erkennbar ist, wie alt das Produkt tatsächlich ist, oder Gene aktiviert werden, die in bislang gesundem Gemüse gesundheitsschädliche Stoffe hervorbringen ...

* * *

Als ich mich bei Bekannten darüber ereifere, fragen sie, was an der Herstellung günstigerer Backwaren und deren technischer Optimierung so schlecht sein soll. Ich gehe an die Decke.

Neben der Tatsache, dass jährlich Hunderte Bäckereien schließen müssen, weil sie mit den Dumpingpreisen nicht mithalten können, neben der Tatsache, dass wegen der Niedrigpreise die Arbeitskräfte schlecht bezahlt oder eingespart werden müssen, neben der Tatsache, dass ich wissen will, welche Inhaltsstoffe in meinem Brot enthalten sind, neben den Lebensmittelskandalen der letzten Jahre in Großbäckereien, neben all diesen Tatsachen finde ich einfach, dass billige Aufbackbrötchen vom Discounter beschissen schmecken!

Die Familie meines Mannes lebt seit Generationen vom Bäckerhandwerk, und mein über 70-jähriger Schwiegervater steht noch immer jede Nacht auf, um mitzuarbeiten und sein Lebenswerk zu bewahren. Es ist ein täglicher David-gegen-Goliath-Kampf. Die Bäckerei hält sich vor allem durch Verträge mit Hotels, die sie beliefert. Was allerdings bedeutet: Was die Hotels wollen, wann sie es wollen – es muss geliefert werden. 200 Erdbeertörtchen am Samstagnachmittag? Kein Problem. Noch etwas billiger, sonst nehmen Sie einen anderen Lieferanten? Kriegen wir hin.

Früher hatte ein erlerntes Handwerk einen Wert, der Bäcker war wichtig und angesehen, denn er stellte unsere Nahrung her! Heute haben wir viel zu viel Nahrung, deshalb ist der Handwerksbäcker zum bloßen Angestellten mutiert.

Die Kunden erwarten bis zum Abend volle Brotregale mit allen Sorten – von denen ein Großteil dann natürlich übrig bleibt. In „Taste the Waste" wird gezeigt, dass das Auffüllen der Regale bei Zulieferbetrieben von Supermärkten sogar vertraglich festgelegt wird. Manche Bäcker heizen inzwischen ihre Öfen mit den Brotresten. Der Heizwert ist fast so gut wie der von Holz. Die Welt ist verrückt.

Hätten Bäcker weniger Ausschuss, könnten sie hochwertiger produzieren. Das bedeutet für mich: Das Brot, das heute verheizt wird, beeinflusst morgen die Zutaten, die wir essen. Doch ob wir von dem Brot langfristig krank werden oder sich genetisch veränderte Enzyme auf unser Erbgut auswirken, interessiert viele Leute einfach nicht. Hauptsache, das Zeug ist billig.

* * *

Weil das alles noch nicht deprimierend genug ist, sehe ich mir noch die Reportage „The Dark Side of Chocolate" an. Der dänische Filmemacher geht darin dem Verdacht der Kinderarbeit auf afrikanischen Kakaoplantagen nach – und wurde sehr schnell fündig. Er zeigt, wie Kinder im Alter zwischen 10 und 14 Jahren aus afrikanischen Nachbarstaaten entführt und für 230 Euro pro Kind in die Elfenbeinküste verkauft werden, um dort unter harten Bedingungen auf den Kakaoplantagen zu arbeiten. 42 Prozent der weltweiten Kakaoproduktion stammt aus der Elfenbeinküste. 230 Euro für ein Leben in Leibeigenschaft. Dafür ist die Schoki dann aber echt preiswert …

Klar, ich könnte jetzt stolz sein auf meine vegane, fair gehandelte Reismilchschokolade zu 3,49 Euro die Tafel. Würden jedoch mehr Menschen diese Schokolade kaufen, dauerte es wahrscheinlich nur wenige Monate, bis auch davon eine billige Version auf den Markt käme, der allerlei Dreck untergemischt wäre und für die Menschen, die sich nicht wehren können, ausgebeutet würden.

* * *

In vier Tagen ist Weihnachten. Ich habe noch kein einziges Geschenk und fühle mich momentan auch kaum in der Verfassung, am allgemeinen Konsumspaß teilzunehmen. Was ist nur los mit dieser Welt? Wie kann es sein, dass wir fröhlich weiter kaufen, während uns alles um die Ohren fliegt? Nein, eben nicht uns – von steigenden Krebsraten und einigen wenigen Ausläufern der Wirtschaftskrise vielleicht mal abgesehen – sondern „denen". Den mittellosen Familien in Costa Rica, die an pestizidverseuchtem Grundwasser für unsere Bananen sterben. Den bettelarmen indischen Kindern, die in unserem Müll herumsuchen. Oder den Menschen in den Armutsgegenden Afrikas, die nichts zu essen haben, während wir die Orangen hier hunderttonnenweise auf den Müll schmeißen ...

Aber alles ist gut, solange die Wirtschaft boomt und der Einzelhandel „den besten Weihnachtsumsatz aller Zeiten" bekannt geben kann. Manchmal möchte man nur kotzen ...

SODA

Noch immer mental etwas angekratzt, habe ich mich dem Vorweihnachtstrubel entzogen und mache Winterputz gegen den Weltschmerz.

Leo Hickman beschreibt schwer begeistert, wie er mit Essig, Zitrone und Waschsoda sein Bad putzt. Seinem Beispiel folgend reibe ich Zitrone auf die Oberfläche des Waschbeckens, kippe Essig über die Kalkränder. Das Ergebnis ist toll, auch wenn das Bad etwas sauer riecht.

Weil unsere Spülmaschine mit Ökotabs und Ökoprogramm das Geschirr leider nicht sauber bekommt (Vorspülen finde ich spießig), hoffe ich auf die in Internetforen beschworene Wirkung von Waschsoda. Ich kippe eine große Menge davon in das Spülmittelfach, dazu Apfelessig als Klarspüler.

Wie von Leo Hickman gelernt, öffne ich die Spülmaschine mit Beginn des Trockenvorgangs, um Energie zu sparen. Das Geschirr trocknet an der Luft in kürzester Zeit. Ich entnehme einen sauberen Löffel, rühre damit in meinem Sojajoghurt, esse – und erstarre. Es schmeckt, als hätte ich Natronlauge in den Joghurt gekippt. Nachdem ich alles ausgespuckt und mir ausführlich den Mund gespült habe, betrachte ich das Geschirr genauer und sehe einen weißlichen Film. Das Geschirr ist zwar sauber, doch überzogen mit einem salzigen Waschsoda-Film. Im Internet erfahre ich, dass eine kleine Menge Soda ausgereicht hätte und mein Soda etwa die Wirkung von sechs Spülmaschinentabs hatte.

Ich beschließe, von nun an das Geschirr heimlich doch vorzuspülen und es noch einmal zu versuchen, sobald der Geschmack von ätzendem Salz aus meinem Mund verschwunden ist. Irgendwann glänzt die Wohnung und meine Laune bessert sich allmählich.

Ein Kathastrophen-Overflow in der letzten Zeit hat wohl zu einer Art Implosion geführt. Ja, vieles ist unerträglich. Aber es gibt auch Lichtblicke, selbst wenn sie nur im Kleinen und meinem persönlichen Umfeld stattfinden.

Lediglich durch relativ moderate Plastikvermeidung habe ich in den letzten Wochen unseren Hausmüll drastisch reduziert, ohne mich großartig eingeschränkt zu fühlen. Es stört mich nicht, Shampoo aus dem Schraubglas und Seife statt Duschgel zu verwenden. Im Gegenteil – das Wissen um die Schadstofffreiheit der Produkte beruhigt mich eher. Ähnlich geht es mir beim Kaffee, den ich mir inzwischen in einer Kaffeerösterei offen in meine Edelstahldose füllen lasse und der ungleich besser schmeckt als die im Laden gekauften Bohnen. Meine Schwiegermutter hat mir ihre Saftpresse geliehen, und ich trinke zurzeit täglich frisch gepressten Gemüsesaft (der Versuch, die Herren meiner Familie zum Mittrinken zu animieren, war bislang eher mittelerfolgreich). Für den Kaffee habe ich inzwischen in einem Bioladen regionale Sojamilch in der Pfandflasche entdeckt. Und dann gibt es bei mir ums Eck einen italienischen Feinkostladen, der hausgemachte Pasta verkauft und mir so das Teigkneten erspart ...

Insgesamt fühle ich mich in meinem plastikfreien Zuhause gerade sehr wohl.

HOFFNUNGSTRÄGER?

Auch im größeren Rahmen scheint es, was das Plastik betrifft, inzwischen Gegenentwürfe zu geben, wie ich auf der Website des Nachhaltigkeitsportals „Utopia" in einem Artikel über den Verfahrenstechniker und Chemiker Prof. Dr. Michael Braungart lese („Der klügste Mensch, den seine Frau kennt"). Dieser ruft entgegen allen heutigen Umweltbestrebungen nicht zum Verzicht auf, sondern zum fröhlichen Verbrauchen.

Der Mensch – so Braungart – will konsumieren und wegwerfen. Dies berücksichtigend, ist seine Idee unter anderem die eines Kreislaufs, wie er in der Natur existiert: Biokunststoffe aus Stärke, die nach Gebrauch zum Düngen verwendet werden können, oder auch kompostierbare Babywindeln, die durch ihre Fähigkeit, Flüssigkeit zu speichern, in trockenen Gegenden zur Bewässerung eingesetzt werden könnten. Mit einem Baby könnte man so in Wüstengebieten etwa 150 Bäume großziehen. Fernseher und andere technische Geräte würde man seiner Idee nach nicht mehr besitzen, sondern mit einer Art Pfandsystem ausleihen, damit die Rohstoffe nach Gebrauch vom Hersteller zurückgenommen und wiederverwertet werden könnten.

Der mit einer Mitbegründerin von Greenpeace verheiratete Braungart meint, Nachhaltigkeit würde immer als Verzicht daherkommen. Ihm geht es dagegen um Schönheit und Innovation. Nicht am Ende durch Recycling der Produkte um „weniger Schaden" ringen, sondern die Produkte von Anfang an so konzipieren, dass sie nützlich sind und entweder vollständig biologisch abgebaut oder in der „Technosphäre" unendlich wiederverwertet werden können. Abfälle oder eine ineffiziente Nutzung von Energie sollen dabei vermieden werden. Die Natur ist bei diesem sogenannten Cradle to Cradle („Von der Wiege zur Wiege") das Vorbild. Braungarts Credo: Wenn Wachstum nützlich ist, können wir weiterwachsen. Um die Dinge nur ein bisschen weniger schädlich zu machen, sind wir zu viele Menschen auf der Welt.

* * *

Ich bin mir noch nicht sicher, ob ich dieser Utopie vom Menschen als „Nützling statt als Schädling" (Greenpeace Magazin) Glauben schenken soll. Eine kurze Recherche ergibt, dass ich damit nicht alleine stehe. Die von Braungart ausgerufene Vision der „nächsten industriellen Revolution" schreit ja geradezu danach, ihr Naivität und Realitätsferne vorzuwerfen. Ich erinnere mich an ein „Zeit"-Dossier des großen Harald Martenstein, in dem er über Schwarmintelligenz beziehungsweise Schwarmfeigheit (welch ein Wort!) schreibt. Er stellt darin unter anderem die These auf, dass wichtige Neuerungen meist von Einzelpersonen ausgingen, die von der dem Mainstream folgenden Gesellschaftsmasse zunächst verspottet oder gar weggesperrt wurden, wie Galileo Galilei, nachdem er verkündet hatte, dass die Erde sich um die Sonne dreht.

In Deutschland wird Braungart laut dem Greenpeace Magazin noch oft ignoriert oder belächelt, während seine Vision in Dänemark, den Niederlanden oder den USA zunehmend auf Interesse stößt.

Was also, wenn dieser „verrückte Professor" einer der großen Neuerer der Zukunft sein sollte ...?

HÜLLE UND FÜLLE

Wie im Rausch sind die Weihnachtstage vorbeigezogen. Gerade noch habe ich in der Stadt mein Bestes gegeben, autistisch funktionierende Verkäuferinnen davon abzuhalten, auch noch das letzte dreimal eingeschweißte Buch in eine weitere Plastiktüte zu stecken – und schon häufe ich wie alle anderen die Altpapier- und Plastiküberbleibsel des Weihnachtszaubers in überfüllte Tonnen ...

Ich liebe Weihnachten. Tatsächlich. Auch wenn man das als halbwegs bewusster Mensch kaum sagen kann, ohne schräge Blicke zu ernten. Natürlich ist mir klar, dass das Fest zum Gipfel des Konsumwahns verkommen ist. Oft schon habe ich überlegt, das Schenken einzustellen und wie so viele stattdessen einfach nur beisammen zu sein. Nun ist dies aber meinen Lieben schwer zu vermitteln, denn sie werden nicht nur gerne beschenkt, sondern sie schenken auch mit großer Begeisterung, glücklich über die Freude des jeweils anderen. Das gemeinsame Auspacken hat bei uns viel mit einer Rückschau auf Erlebnisse des vergangenen Jahres zu tun, und auch ich möchte es ehrlicherweise nicht missen.

Stimmt das tatsächlich? Oder liegt es nur am Festhalten an Ritualen, am Nicht-ändern-Wollen lieb gewonnener, doch ethisch fragwürdiger Gewohnheiten? Das sicher auch. Andererseits habe ich dieses Jahr mein Schenkverhalten insofern geändert, als dass ich auf Plastikverpackungen verzichtet und den Plastiktüten abgeschworen habe. Wodurch die Geschenke tendenziell persönlicher wurden. Auch beim Verpacken habe ich Tesafilm und Glitzerpapier weggelassen und stattdessen handgeschöpftes Geschenkpapier aus Recyclingmaterial benutzt. Alles sehr klein, klein, ist mir klar, doch die Erfolge auf diesem Gebiet liegen für mich bislang gerade in diesen kleinen Schritten ...

Aber dann: das Essen. Gerade weil allein der Gedanke eines veganen Weihnachtsmenüs bei nahezu allen Menschen in meiner Umgebung zu totalem Unverständnis mit Paniktendenz geführt hat, konnte ich mir schwer vorstellen, mich nach zwei nahezu vollständig veganen Monaten ins allgemeine Überessen mit großen Fleischstücken einzureihen. Jedes Jahr fühle ich mich nach den Feiertagen selbst wie eine Mastgans und möchte nur: liegen, glotzen, Schnaps trinken.

In diesem Jahr war schon der Dezember erstaunlich anders, habe ich doch nicht mehr hirnlos die allerorts obligatorischen Plätzchen in mich reingeschoben, ohne mich zu fragen, ob ich a) überhaupt hungrig bin und b) die darin enthaltenen Zutaten gerne in meinem Körper haben möchte. Kinderarbeit, Massentierhaltung und bunt-giftige Aluverpackung mal außer Acht gelassen.

Und so habe ich beschlossen, mein Weihnachtsessen vegan zu gestalten. Brühe mit Gemüse und Tofu statt Fleischfondue im Fett. Da es sich beim Weihnachtsessen um das unerschütterlichste aller Rituale zu handeln scheint, war klar, dass ich damit allein auf weiter Flur stehen würde. Wie ein veganer Yogalehrer in der letzten vorweihnachtlichen Stunde so schön sagte: Es wäre schwer genug, die Mitglieder einer Familie zu überzeugen, an nur einem der drei Tage eine der drei Mahlzeiten fleischlos zu gestalten ... Wohl wahr, aber ich bin ja nicht der Messias, deshalb trete ich am Weihnachtsabend mit meinem eigenen Fonduetopf inklusive Misobrühe und feinstem Biogemüse an.

Das Ergebnis ist grandios. Keinerlei Fleischgelüste, kein Fett-Overflow-Gefühl – und trotzdem Familienglück. Es scheint viel einfacher als gedacht, Rituale zu verändern, solange der Charakter und das Gefühl dahinter bestehen bleiben. Jonathan Safran Foer nennt das: „neue Geschichten erzählen". Die Geschichten von Gerichten mit Fleisch prägen viele Familien, und daraus entsteht die Furcht, mit dem Fleisch auch die

Geschichten zu verlieren. Doch Geschichten können umgeschrieben werden, und der Inhalt ist selten das Fleisch.

Was das für zukünftige Weihnachtsfeste bedeutet, wird sich zeigen. Im Moment bin ich glücklich über die nicht gegessenen Tiere, die gesparten Plastiktüten und irgendwie überhaupt.

JAHRESENDE

Mal wieder die Berge, diesmal mit Schnee. Ich versuche, ein Fazit meines plastikreduzierten Monats zu ziehen. Gar nicht so leicht. Immer wieder stoße ich auf Menschen, die mir meine Unwissenheit und Arroganz vor Augen führen. Meine Schwägerin, eine Anästhesistin, die mir die Vorteile und Möglichkeiten moderner Kunststoffe bei lebensrettenden oder -verlängernden Maßnahmen aufzeigt. Meine Großtante, die schreibt: „Die meiste Zeit des Lebens haben wir in der DDR gelebt. (...) Die Milch in schweren Glasflaschen musste man ohne Auto heimschleppen, und für Mehl oder Zucker musste man eine Tüte mitbringen ..." Hygiene, Kosten, Handhabung, Moderne (sprich: Autos, Computer, Mobiltelefone, Feinstrümpfe ...). Natürlich gibt es zahlreiche Gründe, die für Plastik sprechen, und das Material aus unserem Leben komplett zu verbannen ist unrealistisch.

Die Österreicherin Sandra Krautwaschl schreibt in ihrem Blog, dass es prinzipiell kein ausschließlich gutes oder schlechtes Material gibt. Sie hält aber natürliche Materialien für besser als chemisch produzierte und rät ansonsten als Fazit jahrelanger Plastikabstinenz dazu, den „gesunden Hausverstand" einzuschalten.

Ich kenne mich zu wenig aus, um mit Sicherheit sagen zu können, weshalb es noch nicht möglich ist, Plastikprodukte großflächig durch Biokunststoffe zu ersetzen. Ich denke nach wie vor, dass dies die Richtung sein sollte. So oder so gilt für mich, die ich weder alt noch krank noch schwach bin: so wenig wie möglich. Und das ist erstaunlich wenig, selbst wenn ich Sojajoghurt oder eingeschweißten Tofu wieder in meinen Speiseplan aufnehme. Noch dazu sind die meisten Alternativen ohne große Probleme in meinen Alltag übergegangen. Jutetaschen und Edelstahldose zum Einkaufen, Thermoskanne auf Reisen, Shampoo und Conditioner zum Nachfüllen, Seife zum Duschen ...

Eine Freundin erzählte mir vor Kurzem, dass sie jeden Tag versucht, Dinge anders zu machen, von der Art des Zähneputzens bis hin zu den Wegen, die sie geht. Dadurch hängt sie auch sonst weniger in alten Mustern fest. Ich verstehe, was sie meint. Die Suche nach Alternativen, das Improvisieren, Nachfragen, Diskutieren fühlt sich auf eine Art lebendiger an als die immer gleichen Handlungen und das schulterzuckende „so ist es halt".

Klar kann ich mich immer wieder fragen, ob das Ganze Sinn macht - oder welchen. Aber muss das sein? Ein Heiler hat mir erzählt, dass er vor jeder Sitzung für sich ganz klarmacht, dass Zweifel darin keinen Platz haben. Die Energie, die er aufs Zweifeln verwendet, nutzt er lieber für seine Arbeit. Er ist damit ziemlich erfolgreich.

Zwar haben Zweifel an dem bestehenden System erst zu diesen Versuchen geführt und es ist sinnvoll, sich immer wieder zu hinterfragen und zu überprüfen. Trotzdem kann ich nicht für die Zukunft entscheiden, alles mitbedenken, ständig hin und her überlegen, sondern nur Schritt für Schritt dem folgen, was sich gerade richtig anfühlt.

Mein Kumpel Jakob, der mich immer wieder sehr inspiriert, hat mir einst einen der für mich wichtigsten Sätze überhaupt mitgegeben: „We cross the bridge, when we come to it." Klingt banal, hilft mir aber immer wieder. Eines nach dem anderen. Zu viel im Voraus zu denken und zu planen blockiert das Tun.

Jakob hat in letzter Zeit sein Leben relativ spontan recht drastisch verändert. Gerade wohnt er auf einem Bauernhof in den Bergen, schreibt, denkt, trinkt Bier mit dem Jungbauern. Und ist sehr zufrieden damit.

Die Buddhisten sprechen von Achtsamkeit und Bewusst-Sein. Immer wieder das Prinzip des „Lebens im Jetzt". Dabei muss es ja gar nicht darum gehen, in jeder Minute gut und erleuchtet zu sein. Nur darum, sich auf das zu besinnen, was ist. Egal ob es ein Yoga-Asana ist oder der totale Exzess. Wenn ich betrunken in Schweineblut baden will, ist es wohl auch besser, dabei nicht an die Reinigungskosten für meine weiße Seidenbluse zu denken (nur als Beispiel).

Ich mache noch einmal den Fußabdruck-Check. 3,41 Hektar. Unglaublich. Nicht einmal mehr zwei ganze Erdbälle ... Natürlich ist das zu viel für die gesamte Menschheit, und natürlich macht mich eine Zahl nicht glücklicher und zufriedener. Mir wird zunehmend bewusst, dass es darum nicht geht. Zwanghaftes CO_2-Sparen, missmutiger Verzicht – das ist nicht der Weg.

Für mich machen meine Versuche gerade ganz persönlich Sinn. Egal ob ich Veganerin und Plastikabstinenzlerin bleiben werde oder auf jede Art der Selbstdefinition verzichte und einfach mein Leben lebe. Bis jetzt hat mich die Suche weit gebracht. Mehr braucht es gerade nicht.

ALLES NEU?

Ein neues Jahr bringt mal wieder das Gefühl, eine weiße Leinwand vor mir zu haben, die ich nun gestalten darf. Alles ist frei, alles ist groß, alles ist möglich. Für meine „Wachstumsversuche" scheint plötzlich nichts mehr unerreichbar. Hätte ich nicht meine Vernunft, mein aus Erlebnissen generiertes

„Wissen", die kleineren oder größeren Desillusionierungen eines Lebens, glaubte ich möglicherweise tatsächlich, in diesem neuen Jahr die Welt verändern zu können ...

So fange ich an zu überlegen, was realistisch ist. Ein Freund schlug vor, das Geld, das ich an Coffee to go und Ähnlichem einspare, einer vorab bestimmten Person oder Organisation zu spenden, um dem Versuch ein „Gesicht" zu geben und so die Sinnfrage von Anfang an auszuschalten. Ich finde den Ansatz ziemlich schlau, doch ist ein anderer Punkt für mich gerade vorherrschend.

Ich habe in den letzten Wochen viel über das Thema Bequemlichkeit oder (ja, Mama) Effizienz nachgedacht und sehe dies als einen der Hauptgründe für die Handlungs- und Denk-Unwilligkeit, die mir bei mir selbst und anderen auffällt. Weil ich für mich etwas verändern wollte, wurden ein paar Dinge „unbequemer", doch bin ich dabei weitgehend in meiner Komfortzone geblieben. Recherchen im Internet oder in Büchern, Telefonate, Gespräche mit Freunden ... Zwar bin ich ein durchaus kommunikativer, doch zuweilen auch scheuer Mensch mit Hang zum Misanthropentum. Noch dazu mute ich mich anderen ungern zu. Es gibt so viele Leute, die ich mag und für die ich ohnehin zu wenig Zeit habe, außerdem besteht mein Beruf in erster Linie darin, alleine an einem Tisch zu sitzen und zu schreiben, sodass selten der Zwang entsteht, mich mit Menschen und Situationen außerhalb meiner beruflichen, freundschaftlichen oder familiären Grenzen auseinandersetzen zu müssen. Andererseits weiß ich aus der Zeit, als ich Bier zapfend hinter einem Tresen stand, wie spannend und bereichernd das Gespräch mit Menschen aus völlig unterschiedlichen Realitäten sein kann (zumindest bis zum fünften Bier). Heute bleibt durch das Internet stets das Gefühl, mit anderen in Verbindung zu stehen, selbst wenn dabei jeder still vor sich hin arbeitet. Nur: Irgendwas stimmt daran für mich nicht, und ich versuche herauszufinden, worum es dabei geht.

Ich denke, es startet mit der Kommunikation. Wenn ich unterwegs bin, nutze ich Bahnfahrten und Wege, um noch schnell ein paar Dinge zu klären und Verabredungen zu treffen. Sprich, ich rede oder tippe wie die meisten auf mein Mobiltelefon ein. Zu Hause checke ich häufig meine Mails, und wenn mir etwas nicht einfällt, suche ich die Antwort im Netz. Ich bin traurig über das Sterben der kleinen Buchläden, kaufe aber 99 Prozent meiner Bücher aus zweiter Hand online.

Ich halte mich für einen eher analogen Menschen und habe, was die Internet- und Handynutzung betrifft, das Ende der Fahnenstange noch lange nicht erreicht. Ich chatte nicht, habe kein Smartphone und spiele weder im Netz noch auf dem Handy. Trotzdem bestimmt beides mein Leben und bewahrt mich allzu oft davor, tatsächlich in Kontakt treten zu müssen. Ich sehe mir Schlachthoffilme online an, anstatt mich einer wirklichen Schlachtung auszusetzen, und betrachte Müll auf dem Bildschirm, während es um mich herum sauber ist und gut riecht. Früher habe ich mich mit den Freunden aus unserem freiwilligen sozialen Jahr auf Sizilien verabredet und wir haben uns möglichst jährlich in unterschiedlichen Städten getroffen. Heute kenne ich ihre Kinder per Videostream, weiß, was sie jeden Tag essen und mit wem sie „in a relationship" sind, aber gesehen habe ich sie seit Ewigkeiten nicht.

In einem Interview erklärt die Künstlerin Miranda July, jeder ihrer Bekannten in L.A. hätte das Programm „Macfreedom", das einen für einen selbstbestimmten Zeitraum völlig vom Internet abschneidet. Auf die Antwort des Reporters, dieses nicht zu nutzen, fragt sie erstaunt, wie er überhaupt arbeiten könne …

Also worum geht es mir? So weit wie möglich handyfrei zu leben, weniger im Netz zu sein, mein Facebook-Konto zu kündigen, mich von Amazon abzumelden? Kann man machen, aber es ist noch mehr. Ich will mich den Dingen tatsächlich aussetzen. Eine Schlachtung live erleben, um mein Verhältnis zum Essen von Tieren vernünftig einschätzen zu können, alternative Projekte real kennenlernen, Wege finden, die 50 Prozent der weggeworfenen (weil nicht normkonformen) Ernte zu nutzen und zugänglich zu machen, möglicherweise sogar selbst einmal Mülltauchen gehen ...

Bestenfalls soll sich dies nicht in blindem Aktionismus verlieren, sondern mir die Augen zu neuen Möglichkeiten öffnen. Ich will herausfinden, wie und ob ich tatsächlich etwas aktiv tun kann – und ob es selbst in München möglich ist, ein „alternatives" Leben zu führen, ohne dazu notgedrungen zur Dogmatikerin zu mutieren.

Für den nächsten Monat gibt es also kein klar definiertes Ziel. Eher eine Entwicklung, der ich folgen will. Ich bin gespannt, wohin mich das führen wird ...

KAPITEL DREI

AKTIV WERDEN

Wie starten? Kein Tier und kein Plastik sind konkrete Vorgaben. „Aktiv werden“ ist dagegen etwas schwammig. Wenn ich bislang tatsächlich etwas gelernt habe, dann dass jeder Einzelne von uns einen Unterschied machen kann, so minimal er auch sein mag. Manchmal fühle ich mich allerdings alleine überfordert oder von Weltuntergangsszenarien erschlagen. Ich überlege, ob es Zeit wird, mich zu vernetzen, mir möglicherweise gar eine Gruppe Gleichgesinnter zu suchen.

Aus diversen Recherchen und Filmen habe ich von Food Coops gehört, Gemeinschaften, die beispielsweise einem vorm Bankrott stehenden Kleinbauern genug zahlen, um vernünftig arbeiten und leben zu können, und dafür über das Jahr direkt von diesem ihr biologisch einwandfreies Obst und Gemüse beziehen. Noch dazu wird dabei nicht, wie sonst üblich, ausschließlich das schöne Vorzeigegemüse verkauft. Kein Rest der Ernte verrottet auf den Feldern. Großartiges System.

In München gibt es zwei „Community Supported Agricultures“, wie die so organisierte gemeinschaftliche Landwirtschaft genannt wird. Ich überlege. Will ich mich tatsächlich verpflichten, monatlich Gemüse abzunehmen und einer Gemeinschaft beizutreten? Kann ich mir vorstellen, neben Elternabenden im Kindergarten weitere Zusammenkünfte wie Mitgliederversammlungen, Sommerfeste oder Ähnliches zu besuchen? Bin ich tatsächlich bereit, mich mit anderen zu solidarisieren, einen Genossenschaftsbeitrag zu zahlen, über Gemüsesorten und Verteilung zu diskutieren und bei Bedarf als Erntehelferin mit anzupacken?

Ich schreibe eine E-Mail mit Bitte um Aufnahme, lösche sie, formuliere den Antrag als Möglichkeit, verändere, lösche wieder.

Bin ich vielleicht doch mehr Teil einer individualisierten Gesellschaft, als ich dachte? Ist meine einsame Schreibtischtätigkeit nicht nur Teil des Berufes, sondern tieferer Ausdruck einer egozentrischen Persönlichkeit? Ich weiß es nicht, lösche die E-Mail jedoch zum dritten Mal und vertage meine Entscheidung.

Um den Tag jedoch nicht unverrichteter Dinge zu beenden, versuche ich halb überzeugt im Internet (wo sonst), Locations und Partner fürs „Containern" zu finden. In München scheinen Gelegenheiten und Interessierte allerdings rar gesät ...

Müde schalte ich den Computer ab und frage mich, ob ich nicht besser daran getan hätte, auf ein Kartoffelfeld zu fahren.

KLASSENTREFFEN

Mit guten Vorsätzen betrete ich den Nebenraum eines bayerischen Lokals, um an einer ersten tatsächlichen Aktion wider die Virtualität teilzunehmen. Bislang können einige Menschen, die mit mir gemeinsam Abitur gemacht haben, im sozialen Netzwerk rudimentäre Informationen über mein Leben erfahren. Ich wiederum kenne ihre Ehefrauen und -männer, die Bilder und Meinungen, die sie der Welt offenbaren möchten (ich mit Zigarette, mein Auto, ich in Lederhose, meine politische Ansicht, meine Freundin, ich im Vollsuff etc.) In spontaner Eingebung habe ich in die Runde gefragt, ob wir uns nicht mal tatsächlich treffen sollten. Hinaus aus dem virtuellen Raum in einen realen.

Schnell merke ich, dass es einen Grund gibt, weshalb ich mit den meisten hier nur mehr per Facebook in losem Kontakt stehe. Ich sitze in einem Raum voller Menschen in Anzügen, die von Investmentfonds, Hausbau („In der Innenstadt gibt es halt keine Parkplätze für unsere zwei Autos") und dem Verkauf von Uhren sprechen („Ich arbeite im Premium-Segment"). Ich fühle mich wie aus der Welt gefallen und flüstere einer langjährigen Freundin politisch unkorrekt zu: „Was für Voll-Freaks!“ Sie nickt milde, fragt, was ich erwartet habe, und tippt auf ihrem Telefon herum. Ich habe meinem Monatsmotto folgend kein Handy dabei – und so auch keine sozial anerkannte Möglichkeit zur Ablenkung.

Bier hilft. Die Stimmung lockert sich, man spricht über Kindererziehung („Das Sofa kannst du danach natürlich wegschmeißen“ vs. „Bin ich froh, dass ich nur Katzenscheiße aufwischen muss“), Ferien („Kreuzfahrt ist toll – da kann man saufen bis zum Umfallen und braucht kein Auto für den Heimweg“) und die schönsten Anekdoten längst vergangener Gymnasiumstage („Weißt du noch, wie du mich von oben bis unten vollgespien hast?“). Herrlich.

Zu fortgeschrittener Stunde erzähle ich von meinen Selbstversuchen.

Stille.

„Aber was ist denn der Unterschied von Fleisch vom Discounter und Biofleisch? Ist doch nur, damit die Leute mehr Geld ausgeben.“ Ich berichte von Schlachthöfen, dem Wegwerfen der Plastikschüsseln, der Entscheidung zum Versuch, es etwas besser zu machen. Ein Marketingspezialist schaltet sich ein. „Wir können eh nichts selbst entscheiden. Wir sind alle in jeder Sekunde von der Werbung gesteuert.“ Also Lemminge der Industrie. Ich versuche, dagegenzuhalten mit meinem Glauben an einen freien Willen. Und scheitere.

Ein betrunkener Mensch, den ich in meinem ohnehin löchrigen Schulgedächtnis nicht wiederfinde, beugt sich zu mir und raunt in mein Ohr: „Du bist schon ’n ganz schöner Freak, oder?“

Wahrnehmung, du unergründliche Größe …

KRISE

Bis heute hatte ich frei, und das handylose Leben ließ sich recht einfach bewerkstelligen. Nun also der erste „echte“ Tag ohne Handy. Okay, nicht ohne Handy, nur ohne unterwegs mein Telefon jederzeit griffbereit zu haben. Schon an der Tramstation greife ich zum ersten Mal nach meiner Tasche, taste und finde: nichts. Ich bin genervt von mir selbst.

Keine Tiere, kein Plastik – alles hehre Ziele. Aber nicht erreichbar sein, nicht unterwegs praktisch alles klären können, um dann am Schreibtisch oder zu Hause meine Ruhe zu haben ...?

Ich passiere ein Kino und will meine Freundin Lydia sofort per SMS fragen, ob sie mit mir in einen bestimmten Film geht. Ein paar Schritte weiter fällt mir ein, dass ich da ja eigentlich schon verabredet bin. Müsste ich dann verlegen ... In meinem Kopf entsteht ein mir nicht unvertrautes Planungschaos, mit dem ich zum Glück niemand anderem auf die Nerven falle, weil ich mich auf eine Art dazu verdammt habe, erst zu denken und dann zu kommunizieren.

Auf dem Weg treffe ich einen Herren, den ich vom Tramfahren kenne. Ich habe nichts anderes zu tun, deshalb unterhalten wir uns, und ich erfahre etwas über seine Firma, die das Werbeverhalten bei einem großen Websuchdienst analysiert und dazu an die 300-mal pro Tag die neuesten Daten abgleicht ... Ganz spannend, doch ich eile weiter, da ich mich im Zeitdruck wähne. Ich besitze keine Uhr, sondern bin es gewohnt, die Zeit im Zehnminutentakt auf dem Handy abzugleichen. Natürlich komme ich zu früh und hätte dem Herren entspannt etwas höflicher Gehör schenken können.

Später treffe ich in der Straßenbahn zufällig eine Freundin. Wir wechseln drei Sätze, da klingelt ihr Telefon. Oder besser: eines ihrer Telefone. Während sie spricht, sehe ich mich in der Tram um. Die meisten Menschen wirken schon jetzt, zu Beginn des neuen Jahres, völlig abgearbeitet. Auch ich fühle bereits den Sog des Alltags. Gerade bin ich froh, dass mir noch ein paar kommunikationsfreie Minuten bleiben, bevor ich mich dem Verhau in meinem Arbeitszimmer widmen muss.

Die ellenlange To-do-Liste lässt mir dann allerdings keine Wahl. Ich muss heute online sein, schon um mich dem Berg unbeantworteter E-Mails zu widmen. Nebenbei kann ich natürlich auch noch kurz schauen, was bei Facebook ... Ach so. Den Account wollte ich ja löschen ...

Aber warum eigentlich? Ist Facebook nicht eine tolle Sache? Es gibt schließlich haufenweise Projekte, Proteste und Revolten, die nur entstanden sind, weil Leute sich über das Internet organisiert haben.

Kurze Rückbesinnung. Seit einer Weile bereitet mir die Macht von Facebook, Google, Amazon und Apple zunehmend Unbehagen – und das nicht erst, seit die NSA-Affäre gezeigt hat, in welchem Ausmaß wir zu gläsernen Menschen geworden sind. Immer mehr fühle ich mich im Zentrum einer großen Datensammel-Rallye. Der User wird degradiert zum braven Schaf, das Informationen über private Gedanken und Interessen freizügig herausrückt und seine Urheberrechte blind abtritt. Amazon-Mitarbeiter streiken seit Monaten aufgrund mieser Arbeitsbedingungen und schlechter Entlohnung. Von Google und Facebook erreichen mich täglich neue Meldungen über Hintertüren im Datenschutz. Auch wenn ich die Auswirkungen meines Verhaltens im Netz nicht direkt spüre, heißt das nicht, dass ich als „Verbraucherin" nicht ebenso Einfluss nehmen kann wie beim analogen Konsumverhalten. Daten schützen, protestieren oder aussteigen. Diese Signale bewirken zunächst einmal wahrscheinlich wenig bis nichts. Wenn sich jedoch immer mehr Menschen zusammenschließen oder verweigern, werden die Unternehmen notgedrungen irgendwann ihre Praktiken ändern. So stelle ich es mir zumindest vor.

Ganz überzeugt bin ich nicht, will aber zumindest dem Gefühl trauen, das mich zu diesem Versuch geführt hat. Vielleicht geht es auch hierbei letzten Endes nur darum, aufmerksamer zu werden und die Dinge zu hinterfragen.

Zunächst Facebook. Ich suche und finde natürlich keinen gut sichtbaren Punkt „Konto löschen". Bei Google gebe ich ein: „Wie lösche ich ..." – sofort kommt der Vorschlag zur Vervollständigung des Satzes: „... mein Facebook-Konto". Auf zahlreichen Websites oder von Online-Rechtsberatern gibt es Informationen zu Datenschutz und Kontoauflösung. Ich folge der Anleitung hin zum Löschbutton, der in den Tiefen des sozialen Netzwerks versteckt ist. Facebook kündigt an, ich könne mein Konto nach der Löschung auf keinen Fall mehr reaktivieren. Sofort das Gefühl: Ich bin raus. Meine 445 Freunde! Weg. Das Sprachrohr in die Welt! Verschlossen. Warum sollte ich das tun? Gerade hier habe ich doch schon so viele Gleichgesinnte „getroffen" und von Missständen, Projekten und Aktionen erfahren! Zunächst jedoch finde ich heraus, dass der Löschvorgang erst gestartet wird, wenn ich mich nach der Bestätigung 14 Tage nicht mehr eingeloggt habe. Danach dauert der eigentliche Löschvorgang weitere 90 (!) Tage. Sollte ich mich in dieser Zeit erneut einloggen, gilt der gesamte Vorgang als widerrufen.

Ich aktiviere sämtliche Datenschutzmöglichkeiten, schließe mein Konto jedoch vorerst ungelöscht und mache weiter bei Amazon, auch wenn die Versuchung groß ist, noch eben ein paar günstige Secondhand-Bücher zu bestellen. Ich erinnere mich an eine „HR"-Dokumentation über die schlechte Behandlung von Leiharbeitern bei Amazon und einen Artikel von Günter Wallraff über die Knochenarbeit und miese Bezahlung von Paketzustellern. Noch dazu bedeutet Bestellen bei Amazon natürlich jede Menge Verpackungsmüll. Also los.

Auch hier ist es nicht leicht herauszufinden, wie ich mein Konto löschen kann. Ich erfahre, dass ich mich tatsächlich erst an den Kundendienst wenden muss. Immer noch etwas Zeit zur Kontemplation. Ich rufe mir die Buchläden ins Gedächtnis, die ich in den letzten Jahren habe pleitegehen sehen, und schicke meine Anfrage los.

Fühlt sich trotzdem an wie das falsche Pferd. Kein Erfolgserlebnis, irgendwie nur abgeschnitten von allem.

Jetzt Google. Ich muss zunächst mein uraltes Gmail-Passwort heraussuchen und mich damit einloggen, um wiederum mit zahlreichen Klicks den Account samt aller Suchmaschinendaten, Beiträge und Bilder löschen zu können. Ich zögere erneut. Wirklich alles? Raus aus dem Netz, der virtuellen Welt, dem Bewusstsein der Menschheit...? Auch hier schließe ich den Account unverrichteter Dinge.

Und Apple? In einem Artikel wird der Konzern mit einer Sekte verglichen, unter der Führung des über den Tod hinaus heilig gehaltenen „iGottes“ Steve Jobs. Apple ist Marktführer und Produzent immer neuer, leicht veränderter Geräte, die den Käuferstrom niemals abreißen lassen. Bis zum Mai 2013 arbeitete der Konzern mit dem umstrittenen chinesischen Zulieferer „Foxconn“ zusammen, der in den letzten Jahren aufgrund zahlreicher Selbstmorde von Mitarbeitern, die unter unerträglichen Arbeitsbedingungen litten, in der Kritik stand. Laut „Spiegel“ herrschen auch im neuen Zulieferbetrieb kaum bessere Bedingungen. In seinem „Fortschrittsbericht“ schreibt das Unternehmen dagegen sehr überzeugend von Neuerungen, sozialer Verantwortung und Umweltschutzbemühungen. Was denn nun?

Ein mehr als mäßiger Erfolg also. Seltsam. Ich hätte nicht gedacht, derart abhängig von Computer, Internet und dem dort herrschenden Gruppengefühl zu sein. Wieder einmal nagt der Zweifel. Muss ich mich der virtuellen Welt tatsächlich entziehen, um aktiv zu werden?

Andererseits: Geht es wirklich darum? Ich erinnere mich an Jonathan Franzens Roman „Freiheit“, in dem der schöne Satz fällt, dass jeder Autor einen Ort der puren Imagination brauche. Das Internet, so Franzen, ist die Gegenwelt dieser Phantasie, die sie letztendlich ausmerzt.

Vielleicht entspringt der Wunsch des Rückzugs weniger der vagen Sorge um meine Datensicherheit als dem sehr konkreten Sehnen nach medialer Ruhe beim Arbeiten und Weltzugewandtheit in der restlichen Zeit.

LEBENSWELTEN

Mal wieder Erfurt, mal wieder ein an die Bedürfnisse internationaler Geschäftsreisender angepasstes Hotelzimmer, mal wieder ein veganes Mahl im Restaurant. Diesmal mit zwei lustigen Autorenkollegen, beide begeisterte Väter mehrerer Kinder. Ich verkneife mir einen unqualifizierten Kommentar zum Thema Überbevölkerung und beobachte, wie mein Sitznachbar in seine Rindsroulade sticht. Aber hey – nichts gegen im Wasserdampf gegarten Rosenkohl!

Das Gespräch dreht sich um das Zweit- bis Drittstudium der Sprösslinge und die Tatsache, dass auch ich jetzt (heißt: als Mutter) nicht mehr einfach aufstehen und gehen würde, wenn mich ein Vorgesetzter schlecht behandelt. Sobald du Kinder hast, stirbt offenbar die Wahlfreiheit. Ich denke an Sylvester und hoffe, ihn niemals für meine fehlende Courage verantwortlich zu machen.

Es ist immer wieder erstaunlich, wie viele Lebensrealitäten parallel existieren können. Hier sitze ich und unterhalte mich beim guten Weißburgunder über die deutsche Fernsehlandschaft, und erst gestern noch habe ich mit Daniel Überall gesprochen, einem ebenso interessanten wie netten Menschen. Zusammen mit seinem Kompagnon Simon Scholl ist er Gründer des Münchner „Kartoffelkombinats“, einer für „Ökokreise“ ungewöhnlich coolen Landwirtschaftskooperative. Er macht sich Gedanken zur Welt und alternativen Systemen, die meinen ersten Gehversuchen in diese Richtung meilenweit voraus sind.

Die Idee des „Kartoffelkombinats“ ist es, neben regionaler und saisonaler Lebensmittelerzeugung kleineren landwirtschaftlichen Betrieben Planungssicherheit für ihr angebautes Gemüse zu geben sowie ein gemeinschaftliches Versorgungsnetzwerk aufzubauen. Die „Genossen“ sind zugleich Mitproduzenten und teilen die Ernte. So tragen sie Ernteausfälle ebenso gemeinsam wie die Mehrernte ertragreicher Jahre. Für Daniel und Simon ist das eine Möglichkeit, der von Großunternehmen dominierten Lebensmittelindustrie etwas entgegenzusetzen.

In dem Gespräch warf Daniel unter anderem die Frage auf, ob es überhaupt sinnvoll ist, wenn viele Menschen in vielen Teilen der Erde viele kleine Schritte tun – oder ob es nicht besser wäre, das System als solches lieber früher als später an die Wand fahren zu lassen, um dadurch etwas Neues, Besseres zu kreieren.

* * *

Ein Ansatz ist der Entwurf einer „Postwachstumsgesellschaft“, die wirtschaftliches Wachstum nicht länger zu ihrem heiligen Gral und einzigen Ziel erklärt. Eine Gesellschaft also, die über den Wachstumsglauben hinaus ist. Auch hier geht es darum, den ansteigenden Konsum materieller Güter einzuschränken und soziale Ungleichheiten zu begrenzen.

In der letzten Zeit ist diese „Postwachstumsökonomie“ immer weiter in den Fokus gerückt. Eine Vielzahl von Ökonomen forscht daran, allen voran der Oldenburger Volkswirtschaftler Niko Paech. Seine Streitschrift „Befreiung vom Überfluss“ ist ein Abgesang auf den Wachstumsmythos und enttarnt den neuen Trend zu „grünem“ und „nachhaltigem“ Wachstum als bloße Nuancen der gleichen, falschen Annahme. Er fordert lokale Selbstversorgungsnetzwerke und ein stabileres, ökologisch verträgliches Wirtschaften, das der Plünderung der Natur Einhalt gebietet. Laut der „Zeit" ist Paech selbst noch nie geflogen, er hat kein Handy oder Auto und lebt auch ansonsten konsequent das, wovon er spricht. Daniel erzählt von einem Freund, der nicht mal mehr Zug fährt, keinen Kühlschrank besitzt und auch sonst auf jeglichen Komfort verzichtet, weil ihm klar ist, dass uns die Ressourcen, die wir tagtäglich verbrauchen, global gesehen schlicht nicht zur Verfügung stehen. Ich verstehe den Ansatz, doch geht er mir etwas weit.

Selbst der ebenso prominente wie konsequente Soziologe und Sozialpsychologe Prof. Dr. Harald Welzer hat Paech wohl einst aufgrund seiner kompromisslosen Flugabstinenz „Öko-Puritanismus" unterstellt. (Inzwischen hat Welzer selbst seinen letzten Langstreckenflug absolviert und konstatiert, dass Fliegen kein Menschenrecht ist.) Möglichst an einem Ort bleiben, gemeinsame Nutzung von Besitztümern, Regionalgeldsysteme, Verzicht auf industrielle Produktion, Infrastrukturrückbau. Paech weiß, dass seine Gedanken radikal sind. Doch bei dem, worauf unsere Welt zusteuert, fragt er: Was ist die Alternative?

Harald Welzer, Direktor der Stiftung „FUTURZWEI.", scheint mir die Systemveränderung nicht weniger radikal, dafür doch auf eine Art positiver anzugehen. „Futur zwei", in der Grammatik die vollendete Zukunft, bedeutet für Welzer, das eigene Leben nicht länger aus der Perspektive zu betrachten, wie es sein wird, sondern wie es gewesen sein wird.

Das berührt mich. Die Frage, wie mein Leben sein wird, trifft auf viele Sorgen und Ängste. Hoffentlich werde ich nicht krank, arm, einsam, erfolglos ... Bei der „FUTURZWEI."-Betrachtung verändert sich alles. Wie will ich einmal auf mein vergangenes Leben zurückblicken? Es soll mutig gewesen sein, radikal, frei, wild, leidenschaftlich. Alles, nur nicht angepasst, klein, ängstlich. Wenn ich dann noch meinen Sohn in die Überlegungen mit einbeziehe, soll es auch zukunftsorientiert sein, es soll einen Unterschied gemacht haben, dass ich über diese Erde gelaufen bin.

Harald Welzer prägte den klugen Begriff des „Gegenwartsegoismus". Wenn wir heute gut leben, ist es egal, was später passiert. Die Entscheidung, heute auf Kernenergie zu setzen, trägt beispielsweise die Unmöglichkeit in sich, dass zukünftige Generationen ohne diese und deren Folgen leben können.

Welzer hat einige aufrüttelnde, ratlos- und zugleich Mut machende Bücher geschrieben, darunter auch „Selbst denken – Eine Anleitung zum Widerstand". Mehr als alle Theorie und klugen Ansätze berührt mich dieser dem Kantschen Sinnspruch des „sapere aude" nahe Titel. Wage es, selbst zu denken.

* * *

Auch wenn Daniel die Frage in den Raum warf, ob der Systemkollaps nicht letztendlich die sinnvollere Variante wäre, zeigt mir sein Engagement auf unterschiedlichsten Gebieten, dass er sich trotz allem für den anderen Weg entschieden hat. Der Diplom-Kommunikationswirt und Mitarbeiter einer ressourcenorientierten Stiftungsgemeinschaft war Mitgründer von „Utopia" und Initiator der Initiative „Stadtimker", bevor er zusammen mit seinem Partner Simon das „Kartoffelkombinat" gründete. Klingt nicht direkt nach Resignation. Doch sich zu engagieren hat auch seine Tücken.

Daniel kennt Firmen, die bewusst darauf verzichten, ökologisches Engagement publik zu machen. Sie haben Angst, von zwei Seiten aus abgestraft zu werden, sobald sie damit an die Öffentlichkeit gehen. Betriebswirten geht der Einsatz für die Umwelt zu weit, während die Nachhaltigkeitsbewegung laut „Greenwashing!" ruft – also vermutet, dem Unternehmen gehe es lediglich darum, sich öffentlichkeitswirksam als umweltbewusst darzustellen, ohne dass es dafür eine ausreichende Grundlage gäbe.

Es scheint, als würde jemand, der nichts tut, mitunter weniger kritisiert als derjenige, der versucht, zumindest etwas beizutragen. Wer vegetarisch lebt, zieht ja auch nicht nur die

Missgunst des fleischessenden Teils der Bevölkerung auf sich, sondern eckt auch bei denjenigen an, die noch weiter gehen, wie eben den tierproduktfrei Essenden. Die wiederum von den Hardcore-Veganern angegriffen werden, die auf jede Art tierischer Produkte verzichten usw.

Ein bisschen Engagement bedeutet: Mir ist die Situation der Welt durchaus bewusst. Selten sagt dann jemand: Toll, dass du etwas tust. Meist heißt es: Du tust nicht genug. Was bedeutet das für mich? Ich mäandere wohl irgendwo in der Mitte zwischen dem netten Daniel und meinen lustigen Kollegen herum und weiß noch nicht so recht, auf welche Seite ich mich schlagen soll – so es denn eine geben muss.

Interessant an diesen beiden so unterschiedlichen Gesprächen finde ich, dass beide Gesprächspartner ihre Entscheidungen aus vollstem Herzen für ihre Kinder treffen. „Man muss sich gegebenenfalls den Befindlichkeiten von TV-Redakteuren andienen, sonst verdient man nicht genug, um die Familie zu ernähren und den Kindern eine Zukunft zu sichern" vs. „Man muss das System verändern und auf alles, was irgend möglich ist, verzichten, um überhaupt eine Welt zu bewahren, auf dem ebendiese Kinder ihre Zukunft verbringen können".

Auch wenn ich von Systemumstürzen noch weit entfernt bin, ist mir der zweite Ansatz erst einmal näher. Nur: Was würde ich tun, wenn ich befürchten müsste, kein Geld zu haben, um meinem Kind beispielsweise eine gute (Aus-)Bildung zu ermöglichen?

BERGE VON PLASTIK

Der Wecker klingelt. Draußen ist es dunkel. Ich stehe auf, trinke Kaffee, bereite ein Sandwich vor und verlasse die Wohnung und meine im Warmem weiterschlafende Familie. „Acht

Uhr wäre ideal", schrieb mir Andreas Schmid, stellvertretender Betriebsleiter von „Wurzer Umwelt", des größten Sortierbetriebs der Gegend, der außerdem für den Verpackungsmüll aus dem gelben Sack zuständig ist. Zu oft habe ich das Argument gehört: Recycling lohnt sich nicht, die schmeißen doch eh alles zusammen. Ich möchte wissen, was wirklich mit unserem Plastikmüll passiert. Oder besser: mit einem Teil davon. Neben dem gelben Sack gibt es die Werkstofftonnen für Kunststoffe aller Art, die anders finanziert und sortiert werden – und außerdem landet ein Großteil des Verpackungsmülls wohl immer noch in der Hausmülltonne. Der Morgen ist dunkel und verregnet. Ich bin müde, habe nur eine ungefähre Idee davon, wie ich zu dem Betrieb komme, und befürchte, gleich etwas Irritierendem und sicherlich wenig Wohlriechendem zu begegnen.

Punkt acht Uhr biege ich auf den Parkplatz ein. Ich hatte befürchtet, dass es schwierig werden könnte, die Adresse „Am Kompostwerk 1" im bayerischen Etting zu finden, und werde sogleich mit meiner Unwissenheit konfrontiert. Das riesige Areal dominiert die Landschaft wie ein eigener kleiner Staat. Lkws fahren über das weitläufige Gelände, in Lagerhallen türmen sich Stapel von Papier und Plastik, dahinter zeichnen sich riesige rauchende Berge gegen den Himmel ab. Als ich aussteige, fliegt tief ein Flugzeug darüber hinweg. Der Flughafen ist nahe, doch ein Urlaubsparadies könnte kaum weiter entfernt sein. Es ist laut, und wie erwartet: Es riecht nicht gut. Süßlich, vermodert. Mit leichtem Kopfschmerz überquere ich das Gelände, vorbei an Zwölftonnern und Gabelstaplern. Vögel fliegen in Scharen über die Müllberge. Ich fühle mich an eine Szene aus „Plastic Planet" erinnert, die auf einer Müllkippe in Kalkutta stattfindet. Nur dass dort zahllose Kinder auf den ungleich höheren Bergen herumsteigen und im Müll wühlen.

Andreas Schmid stellt sich als junger und netter Mensch heraus. Er gibt mir eine orangefarbene Warnweste und wir beginnen die Tour über das Gelände. Wir passieren zunächst haushohe Stapel von Papier, das hier nur gepresst wird, um andernorts weiterverarbeitet zu werden. Erst dann kommen wir zum eigentlichen Grund meines Kommens. Ich bin erschlagen. So weit das Auge sieht: Plastik.

Pro Jahr kommen hier 110 000 Tonnen Müll aus dem gelben Sack an. Dabei ist der Betrieb zwar der größte, doch bei Weitem nicht der einzige der Gegend. Der Inhalt des gelben Sacks wird hier maschinell sortiert, um dann in einem Aufbereitungsbetrieb je nach Kunststoffart – Polyprophylen (PP), Polyethylen (PE) etc. – gewaschen und anschließend auf Cornflakesgröße granuliert zu werden. Aus diesem Granulat entstehen Dachrinnen, Abwasserrohre und andere Gebrauchsgegenstände.

Ich frage Andreas Schmid, ob es Sinn macht, leere Joghurtbecher auszuwaschen, ehe ich sie in die Tonne werfe. Er mustert mich freundlich, aber deutlich milde. Nein. Das macht keinen Sinn. Ich betrachte die Berge gepresster Joghurtbecher vor uns und verstehe, was er meint – ein sauberer unter vielen Tausend verschmutzten Bechern macht definitiv keinen Unterschied.

Leider werden in den gelben Sack nicht nur (wie eigentlich vorgegeben) Verpackungen geworfen, sondern es landet alles Mögliche darin. Ich sehe gepresste Kanister und zerquetschte PET-Flaschen. In einem anderen Stapel stecken die Überreste eines alten „Bobby-Cars“. Andreas Schmid erklärt: In der Verpackungsverordnung des Kreislaufwirtschaftsgesetzes ist vorgeschrieben, dass 36 Prozent des Kunststoffes recycelt werden muss. Zwar könnte wesentlich mehr aussortiert und wiederverwertet werden, doch das wäre kostenintensiver. Er meint, dass Abfall in der Politik keine Rolle spielt. Niemand will ihn sehen (geschweige denn riechen), und auch kaum einer darüber sprechen. Dabei ist Müll seiner Meinung nach ein Rohstoff, der Öl und Kohle ersetzen könnte. Beispielsweise werden klein geschredderte Überreste, die nicht wiederverwertet werden können, in der Zementindustrie als Brennstoff benutzt. Der Heizwert dieser Plastikpartikel liegt mit 33 000 Kilojoule über dem von Kohle. Die Giftstoffe werden dabei herausgefiltert. Ich weiß ja inzwischen, dass diese Filter unter Tage endgelagert werden, und bin nicht ganz überzeugt. Auch Andreas Schmid findet die Kunststoffe für die Verbrennung eigentlich zu schade. Es müsste wesentlich mehr davon wiederverwertet werden, statt, wie es meist geschieht, das Plastik zu downcyceln und Gebrauchsgegenstände aus Neu-Öl herzustellen. Gretchenfrage: Kostet das Recycling nicht mehr? Langfristig nicht, meint der stellvertretende Betriebsleiter. Vielleicht ist das Recyclingverfahren aktuell etwas kostenintensiver, doch auf lange Sicht (heißt: bei schwindenden Erdölreserven) macht es Sinn, zukunftsorientiert zu investieren.

Wir laufen weiter zu den Sperrmüllbergen. Ich wünschte, Sylvester könnte diese Bagger sehen. Dagegen kann jeder lausige Löffelbagger einpacken. Mit gigantischen Schaufeln fahren sie in Berge von Matratzen, alten Bettgestellen, kaputten Stühlen etc. Andreas Schmid erklärt, dass die Preise für die Verbrennung gesunken sind, weshalb der Sperrmüll nur noch sehr grob sortiert wird. Der Rest wird verbrannt, weil sich das Recycling rein rechnerisch nicht mehr lohnt.

Ich frage, ob ein geringerer Verbrauch nicht propagierenswert wäre. Andreas Schmid guckt verwundert. Vernünftig trennen ja, aber weniger …? Ist vielleicht auch die falsche Frage. Der Betrieb und seine Mitarbeiter leben von dem, was die Menschen wegwerfen. Weniger Müll hieße ganz einfach auch: weniger Arbeit.

Weiter in die Maschinenhalle. In einem großen, sehr lauten Containerraum laufen Förderbänder zusammen. Nachdem der „Sackaufreißer“ die Müllsäcke geleert und die „Siebtonne“ die kleineren Teile ausgesiebt hat, sortieren hier tatsächlich Menschen von Hand die Teile aus, die zu groß für die nächsten Maschinen sind (vor allem Folien und Eimer).

Wir laufen in die Haupthalle. Hier wird der Müll final getrennt. Die Maschinen sind laut und seltsam faszinierend. Kreuz und quer laufen Förderbänder. Staubsaugerrohre saugen Folien ab, riesige Magneten ziehen fälschlicherweise in den Sack geworfenes Metall heraus. Eine Maschine erkennt per Kamera durch den Lichteinfall auf der Oberfläche der Kunststoffteile, ob es sich um Tetrapaks handelt. Ist dem so, blasen winzige Düsen die Tetrapaks gezielt aus dem restlichen Müll heraus. Über Treppen laufen wir vorbei an den Bändern. Telefone, alte Turnschuhe, Chipstüten, Kinderspielzeug, Fahrradhelme... Wenn man das hier betrachtet, bietet das moderne Leben vor allem: Überfluss.

Ein Aluminiumstapel liegt aussortiert. Aluminium kann nahezu unendlich recycelt werden, wohingegen bei Kunststoff nach etwa zehn Recyclingvorgängen Schluss ist. Von einem der Bänder rieseln Plastikpartikel wie glitzernder Schnee auf uns herab. Noch vor Kurzem haben alle nach weißer Weihnacht gerufen. Vielleicht könnte man die Plastikreste dazu nutzen? Heilige Nacht zwischen geschredderten Joghurtbechern ...

Als wir die Halle verlassen, dröhnen mir die Ohren. Ich bekomme die Solarpanels gezeigt, die auf den Dächern der Hallen angebracht sind. Den größten Teil des Stroms, mit dem die Maschinen laufen, produziert der Betrieb hier selbst. Es wären noch Dachflächen frei, aber ab 500 Kilowattstunden ist die Förderung zu gering, weshalb die Firma einen kleinen Anteil zukauft.

Zuletzt stehen wir vor den braunen Riesenbergen, die ich beim Einfahren gesehen habe. Waldabfälle, Dung, Kompost. Hieraus wird zum Teil Biogas gewonnen, das zur Stromerzeugung an die Stadtwerke weiterverkauft wird.

Müll wird zu Gas, Müll wird zu Strom, Müll wird zu Geld. Es ist gut, dass unser Abfall so genutzt wird, trotzdem bin ich erschlagen von der Masse, die doch nur einen Bruchteil unseres Mülls ausmacht. Altpapier, Altglas, Wertstofftonnen, Batterien, gebrauchte Elektrogeräte und nicht zuletzt der Restmüll Tausender Haushalte sind hier nicht dabei. Als ich übel riechend nach Hause fahre, hoffend, der Geruch möge sich nicht in den Sitzpolstern des Autos meines Vaters festsetzen, betrachte ich die Menschen, und mir wird deutlicher denn je klar: Jeder Einzelne von uns hinterlässt Tag für Tag Massen an Müll auf dieser Erde.

Mein Frühstückssandwich habe ich nicht angerührt.

KOMMENTAR-KOMMENTIERUNG

Immer wieder bekomme ich zu meinen Versuchen kluge Hinweise und Kommentare mit auf den Weg. Auch wenn es wirklich toll ist, dass sich Menschen mit meinen Fragen und Gedanken befassen: Ich finde es doch schade, dass gerade bewusst lebende Menschen oft meinen, kaum etwas tun zu können, weil das System an sich falsch sei. Ja, finde ich auch. Und ja: Es geht um Verzicht, um ein anderes Bewusstsein. Für mich geht es aber auch darum, eine gute Zeit zu haben und bestenfalls andere zum Nachdenken und Ausprobieren zu inspirieren. Klar kann man über die „Lohas" („lifestyles of health and sustainability" – gesundheitsbewusste und nachhaltige Lebensstile, also die „neuen" Ökos) am Prenzlauer Berg schimpfen, die statt einer „Fanta" lieber zwei „Bionade" trinken und sich auf der sicheren Seite wähnen. Andererseits: Ist es nicht in erster Linie gut und hoffnungsvoll, dass es ganze Szenen gibt, die sich mit gesundem Lebenswandel, alternativen Energien und Slow Food beschäftigen? Natürlich sind das erst einmal die Besserverdienenden. Nur – früher haben diese meist im ungeminderten Konsum geschwelgt und jeden, der nachdachte, als Ökospinner und Systemgefährdung angesehen. Kein Konsum ist vielleicht besser als Biolifestyle. Aber ist dieser nicht besser, als gar nichts zu tun?

Auch beim Plastik habe ich dieses Entweder-oder erlebt. Biokunststoffe aus Maisstärke würden möglicherweise Monokulturen noch weiter fördern. Das ist ein Problem, mit dem man sich befassen muss. Aber was ist die Alternative? Plastik aus Erdöl herzustellen, bis das eben zu Ende geht? Natürlich kommt dann wieder das Argument: Totalverzicht. Doch solange die Menschen sich die Birne mit Superstars und -models zuballern, solange Billigdiscounter Wirtschaftsimperien bilden und jeder danach strebt, immer mehr zu verdienen, zu besitzen und zu konsumieren, glaube ich einfach nicht, dass der Verzicht zumindest kurzfristig vermittelbar sein wird. Deshalb finde ich die Ideen des Chemikers Michael Braungart spannend, auch wenn sie das Problem nicht in seiner Gesamtheit lösen werden.

Mein Ansatz ist der, zu versuchen, vernünftig zu konsumieren und den Konsum einzuschränken, wo es geht. Dabei aber immer noch ein erfülltes und zufriedenes Leben zu führen, ohne mich ständig dafür entschuldigen zu müssen, nicht genug zu tun.

KLEIDUNG

In Erfurt hatte ich meine Ökoseife vergessen, und so benutzte ich zum ersten Mal seit einer gefühlten Ewigkeit wieder Duschgel. Das blaue Zeug lief klebrig in meine Hand, alles roch sogleich nach Chemie und billigem Parfum. Die letzten Wochen hatte ich mich, was Kosmetika betrifft, in einem Farbschema von hell- bis dunkelbraun bewegt. Und nun das. Will ich so etwas wirklich an meinem Körper haben?

Auch bei Klamotten frage ich mich immer häufiger: Möchte ich das wirklich kaufen, geschweige denn tragen?

In der Dokumentation „Earthlings" hatte ich gesehen, wie Kühe, die in Indien doch heilige Tiere sein sollten, dort zur Ledergewinnung gezüchtet werden. Wider Erwarten kommt das Leder offenbar zu einem verschwindend geringen Prozentsatz von den Tieren, die wir essen, sondern von extra dafür gezüchteten „Lederkühen". Beim Transport zur Schlachtung werden den unterfütterten, kraftlosen Tieren die Schwänze gebrochen oder ihnen wird Chili in die Augen gerieben, damit sie aufstehen und dem Tod entgegenlaufen. Die Kühe schreien vor Schmerzen, aber sie erheben sich.

Die Dokumentation „Schick aber schädlich" gibt mir den Rest. Ich vermeide es noch nicht lange, bei den herkömmlichen Niedrigpreis-Labels einzukaufen, und hielt deren neu entstehende Ökolinien vage für eine gute Idee. In dem Film wird allerdings nicht nur aufgezeigt, dass sehr viel mehr „Biobaumwolle" im Verkauf ausliegt, als tatsächlich angebaut wird, sondern auch, dass die angebliche Biokleidung oft nach wie vor mit hochgiftigen Chemikalien eingefärbt wird, die inzwischen in unserem Blut zu finden sind. Die Giftcocktails werden natürlich nicht in Europa angerührt, sondern – wie könnte es anders sein – dort, wo es am allerbilligsten ist: in Bangladesch. Die Färber dort sind nicht nur so arm, dass sie sich weder Schutzkleidung noch Atemmasken leisten können, sondern auch so recht- und mittellos, dass sie niemals aufstehen und protestieren würden.

Im Frühjahr 2013 starben über 900 Arbeiter bei dem Einsturz einer Textilfabrik. Das illegal errichtete Gebäude hatte bereits Risse, doch die Arbeitgeber sahen keinen Grund zur Sorge. Dann stürzte das Gebäude ein.

Todesfälle, Brandkatastrophen durch unzureichende Brandschutzmaßnahmen, fehlende Toiletten, sexuelle Übergriffe an Näherinnen, Arbeiten bis zum Umfallen, Lohndumping... In einer Studie der „Kampagne für saubere Kleidung" wurde „Spiegel Online" zufolge festgestellt, dass sich trotz zunehmender Kritik an den Zuständen in Partnerbetrieben der Billigdiscounter kaum etwas geändert hat.

Auch Greenpeace schreibt über die Schäden an Umwelt und Gesundheit, die von sogenannter Fast Fashion ausgehen. Verschmutzte

Flüsse, fortpflanzungsschädigende Weichmacher, krank machende Schadstoffrückstände.

Ich durchforste meinen Kleiderschrank. Der kleine Haufen ökologisch produzierter Kleidung ist schnell separiert. Aus den meisten übrigen T-Shirts habe ich die Etiketten herausgeschnitten. Glück für mich. Ich hoffe natürlich, die bösen Worte nur in alten, abgetragenen Shirts zu finden. Passiert selbstverständlich nicht. Bangladesch, Vietnam und China stehen in dicken Lettern gerade in kürzlich erworbenen Kleidungsstücken, die noch dazu nicht von Billigfirmen stammen. Ich sortiere „Ungarn" auf den „Okay-Stapel", einfach weil ich wenig über Produktionsbedingungen in Ungarn weiß und hoffe, dass in Europa noch menschlichere Zustände herrschen. Allerdings sollte ich es seit der Lektüre von Roberto Savianos „Gomorrha" besser wissen. Der Schriftsteller und Journalist beschreibt in seinem Buch unter anderem die miserablen Bedingungen, unter denen italienische Textilarbeiter ihr Dasein fristen – um dann auf dem Fernsehbildschirm Filmstars in den von ihnen für verschwindende Löhne produzierten Kleidungsstücken über rote Teppiche schweben zu sehen.

Was mache ich nun mit den aussortierten Gift- und Unterdrückungs-Shirts? Kleidersammlung fällt aus. Also einfach wegwerfen? Setzt das den Bemühungen der Fabrikarbeiter nicht die Krone der Bedeutungslosigkeit auf? Und was soll ich stattdessen kaufen?

An erster Stelle steht auch hier: Secondhand ist besser als neu Produziertes. Klamotten vom Flohmarkt, aus Kleidertausch oder Vintage-Läden helfen nicht nur, die Masse an neu Produziertem einzudämmen, sondern enthalten außerdem meist kaum noch Chemikalienrückstände.

Eine andere Möglichkeit sind die neuen Ökolabels, die wenig mit den wallenden Leinenhemden früherer Ökomode zu tun haben. Kleine, faire Labels mit nachvollziehbarem Produktionsweg. Natürlich macht es auch hier Sinn, nachzufragen oder sich auf einer entsprechenden Plattform über Hintergründe der Labels zu informieren. Dass die „grüne Mode" tendenziell hochpreisiger ist, hat den gleichen Hintergrund wie beim Fleischkauf. Ein Rindersteak von einem mit vernünftigem Futter und ausreichend Bewegung ernährten Tier kann nicht für 1,99 Euro über die Theke gehen. Ebenso wenig ist es möglich, einen Pullover aus pestizidfreier Baumwolle und ungiftigen Farben unter menschenrechtlich vertretbaren Bedingungen für 4,99 Euro herzustellen.

Die Alternativen: Mode aus zweiter Hand – oder weniger, dafür qualitativ Hochwertigeres konsumieren.

SCHEITERN AM CONTAINER

In den Medien wird immer wieder von der Möglichkeit berichtet, sich biologisch und abwechslungsreich aus dem Müll der Supermärkte zu ernähren. Der Film „Dive!" von Jeremy Seifert aus den USA, dem Epizentrum der Verschwendungssucht, verbindet in seiner Darstellung das Mülltauchen mit dem coolen Lebensgefühl junger Großstädter. In einem Interview erzählt der Regisseur von dem erhebenden Gefühl, Freunde zu einer Mahlzeit aus dem Müll einzuladen. Bekannte, denen ich davon erzähle, verziehen unisono das Gesicht. Das geht zu weit. Lediglich ein Freund findet die Idee an sich gut, nur schreckt ihn der Gedanke, von den Abfällen der Gesellschaft zu leben und damit sozusagen zu einem Outlaw der Konsumwelt zu mutieren. Ich finde inzwischen, es wäre sinnvoll, den Müll einfach anders zu nennen und beispielsweise von Essensresten zu sprechen, um die Abscheu zu mindern.

Trotzdem bin auch ich nicht sicher, wie ich zu dem Thema wirklich stehe, deshalb möchte ich es einfach mal probieren.

Doch so absurd es klingen mag – es ist nicht gerade leicht, in München an Müll zu kommen. Auf den „Dumpster"- oder „Container"-Websites suche ich vergeblich nach Tipps für gute Lebensmittelabfallquellen in dieser Stadt, und so ziehe ich einfach mal los.

Ich checke zunächst die Hinterhöfe diverser Biomärkte. Was ich nicht kaufen will, mag ich auch nicht aus dem Müll essen, weshalb herkömmliche Supermärkte ausfallen. Im ersten Hinterhof sperre ich mich gleich mal selbst ein und muss verschämt an das Fenster klopfen, auf dass ein Biomarktmitarbeiter mich befreie. Auch sonst habe ich kein Glück. Die Tonnen sind allesamt entweder mit dicken Ketten verschlossen oder mit Kameras überwacht. Ich lebe in einem Land, das Geld für teure Technik ausgibt, um seinen Müll zu schützen. Erstaunlich ...

Auf einer Website der „Dumpster"-Bewegung erfahre ich, dass das Entwenden von Müll hierzulande strafbar ist. Der Inhalt der Abfalltonnen gehört rechtlich zuerst dem Supermarkt und danach der Entsorgungsfirma. Dringen Mülltaucher unberechtigt in Hinterhöfe ein, können sie zusätzlich für Hausfriedensbruch belangt werden. Bislang wurden die meisten Verfahren gegen Mülltaucher allerdings als geringfügig eingestellt.

Damit sie aufgrund von möglichen Gesundheitsschäden nicht zur Haftung gezwungen werden können, sperren viele Supermärkte ihre Tonnen ab. Ich denke, es könnte auch damit zusammenhängen, dass man vorne kein Geld mehr ausgibt, wenn man hinten den Müll aus der Tonne holt.

In der Hoffnung, außerhalb der Stadtgrenzen weniger Probleme zu haben, versuche ich es hinter einem Biomarkt in der Münchner Umgebung. Und wirklich. Drei wunderschöne Tonnen ohne Riegel, ohne Kamera. Ich mache mich ans Werk. Stefan hält sich fern und geht wohl gerade die Optionen für eine Blitzscheidung durch.

Die erste Tonne ist zugefroren. In der zweiten liegen drei leicht schimmlige Schwarzwurzeln, deren Entsorgung man dem Biomarkt tatsächlich nicht vorwerfen kann. In der dritten Tonne schließlich werde ich fündig. Ein riesiger Sack mit alten Lebensmitteln. Leider schlägt mir beim Öffnen ein solch beißender Geruch nach vergammeltem Fisch entgegen, dass ich (verwöhntes Wohlstandskind) vom Durchforsten Abstand nehme.

Entweder habe ich die richtigen Tonnen noch nicht entdeckt, oder ich bin nicht zur Mülltaucherin geboren ...

Ich habe vor Kurzem die Reportage „Ohne Geld leben! Eine junge Familie auf neuen Wegen" gesehen. Der junge Familienvater hat es sich – neben dem Geldverzicht – zum Ziel gemacht, der Lebensmittelverschwendung entgegenzuwirken. Eine Zeit lang lebte er vom Mülltauchen, bis der Leiter einer Biosupermarktkette ihm die noch verwendbaren, abgelaufenen oder weniger schönen Lebensmittel getrennt neben die Mülltonnen stellte. Dort holt er sie mit seinem Fahrrad ab und verteilt sie – unter anderem an einen offenen Standort der „Foodsharing"-Initiative. Sein Ziel ist es, Berlin bis 2014 zur Stadt mit der geringsten Lebensmittelverschwendung zu machen. Mir sagt die Idee spontan zu, würde sie mich doch von der Notwendigkeit des Herumsuchens in Mülltonnen entbinden.

So betrete ich die Filiale einer großen Biosupermarktkette. An der Kasse frage ich nach der Filialleitung. Die Kassiererin will misstrauisch wissen, wozu. Als ich erkläre, worum es geht, verdreht sie die Augen gen Himmel – und ruft ihre Chefin an. Die kommt sogleich. Ich erkläre noch einmal mein Anliegen. Die Dame stockt. Dann verfällt sie in einen hektischen Monolog. Die abgelaufenen Lebensmittel herauszugeben ist ihnen streng untersagt, das ist Gesetz hier. Außerdem gab es vor einigen Jahren Fälle, in denen sie verklagt wurden, weil abgelaufene Lebensmittel, die sie verschenkten, schlecht waren ...

Ich kann es nicht glauben. Jemand verklagt tatsächlich einen Supermarkt, der offensichtlich abgelaufene Lebensmittel verschenkt? Sie bestätigt das, und ich verfalle für einen Moment dem Gedanken, dass diese Menschheit schlicht nicht zu retten ist.

Doch ich will noch nicht aufgeben und versuche es auch noch bei einem kleineren, unabhängigen Bioladen, den ich sehr mag. Es fehlte nicht viel, und der Mitarbeiter wäre mir um den Hals gefallen. Noch nie in seiner ganzen Zeit hier hat irgendjemand nach den weggeworfenen Lebensmitteln gefragt, die ihm solch ein Dorn im Auge sind. Wöchentlich muss er vier Abfalltonnen mit an sich noch gutem Biogemüse vollstopfen – und das, obwohl hier die Mitarbeiter nicht verkaufte, abgelaufene Lebensmittel mit nach Hause nehmen dürfen. Ich biete an, die Lebensmittel wöchentlich abzuholen und ein Versorgungsnetzwerk zu organisieren. Der Mitarbeiter sagt bedauernd, dass er selbst es nicht entscheiden kann, und rät mir, die Filialleitung zu kontaktieren.

Zurück zu Hause, schreibe ich an diese sowie an die Leitung der Supermarktketten. Und weil ich schon dabei bin, auch noch an das Bundesministerium für Ernährung, Landwirtschaft und Verbraucherschutz.

Bis zu einer Antwort will ich mich, was aussortierte Lebensmittel betrifft, zunächst an das auf den Feldern übrig gebliebene Gemüse halten, wie es Tanja Krakowski und Lea Brumsack mit ihrem Projekt „Culinary Misfits“ angeregt haben. Unter dem Motto „Esst die ganze Ernte“ kaufen die beiden Berliner Designerinnen von Brandenburger Biobauern Gemüse, das diese sonst wegwerfen oder an Tiere verfüttern müssten, weil es zu schräg oder knollig für das 08/15-Supermarktregal ist. Die ungewöhnlich geformten Kartoffeln, Karotten, rote Beete etc. verarbeiten die beiden in Workshops oder für Caterings zu Suppen, Kuchen, Gemüsesticks usw. Das Projekt, das sehr klein startete, boomt zunehmend, und die beiden haben per Crowdfunding – einem Konzept, bei dem Unterstützer die Idee durch Spenden kollektiv finanzieren – das nötige Startkapital für einen eigenen Laden zusammenbekommen. Die Nachfrage nach Alternativen und einem anderen Umgang mit Lebensmitteln scheint riesig, und ihre Aktion zeigt mal wieder, dass ökologisches Bewusstsein mitnichten freudloses Darben bedeuten muss.

DAS SUPERHANDY

Ich habe den Versuch, unterwegs komplett auf mein Handy zu verzichten, weitgehend aufgegeben. Es funktioniert in meiner Lebensrealität schlicht sehr mühsam. Manch einer mag zwar die Eltern kritisieren, die telefonieren, während ihre Kinder auf dem Spielplatz herumklettern, aber ich empfinde es meinem Sohn gegenüber als zumindest vertretbar, unaufschiebbare Anrufe zu erledigen, während er Sand isst, statt zu Hause zu versuchen, ein berufliches Telefonat zu führen und parallel das Buch vom kleinen Wassermann vorzulesen. Deshalb habe ich mich darauf beschränkt – wann immer es mir möglich ist –, das Telefon auszuschalten und nicht zum Zeitvertreib zu telefonieren. Das allerdings ist in der Tat sehr entspannend.

Plötzlich tut sich ein neues Mobiltelefonproblem auf. Mein altes Handy, das ich von einer Freundin geerbt habe, gibt langsam den Geist auf. Auch hier ist es meines Erachtens nach so, dass gebrauchte Handys die beste, weil energieeffizienteste Variante sind. Allerdings bin ich nach dem Dokumentarfilm „Blood in the Mobile“ des Dänen Frank Piasecki Poulsen nicht mehr sicher, überhaupt ein Handy zu wollen.

Der Regisseur verfolgt darin Herkunft und Handelswege illegal abgebauter Metalle zur Handyherstellung, darunter Zinn und Coltan. Er landet dabei in der Demokratischen

Republik Kongo beziehungsweise in kongolesischen Minen, in denen Kinder bis zu 72 Stunden lang im Dunklen eingesperrt arbeiten – und zum Teil dabei sterben. Krude Warlords bestimmen über das Schicksal der Menschen, und Vergewaltigungen sind hier an der Tagesordnung. Mit jedem Telefon, das wir kaufen, unterstützen wir ein System aus Korruption und gezielter Menschenrechtsverletzung. Demnächst soll das „Fairphone" auf den Markt kommen, ein nachhaltig und fair produziertes Smartphone, das komplett aus Recyclingmaterialien hergestellt wurde und tatsächlich darauf ausgelegt ist, vom Benutzer selbst repariert werden zu können. Bislang kann man es nur vorbestellen, und auch wenn ich eigentlich kein Smartphone möchte und es mir wenig behagt, viel Geld für ein Telefon auszugeben, über das früher oder später Orangensaft laufen wird, klicke ich auf „Bestellen". Erst wenn eine bestimmte Anzahl an Fairphones geordert wurde, beginnen die Hersteller mit der Arbeit, und ich möchte dieses Projekt unterstützen. Aber was mache ich bis dahin?

Wenn die Rohstoffe nun schon einmal abgebaut sind, ist es sicherlich vernünftig, ein gebrauchtes Telefon zu kaufen. Aber was ist mit dem SAR-Wert, der die Stärke der Strahlung anzeigt? Immer wieder steht der in der Kritik, und obwohl es nicht zweifelsfrei bewiesen werden kann, machen mir die Meldungen über eine mögliche Gesundheitsgefährdung Angst. Ich will keinen Hirntumor bekommen, weshalb ich versuche, wann immer ich daran denke, mit Headset zu telefonieren. Trotzdem hätte ich nichts gegen ein strahlungsreduziertes Telefon, auch wenn das in unserer verstrahlten Welt wahrscheinlich Augenwischerei ist. Und dann gibt es von einigen Firmen jetzt noch neue, „grüne" Handyserien aus Biokunststoffen …

Ich steige in die Recherche ein. Zwar verursacht mir die intensive Beschäftigung mit Elektrogeräten sofort einen stechenden Kopfschmerz – gefolgt von dem dringenden Verlangen nach einem großen Glas Gin Tonic. Doch der Gin ist leer, und ich werfe mich mit Grüntee in die Informationsflut.

Zunächst informiere ich mich beim Bundesamt für Strahlenschutz (BfS). Auch wenn in den Medien die Strahlungsgefahr von Handys immer wieder dementiert wird, rät das BfS aufgrund von „Unsicherheiten in der Risikobewertung" der „hochfrequenten elektromagnetischen Felder" zu Vorsichtsmaßnahmen: kurze Gespräche, das Ausweichen auf Festnetztelefone, kein Telefonieren bei schlechtem Empfang (da dies die Strahlung verstärkt), Benutzen von Headsets – und eben die Überprüfung des SAR-Wertes.

Andererseits erfahre ich durch das größte europäische Telekommunikationsmagazin „connect", dass der SAR-Wert allein nicht ausreicht, die Strahlung zu bestimmen. „Connect" stellt dem SAR-Wert die effektive Sendeleistung der Telefone gegenüber, denn ein Telefon mit schlechten Sendeeigenschaften wechselt in eine höhere Sendeleistungsstufe, wodurch es stärker strahlt. „Connect" hat dazu aus SAR-Wert und effektiver Sendeleistung den „connect-Strahlungsfaktor" ermittelt und eine „Bestenliste" der strahlungsärmsten Telefone zusammengestellt.

Mit dieser Liste ausgestattet, suche ich nun nach „grünen" Modellen. Nach zwei Stunden weiß ich noch immer nicht so richtig, was ich tun soll. Ein Handy mit geringem Stromverbrauch und Gehäuse aus 50 Prozent erneuerbaren Rohstoffen hat beispielsweise einen relativ hohen SAR-Wert. Andere haben einen besseren Strahlungswert, verbrauchen dafür jedoch relativ viel Energie ...

Und nun? In einer idealen Welt würde ich ein strahlungsarmes Handy aus Biokunststoff gebraucht kaufen und dafür auch gerne etwas mehr bezahlen, wenn ich wüsste, dass die darin verwendeten Rohstoffe fair und kontrolliert bezogen wurden. Leider nur gibt es sie bislang nicht, die Liste mit dem Superhandy, grün, fair, gesundheitsfreundlich. Bis auf Weiteres muss ich wohl auf mein Fairphone warten ...

Mein Neffe hat ein neues Smartphone bekommen und stellt mir, bis mein Fairphone ankommt, sein ausrangiertes Handy zur Verfügung. Mein altes Mobiltelefon schicke ich zur Deutschen Umwelthilfe, bei der gebrauchte Handys ausgewertet und die darin enthaltenen Rohstoffe recycelt werden. Ich bin froh, eine Lösung für meine Handyfrage gefunden zu haben, doch eines steht nach dem Recherche-Marathon fest: Neuer Gin muss her.

ZWISCHENSTAND

Von der Telefonie mal abgesehen, geht der Aktionismus zwar nur langsam voran, aber ich komme weiter.

Das Bundesministerium schrieb mir tatsächlich sehr freundlich zurück und wies mich auf die von ihnen angestoßene Aktion „Zu gut für die Tonne“ hin. Dort finden sich Informationen zur Lebensmittelverschwendung sowie die Aufforderung, selbst aktiv zu werden. Hierfür werden kostenlos Flyer, Aufkleber, Plakate und Infobroschüren zur Verfügung gestellt. Das Ministerium rät mir außerdem, mich mit den „Tafeln“ in Verbindung zu setzen, die bereits langjährige Erfahrung mit der Lebensmittelweitergabe haben. Ich hatte nicht wirklich mit einer Antwort gerechnet und freue mich sehr.

Auch von der Biosupermarktkette erhielt ich eine Antwort. Diese arbeitet schon länger mit der Münchner Tafel zusammen, sodass viele der abgelaufenen Lebensmittel weiterverwertet werden. Zwar landen dennoch Lebensmittel im Müll und eine Kooperation ist nicht möglich, aber immerhin.

Außerdem habe ich es endlich geschafft, mein Konto zu einer „grünen“ Bank zu verlegen, was mich sehr froh macht. Zwar bin ich weit vom Großverdienertum entfernt, doch möchte ich dringend vermeiden, mit meinem Geld Waffengeschäfte, Kinderarbeit oder die Atomindustrie zu unterstützen. Meine neue Bank wirbt mit Transparenz, sozial-ökologischen Investitionen und der Unterstützung erneuerbarer Energien, wobei ich mitbestimmen kann, in welchen Projekten mein Geld angelegt wird.

* * *

Morgen um vier Uhr (Ja! Früh!) werde ich in Richtung des schönen Ortes Glonn fahren, bei dem sich die Herrmannsdorfer Landwerkstätten befinden, um dort gegen 5.30 Uhr zuzusehen, wie ein Schwein geschlachtet wird.

Die Menschen in meiner Umgebung schütteln in stiller Resignation den Kopf. Auch ich frage mich ein weiteres Mal: WARUM? Weshalb kann ich nicht einfach alles vergessen und freudig in eine Bratwurst beißen – oder mich aber ein für alle Mal dem Veganismus verschreiben? Wozu muss ich noch sehen, was ich nicht sehen möchte, und riskieren, mich gegen sechs Uhr morgens in der Ecke einer anthroposophisch ausgerichteten Schlachtstube zu erbrechen? Masochismus?

Keine Ahnung. Aber mir erscheint es nach wie vor irgendwie richtig. Ich will als Stadtkind wissen, wie Karotten oder Tomaten wachsen. Sollte ich nicht ebenso verstehen, was es tatsächlich bedeutet, wenn ein Tier sein Leben lässt, damit wir es essen können? Ist das nicht essenziell, um zu entscheiden, ob es mir – abgesehen von aller Verantwortung – rein moralisch und emotional möglich sein kann, ein Tier zu essen? Ich hätte auch an einem Dienstag kommen und der Kälberschlachtung beiwohnen können. Das kann ich nicht, was für mich schließlich bedeutet, auch fortan dem Wiener Schnitzel zu entsagen. Wenn allein die Vorstellung der Kälberschlachtung mich abstößt, sollte ich das Fleisch großäugiger Minikühe vielleicht einfach nicht essen.

Abgesehen von diesem Termin will ich mich etwas umfassender mit den allerorts entstehenden Nachbarschaftsgärten und der Guerilla-Gardening-Szene befassen. Während die „Guerillagärtner" wild und unerlaubt Blumen in Städten pflanzen, kann in den Gemeinschaftsgärten mitgärtnern, wer will. Ich war ein paarmal im Berliner Prinzessinnengarten, einer Oase urbanen Gärtnertums, in der türkische Frauen neben jungen Großstädtern am Kreuzberger Moritzplatz Artischocken in Bäckerkisten und Kräuter in alten Milchtüten ziehen. Und wenn der Vertrag für das Grundstück nicht verlängert werden sollte? Werden die Kisten und Tüten auf einen Bollerwagen gepackt und der Garten zieht um.

Von Leipzig und Köln über Zürich, Wien oder Stockholm bis nach Rio und New York – Stadtgärtnern beschränkt sich längst nicht mehr auf Kleingartensiedlungen und Laubenpiepertum. Ein Freund erzählt mir von einem Projekt aus dem kleinen englischen Ort mit dem beschaulichen Namen Todmorden. Zwei Frauen haben dort die Initiative gestartet, essbare Pflanzen in der Innenstadt anzubauen. Ein erster Schritt war, die Mauer um ihr Haus abzureißen, auf dass sich jeder, der wollte, in ihrem Garten bedienen konnte. Es hat Monate gedauert, bis die Leute sich das tatsächlich getraut haben. Inzwischen haben sich andere angeschlossen. Auf der Website betrachte ich Bilder des Ortes. Ob Bahnhof oder Kirchenwiese – Todmorden erblüht vor Gemüse und Kräutern.

Ich imaginiere statt des verkackten Stückchen Grüns in unserer Straße ein Blumenbeet und bin heiß entschlossen, mich dem wilden Pflanzen zu verschreiben.

Ich hadere noch etwas mit meiner Onlinebuchhandels-Verweigerung, denn seit ich dort kein Konto mehr besitze, gehe ich meist in die Bücherei, da ich fürchte, dass es ökologisch das deutlich größere Desaster wäre, Bücher neu zu kaufen. Das hilft den kleinen Buchläden in ihrer Situation auch nicht viel. Noch dazu sind in der Bücherei fast alle Bücher, die ich gerade lesen möchte, entliehen. Das kommt meiner Ungeduld nicht gerade entgegen. Andererseits habe ich in der Vergangenheit allzu oft Bücher gekauft, um sie dann ungelesen ins Regal zu stellen. Das Warten auf ein Buch und die begrenzte Lesezeit werten die Bücher auf eine Art wieder auf, und ich beschließe, es vorerst dabei zu belassen. Sollte ich ein Buch dringend und sofort brauchen, werde ich es in einem Buchladen kaufen oder auf einer Online-Tauschbörse gegen alte Bände von mir eintauschen.

Durch meine Handy- und Computerabstinenz habe ich aber – neben der Tatsache, dass ich wesentlich entspannter bin – tatsächlich mehr Zeit, die ich für reale Begegnungen und Gespräche nutze. Zum Beispiel mit meiner Karottendealerin vom Bauernmarkt, die versucht, mit ihrem Mann gemeinsam möglichst die ganze Ernte zu verkaufen (also krumm und schief und groß und klein ...), alte Gemüsesorten zu erhalten und sich tatsächlich nur von dem zu ernähren, was ihre Felder hergeben. Im Sommer macht sie Gemüse und Obst ein, um es über den Winter essen zu können. Sie bezeichnet sie beide als einsame Kämpfer auf diesem Gebiet. Ich erzähle von den Jungs vom „Kartoffelkombinat“ und ihrem Ansatz, neben der genossenschaftlichen Ernteteilung unter anderem auch Seminare zur Konservierung von Saisongemüse anzubieten. So einsam ist der Kampf vielleicht doch nicht.

Tatsächlich begegnen mir immer wieder neue spannende Projekte, die der Lebensmittelverschwendung Einhalt gebieten wollen und nicht-normkonformes Gemüse verwerten. Möglicherweise steht uns die große Gemüserevolution also schon bald bevor. An sich ein Grund zur Euphorie, bliebe nur nicht noch die Schweinefrage ...

EIN TIER IST KEIN DING

Vier Uhr morgens. Ein bisschen hatte ich ja gehofft, doch noch zu verschlafen, aber nun fahre ich samt Sojacappuccino im To-go-Becher durch die Nacht.

Das Schöne am Leben ist ja immer wieder, permanent die eigene Überheblichkeit vor Augen geführt zu bekommen. Ich bin selbstverständlich ohne Navi unterwegs, dafür mit ADAC-Routenplaner-Ausdruck auf Recyclingpapier. Ich weiß nicht, für wen diese Pläne gemacht sind, für mich sicher nicht, und so fahre ich planlos durch einen Vorort, bis ich keine Ahnung mehr habe, wo ich bin. Natürlich ist um diese Uhrzeit hier der Hund begraben, weshalb ich die schöne Geschichte vom Kennenlernen netter Menschen gerade schlecht anwenden kann.

Es ist schon 5.10 Uhr, als ich zu meinem Ausgangspunkt zurückgefunden habe. Bis 5.30 Uhr soll ich spätestens in Herrmannsdorf sein. Hektisch fahre ich zu schnell auf die Hauptverkehrsstraße - und übersehe ein heranrasendes Auto. Erstarrt wie ein geblendetes Reh stiere ich dem - wie ich vermute - stocktrunkenen Partyheimkehrer entgegen. Sollte meine Klischeevorstellung wahr sein, hat der Typ sogar eimervoll ein besseres Reaktionsvermögen als ich im nüchternen Zustand. Er weicht aus, und ich versuche, meinen Adrenalinschub wieder unter Kontrolle zu bringen. Gilt „Always the better story" auch, wenn man nicht mehr lebt, um sie zu erzählen?

Ich überlege, unverrichteter Dinge zurückzufahren, will es aber noch einmal probieren. Irgendwann finde ich die richtige Straße, die durch einen finsteren Wald führt. Sofort spielen sich vor meinem inneren Auge unzählige bekannte Filmszenen ab, wie genau ich hier mein Ende finden werde. Ich denke über mein Leben nach, das ich gerne noch eine Weile weiterführen möchte, und frage mich, ob einem Schwein Ähnliches durch den Kopf geht, wenn sein Ende naht.

Als hätte er meine Gedanken gelesen, taucht plötzlich allen Ernstes ein junger Typ mit zerkratztem Gesicht und einer auf die Stirn geschobenen Schlafmaske im Licht meiner Scheinwerfer auf. Ich wähne mich in einer von Stephen King in Szene gesetzten Version von „Versteckte Kamera", verlasse jedoch wenig später den Wald unbeschadet.

In einem Film wäre dieses Setting der Vorbote für das, was kommen wird, und auch spirituell betrachtet könnte man denken, hier würden heftige Botschaften ausgesandt, doch lieber umzukehren und die vor mir liegende Begegnung mit dem Tod abzublasen. Außerdem ist es schon 5.40 Uhr. Also eh zu spät. Ich fahre dennoch weiter und finde endlich die im Dunklen liegenden Werkstätten.

Mich empfängt der Metzger Jürgen Körber. Er ist nicht nur von Anfang an unglaublich offen und freundlich, er teilt mir außerdem mit, dass meine Verspätung kein Problem und die Schlachtung in vollem Gange sei. Nachdem ich mich in hygienische Kleidung geworfen habe, betrete ich die lange gefürchteten Hallen. Und bin mit einem Mal ganz ruhig.

Im ersten Raum hängen zur weiteren Verarbeitung vorbereitete Schweinehälften. Alles ist sehr sauber und absolut nicht Furcht einflößend. Im nächsten Raum dann: Das Brühbad, die Säge, mit der die Schweine zerteilt werden, Männer, die Därme entleeren, andere, die den Tieren die Innereien herausschneiden und diese aufhängen, damit sie vom Tierarzt inspiziert werden können. Ein befreundeter Filmemacher, der viele Folgen einer Sendung über Lebensmittelherkunft gedreht und Schlachtungen jeder Art gesehen hat, warnte mich vor dem Gestank. Ich finde es nicht besonders schlimm. Auch der Rest, das zum Ausbluten aufgehängte Tier, die abgeschabten Haare, das Blut und die winzigen Gehirne der Tiere, die mit dem Rückenmark zusammen herausgetrennt werden, ekeln mich seltsamerweise nicht. Das mag an meinem unaufgeregten Begleiter liegen, der mir alles erklärt und klar einräumt, dass das Töten der Akt ist, den man in seinem Beruf zu akzeptieren lernen muss. Er hat selbst in einer großen Schlachterei gearbeitet und kennt die andere Seite, das Töten, das zum industriellen Prozess verkommt, Menschen, die mit dem Tier, dessen Gedärme sie im Sekundentakt herausreißen, nichts mehr zu tun haben ... Hier läuft es anders: Der direkte Kontakt mit dem lebendigen Tier gehört ebenso zum Grundkonzept wie die ruhige Art der Zusammenarbeit ohne Zeitdruck. Die Schlachtung der Tiere soll so stressfrei wie möglich ablaufen.

Aber ich habe ja noch nicht alles gesehen. Hier hängen zwar tote Schweine, doch es ist relativ einfach, das Archaische dieser Arbeit zu bewundern und das entstehende Produkt zu erahnen, solange die Tiere sich nicht bewegen, nicht grunzen, mich nicht ansehen.

Im nächsten Raum sind an den Wänden die Umrisse von Tieren aus Edelstahl geformt. Darunter stehen in einem recht weitläufigen Koben vier Schweine. Der Schlachter meint, die seien schon seit ihrer Ankunft ungewöhnlich nervös. Ich sehe die Tiere an, ihre zitternden Schnauzen, ihre suchenden Augen – und begreife den Zusammenhang zwischen ihnen und den Schweinehälften dort draußen. Nur so wenige Meter trennen diese Lebewesen von den Hinterschinken, die ich vorhin gesehen habe.

Ein totes Schwein liegt noch in der Schlachtbox, als das nächste hereingeführt wird. Dadurch, dass die Herdentiere bis zum Schluss zusammengelassen werden, haben sie weniger Panik. Ich frage mich, ob ein toter Artgenosse samt Blut dem Tier nicht das nahende Grauen vor Augen führen wird. Es schnüffelt aber sehr friedlich an seinem Kumpanen herum, und ebenso friedlich fällt es, als der Schlag des Elektroschockgerätes es im Nacken trifft. Kein Quieken, kein Davonlaufen. Nur ein Muskelzucken, ein Stich nahe des Herzens, und nach ein paar Sekunden: Stille. Ein kleiner Augenblick, der aus Leben Nichtleben macht.

Jürgen Körber erzählt von einer Reise nach Indonesien. Dort wird vor der Schlachtung ein Ritual zu Ehren des Tieres abgehalten, um der Feierlichkeit und Größe des Aktes gerecht zu werden. Wenn er selbst im Urlaub an Schlachtungen teilnimmt, bedeutet das wohl, dass ihm sein Job tatsächlich wichtig ist und er ihn mag. In seiner Freizeit nicht von der Arbeit abschalten zu müssen, ist mehr, als die meisten von sich sagen könnten.

Einzig das letzte Schwein läuft, von seinen Artgenossen getrennt, vor dem Gerät davon und quiekt einmal laut auf. Allein dieses Geräusch fährt durch Mark und Bein. Wie nur kann man es aushalten, in einem Schlachthof tagtäglich die andauernden Panikschreie der Tiere zu ertragen?

Wir gehen weiter in die Verarbeitungsräume. Zu meiner Verwunderung mag sich die Abscheu und Überzeugung, dass dies hier unmoralisch und böse ist, nicht einstellen. Bin ich zu verroht? Oder liegt es tatsächlich an der Art, wie hier getötet wird? Ist „nettes Töten" letztlich nicht das Gleiche wie brutales Töten?

Ich weiß es nicht. Als wir durch die Weiterverarbeitungsräume laufen, bekomme ich plötzlich Lust, ein Stück der unglaublich duftenden Schinken zu probieren. Damit hätte ich nicht gerechnet. Am Ende bleibt wohl nur das Gefühl, auf das ich mich verlassen kann. Und natürlich das Wissen, was für ein Luxus es ist, solches Fleisch essen zu können, und dies auch als solchen zu behandeln.

Das Unternehmen wirbt darum, das ganze Tier zu verarbeiten. Mein Begleiter schlägt beispielsweise vor, in Metzgereien Plakate mit dem geschlachteten Tier auszuhängen, auf denen eingezeichnet wird, welche Teile bereits verkauft sind – und welche noch verfügbar. Die Vorstellung, dass ein Rind hauptsächlich aus saftigen Filetstücken besteht, ist ebenso absurd wie die, dass auf den Feldern ausschließlich gleich große Kartoffeln wachsen.

Ich frage Jürgen Körber zum Abschluss, ob es schwerer ist, ein Kalb zu töten. Kann man so etwas einen Metzger nach 20 Jahren Erfahrung überhaupt fragen? Der lacht mich doch aus. Er überlegt. Ja, klar. Das ist noch mal ein anderes Ding. Er hätte nichts dagegen, wenn die Menschen auf Kalbfleisch verzichten würden. Aber man muss auch hier den gesamten Vorgang sehen. Kälber sind in erster Linie ein Abfallprodukt der Milchwirtschaft. Ich erinnere mich: Damit wir die Muttermilch der Kühe trinken und daraus Käse machen können, müssen sie regelmäßig schwanger sein. Und damit die Milch nicht an den Kuhnachwuchs „verschwendet" wird, sollte dieser möglichst zügig entfernt, sprich: weiterverarbeitet werden. Die traumatisierten weiblichen Kälbchen werden wieder zu Milchkühen herangezüchtet, die männlichen isoliert in Einzelboxen hochgemästet und geschlachtet.

Hier bekommen die Kälbchen zumindest bis zu ihrem Tod echte Kuhmilch zu trinken. Mehr kann ein Baby-Rind in unserer Welt wohl nicht vom Leben erwarten ...

Um moralisch und in Bezug auf die Energiebilanz integer zu leben, gibt es kaum eine Alternative zu einem veganen Lebensstil. Ist man nicht bereit, vollständig auf tierische Produkte zu verzichten, ist es meines Erachtens die einzige Lösung, so wenig und so hochwertig wie möglich zu konsumieren.

Ich verabschiede mich trotz des Angebotes, den ganzen Tag hier verbringen zu dürfen. Als ich den Hof verlasse, ist es noch dunkel. Ich gehe vorbei an den unmittelbar neben dem Wirtshaus und den Schlachträumen liegenden Stallungen und verstehe das Gesamtkonzept: Alles ist ein Kreislauf, der hier auf eine wertschätzende Weise dargestellt wird. Ich bin sehr froh, hier gewesen zu sein.

WIEN

Ich habe Termine in Österreichs Hauptstadt und will zugleich meinen Bruder Samuel besuchen, der dort studiert.

Als Vorwarnung habe ich ihm eröffnet, dass ich mit ihm zusammen Mülltauchen zu gehen gedenke, denn laut Wikipedia gilt Abfall in Österreich, anders als im deutschen Recht, als „herrenlose Sache“ und kann einfach mitgenommen werden. Durch die Website der Österreichischen Freeganer-Bewegung (free und vegan, also Veganer, die nur von dem leben, was sie geschenkt bekommen oder finden) weiß ich, dass die „Dumpster“-Szene in Österreich sehr lebendig ist. Das hätte mir spätestens seit der lakonischen Antwort meines Bruders klar sein müssen: Klar. Machen seine Kumpels eh ständig. Ich erzähle meinem zweiten Bruder Nikolai sogleich von dem wilden Plan seiner bekloppten Geschwister. Er guckt verwundert. Mülltauchen? Ich denke: „Münchner Wohlstandskind!“ Bis ich ihm erkläre, wovon ich spreche, und er meint: „Ach so, Containern.“ Ihm zufolge ist auch die hiesige Szene aktiv, und ich bin eines weiteren Vorurteils beraubt. Zugleich freut mich die Erkenntnis, dass „Essensretten“ unter vielen Menschen Anfang 20 offenbar als cool gilt. Ich habe vor Kurzem gar von „Dumpster Divas“ gelesen, jungen Frauen, die ihre Klamotten voller Stolz aus Müll- und Altkleidercontainern zusammensuchen. Ein bisschen viel Style möglicherweise, aber der Gedanke, bei dem Wahn immer neuer Kollektionen nicht mitzuziehen, gefällt mir.

Im Zug nach Wien sitzt ein älterer Herr neben mir, der nach kürzester Zeit grunzend zu schnarchen beginnt. Ich bin latent überspannt und wechsle den Sitzplatz. Gefühlte zwei Sekunden später fängt ein Italiener an, sich lautstark über eine verpasste Zugverbindung zu beschweren. Etwas erschöpft komme ich in Wien an. Es ist kalt und zugig. Am Westbahnhof steht im Untergeschoss ein großer Container mit der Menge an

Müll, die von der Bahngesellschaft täglich aus einer „U-Bahn-Garnitur" geholt wird. Bei allen Bahnen zusammen sind es 10 000 Liter Müll. Jeden Tag.

Nachdenklich fahre ich in Richtung Hotel. Im Internet habe ich nach einem Hotel mit Öko-Anspruch gesucht. Die von mir erwählte Herberge schien meinen Wünschen in jeder Hinsicht zu entsprechen. Hausgemachte Backwaren, Bienen auf dem Dach, ein urbaner Garten vor der Tür. Dabei habe ich wohl den Untertitel „smart Luxury" übersehen.

Nirgendwo dürfte so deutlich werden, dass „öko" in der Mitte der Gesellschaft angekommen ist, wie hier. Alles ist eine Mischung aus smart und cool – oder soll es zumindest sein. Der Eingangsbereich, das Personal, die Gäste ... Der Honig der hauseigenen Bienen wird neben der stylischen Bienenstation für den Balkon zusammen mit Taschen, Fahrrädern und vielem mehr verkauft. Noch dazu ist dieses Hotel mal wieder ein schöner Beweis für die Suggestionskraft von Fotoaufnahmen. Was auf der Website aussah wie ein Paradies im Grünen, ist in Wahrheit ein mehrstöckiger Betonbau direkt an einer viel befahrenen Straße. Der urbane Garten ist deutlich überschaubar und ebenfalls direkt an der Straße gelegen.

Dennoch: Der gute Gedanke ist besser als nichts, und der Plan, alte Obstsorten im siebten Stock auf das Dach zu pflanzen, ist dann doch ziemlich funky. Mein Zimmer ist wie gewünscht hell, weiß und sauber. Ich sehe aus großer Höhe über die Stadt, die nasskalt und grau unter mir liegt ...

Ich treffe Samuel in der Innenstadt. Aus dem großen Angebot an Wiener Vegan-Locations habe ich einige herausgesucht, und da mein Bruder seit einiger Zeit fast ausschließlich tierproduktfrei isst, scheint der Besuch einer veganen Bäckerei ein guter Startschuss. Der kleine Laden ist voll besetzt, und so erstehen wir zwei Stück Schokotorte für unterwegs samt recycelbarem Löffel. Schokoladenkuchen essend schlendern wir durch Wien. Ich möchte wissen, wie es kam, dass mein Bruder – ein ausgesprochener Fleischesser – zum Veganer wurde. Er erzählt von einer Art Eingebung, bei der ihm klar wurde, dass er für seinen Köper verantwortlich ist und deshalb dafür Sorge tragen muss, dass es diesem gut geht. Seit er kein Fleisch mehr isst, fühlt er sich ungleich fitter und wohler.

Er berichtet von der neuen „Veggie-Linie", die eine herkömmliche Supermarktkette eingeführt hat, und von einer anderen, die seit Neuestem sogenannte Wunderlinge verkauft. Obst und Gemüse mit „Schönheitsfehlern", das unter dem Preis für Normware angeboten wird. Die Resonanz ist wohl erstaunlich gut.

Dennoch möchte ich gerne einen Biosupermarktcontainer besuchen, sicher ist sicher. Samuel zweifelt, dass darin viel zu finden sein wird, immerhin ist Wochenende und die Containerszene hat wahrscheinlich schon die besten Sachen herausgeholt. Wo er recht hat, hat er recht. Aber einfach so aufgeben is nich.

Die Mülltonnen sind hinter dicken Metalltüren untergebracht. Enttäuscht denke ich: Das war's dann. Ohne große Hoffnung drücke ich die Klinke herunter. Die Tür ist offen. Unglaublich. An einem Sonntagnachmittag ist der Müllcontainerraum unabgeschlossen, in Deutschland ein Ding der Unmöglichkeit. Wir treten ein, und ich muss mir erst einmal den Schal vor die Nase binden. Der Müllgeruch in Verbindung mit meinem schokovollen Magen ist grenzwertig. Hier stehen sechs Container. Ich nähere mich zögernd. Der erste ist voll mit Müllsäcken unidentifizierbaren Inhalts. Der nächste weitgehend leer, abgesehen von irgendwas mit Maden drin. Im dritten werden wir fündig. Etwa 30 Salatköpfe liegen in der Tonne, einer frischer aussehend als der andere. Das Problem nur: Die Salate liegen seit ein bis zwei Tagen auf dem Boden einer heftig stinkenden Tonne. Wahrscheinlich wurden sie von echten Mülltauchern zurückgelassen. Sogleich erinnere ich mich an einen Artikel über einen bekannten Supermarktdiscounter, der – um Obdachlose davon abzuhalten, sich aus dem Müll zu bedienen – die weggeworfenen Lebensmittel mit einem scharfen Reinigungsmittel vergiftet hat. Mag auch eine Ausrede sein, um mir nicht einzugestehen, dass ich mich schlicht nicht dazu durchringen kann, in die Tonne zu steigen. Ein Blick in meines Bruders Gesicht zeigt, dass auch er sich nicht gerade die Salatmahlzeit seines Lebens ausmalt.

Wir ziehen weiter zum ersten komplett veganen Supermarkt der Stadt. Dabei passieren wir ein Geschäft, in dem aus alten Plastiktüten gefertigte Taschen und Armbänder aus Flaschendeckeln verkauft werden. Auch eine Variante, selbst wenn Coladeckel als Ohrringe nicht jedermanns beziehungsweise -fraus Geschmack sein dürften.

Wir betreten den Hinterhof des Vegan-Supermarktes. Dieser scheint einem Film von Ulrich Seidl entsprungen. Eine Dame in Kittelschürze fegt. Alles ist still, nur das Fegen ist zu hören. Kurz warten wir, ob sie uns anspricht, doch sie blickt nur auf, hält einen Atemzug lang inne – und fegt weiter. Wir sehen uns an, dann laufen wir zu den Mülltonnen. Sie sind bis obenhin gefüllt. Zuoberst liegt eine Sojamilch mit abgelaufenem Datum. Es ist schon spät und wir sind durchgefroren, deshalb nehme ich die Sojamilch als eine Art Trophäe mit und erkläre den Containerversuch für beendet.

Vielleicht bin ich einfach nicht zur Mülltaucherin geeignet und sollte lieber gleich zum „Fairteiler" gehen, einem öffentlich zugänglichen Kühlschrank, den eine Wiener Bioladenbesitzerin in ihrem Geschäft aufgestellt hat. Dort können Lebensmittel untereinander getauscht werden, ohne dass sie zwischendurch in der Tonne landen müssen. Das entspricht dem „Foodsharing"-Gedanken, ist für meine Begriffe allerdings noch praktikabler – zumindest was meine Lebensrealität betrifft. Essen in der ganzen Stadt beim jeweiligen Besitzer einzusammeln beziehungsweise mit Übernahmewilligen

Termine zu vereinbaren, erfordert Planung, und ich bin froh, wenn manche Dinge einfach mal ungeplant stattfinden können. Schade, dass es „Fairteil"-Spots, wie sie in Wien oder Berlin existieren, noch viel zu selten zu geben scheint. Was ich besonders spannend finde: Die Bioladenbesitzerin geht auch mit deutlich reduziertem Warenangebot gegen die Lebensmittelverschwendung an, selbst wenn das bedeutet, weniger zu verdienen. Dass auch der „Fairteiler" sie teilweise um zahlende Kundschaft bringt, nimmt sie in Kauf – andererseits holen Kunden, die sonst nicht in ihren Laden gekommen wären, oft ein Lebensmittel und kaufen die restlichen Zutaten dazu ein.

Auf dem Weg zu seiner WG erzählt mir mein Bruder von unterschiedlichen Aktionen, die in Wien stattfinden. Beispielsweise gibt es das Landschaftsarchitektenkollektiv „kampolerta", das es sich zur Aufgabe gemacht hat, öffentlichen Raum zu nutzen, sei es für wildes Gärtnern, Kunstaktionen oder Radtouren durch die Stadt, bei der gemeinsam geerntet wird, was die Stadt an Kräutern, Gemüse und Früchten frei zugänglich zu bieten hat.

Oder auch von „wastecooking", einer kritischen Online-Kochshow, für die sich Filmemacher, Köche und die „Dumpster"-Szene zusammengetan haben. Die Mülltaucher finden den Müll, ein Koch zaubert daraus spontan (man weiß schließlich nie, was man findet) die unterschiedlichsten Gerichte, und die Filmemacher kreieren daraus eine Webserie. Eine schöne Weisheit, die mir im Gedächtnis bleibt: „Was dir die Tonne nicht gibt, schenkt dir die Natur." Essen aus dem Müll oder halt direkt vom Baum. Es scheint so einfach.

Die Episoden, die wir in Samuels WG ansehen, sind witzig und motivierend, zugleich machen sie mich auch ziemlich nachdenklich. Bei einer „Waste Dive"-Aktion haben die Mülltaucher rund 90 Kilo verwertbare Lebensmittel aus dem Müll geholt. Die schiere Masse an weggeworfenem Essen macht mich fertig. Es hilft, die Filme in einer WG Anfang-20-Jähriger zu sehen. Essen wegzuwerfen können sich Samuels Mitbewohner und er schlicht nicht leisten. Bessere Laune bekomme ich ob der allerorts herumliegenden grünen Kreisel und Kondome. Samuels Mitbewohner arbeitet für Österreichs Grüne. Von der Rückseite eines grünen Bierdeckels erfahre ich, dass die Kinder in fast allen Salzburger Kindergärten zu 100 Prozent mit Bioessen versorgt werden. Was vor ein paar Jahren eine eher nebensächliche Information gewesen wäre, beeindruckt mich heute deutlich, verstehe ich doch zunehmend, wie früh und wie nachhaltig der Geschmackssinn geprägt wird (und wie schwer der Überzeugung, Eis müsse – wie in der Kita erlebt – stets mit grellbunten Smarties garniert serviert werden, beizukommen ist). Inzwischen gibt es tollerweise einige Projekte in deren Rahmen etablierte Köche versuchen, Kindern die Freude an gutem Essen nahezubringen.

Der Appetit hat mich wieder. Samuel schlägt eine anarchistische Pizzeria vor, was lustiger klingt als ein veganes Gasthaus. Als wir dort ankommen, fühle ich mich zeitversetzt. Junge Menschen in schwarzer Kapuzenkleidung stehen biertrinkend vor dem dunklen Lokal. Obwohl ich mir vorkomme wie eine Mischung aus Zivilbulle und um ihren Drogensohn bangende Mutter, treten wir ein. Drinnen spielen zwei Jungs Gitarre, ein anderer versucht, das Licht wieder anzukriegen. „Wenn's nicht hinhaut, spielen wir eben unplugged im Dunklen, is doch geil." Ich frage eine leicht überpiercte Frau mit Teller und Besteck, wo wir Pizza bekommen können. Sie deutet zu einer engen Küche, in der die einen auf ihr Pizzastück warten und die anderen darauf, ihren Teller zu spülen. Kurz überlege ich, ob ich mich des schwesterlichen Coolness-Punktekontos wegen total locker in die Reihe stellen soll, fürchte aber, dass sämtliche Pizzaesser dann vorsorglich ihr Marihuana ins Klo spülen werden. Wir verlassen die Pizzeria in Richtung Vegan-Gasthof. Pflanzliches Schnitzel statt Anarchopizza. Das bedeutet wohl Punktekonto-Abzug in großem Stil ...

LACHS UND DER PLANET AN SICH

Ein paar Tage nach meinem Schlachttag habe ich noch immer kein Fleisch gegessen. Zwar ist meine moralische Abneigung gesunken, nur gab es bislang keinen Grund, komme ich doch bestens ohne klar. Als ich einen Joghurt für Sylvester kaufe, denke ich an das kleine Kalb, das ein Abfallprodukt des Glases in meiner Hand sein soll.

Herrmannsdorf kommt mir vor wie eine Blase, ein Ort der Verheißung, des „so könnte es sein“. Nur kann es so nicht sein. Nicht, solange Menschen billiges Fleisch als Geburtsrecht betrachten und es täglich auf ihren Tellern wollen ...

In den Nachrichten wird von der grünen Woche berichtet. Massen an Menschen stürmen die Hallen und fressen (pardon) den norwegischen Lachs aus der Plastikschüssel. Von Achtsamkeit kann kaum die Rede sein. Zwar sind das erst mal alles „grün“ produzierte Lachse, doch nach der Fernsehdokumentation „Lachsfieber“ stehe ich der Lachszucht im Allgemeinen kritisch gegenüber.

In dem Film geht es um mit dem ISA-Virus (ansteckende Blutarmut) verseuchte Hormonlachse, die Ausbeutung mittelloser Arbeiter und die Meeresraumzerstörung in Chile. Gigantische Lachsfarmen verdrecken die Meere mit Antibiotika, Keimen und Müll, während der Bedarf an Fischmehl (für ein Kilo Zuchtlachs müssen fünf Kilo Fischmehl verfüttert werden) zur Überfischung beiträgt. Chilenische Fischer verlieren ihre Lebensgrundlage, und immer wieder sterben Arbeiter in den Farmen. Und mit so einem Unternehmen hat der WWF einen Partnerschaftsvertrag geschlossen, der zudem nur für Norwegen gilt. Das WWF-Argument ist unter anderem die Sicherung der Arbeitsplätze und die Hoffnung, durch die Zusammenarbeit Einfluss auf das norwegische Unternehmen ausüben zu können. Für mich klingt das erst mal nach Greenwashing, vor allem, da der WWF für dessen Ein-

satz beim Meeresschutz wohl eine nicht unerhebliche Summe Geld von Marine Harvest erhält.

Den Filmemachern zufolge ist eine nachhaltige Zucht in der Menge, die im Moment verlangt wird, nicht möglich, und auch die Bio-Mastanlage, in der gleichzeitig bis zu zehn Millionen Lachse aufgezogen werden, hat nichts mit Tierschutz zu tun. Die Meere sind leer gefischt, wofür selbst die regional gezüchtete Forelle mit verantwortlich ist: Auf dem Bauernmarkt frage ich, womit die Bio-Zuchtforellen gefüttert werden. Fischmehl. Die moralisch und ökologisch vertretbare Fischproduktion – ob bio oder nicht – ist so, wie wir sie jetzt betreiben, offenbar nicht möglich.

Im letzten Jahr haben wir an einem See im Voralpenland Fisch gekauft. Ein winziges Häuschen direkt am Ufer, das nur im Sommer und ausschließlich Freitagvormittag geöffnet hat. Darin zwei Fischer, die vor einem Wasserbassin stehen, das in den Boden eingelassen ist. Die am Morgen gefangenen Fische haben darin Platz und werden bei Bedarf frisch herausgeholt und direkt getötet. Um elf Uhr ziehen die Männer eine Trennwand zwischen Bassin und See nach oben. Die nicht verkauften Fische schwimmen zurück in ihr natürliches Zuhause. Wenn, dann so.

In meinen inzwischen zerlesenen Bänden von Jonathan Safran Foer und Andreas Grabolle lese ich die Kapitel über Fischfang noch einmal. Im Gegensatz zu Fischen aus Aquakulturen leben die Fische im Meer vor ihrem Tod in ihrer natürlichen Umgebung. Das ist gut.

Andererseits beschreibt Foer sehr eindringlich, wie nicht nur Fische, sondern sämtliche Meerestiere von Langleinen (4,5 Millionen Tiere als Beifang), Ringwandnetzen, Kiemennetzen und Schleppnetzen eingefangen, zusammengequetscht, aufgeschlitzt und unter extremem Druckabfall aus dem Wasser gezogen werden, wobei ihnen oft die

Augen aus dem Kopf springen oder die inneren Organe platzen. In den Netzen verfangene Fische werden dabei oft lebendig in Stücke gerissen. Große Schleppnetze „roden" dabei einen 25 bis 30 Meter breiten Streifen Meeresboden. Ökosysteme werden zerstört, Meere leer gefischt. Nicht Millionen, sondern Billionen von jährlich getöteten Wildfischen sterben. Außerdem: Schildkröten, Albatrosse, Seevögel, Wale, Delphine und viele mehr.

***

Nachdenklich will ich in einem Bioladen für mein schreiendes Kind ausnahmsweise eine Banane erstehen. Es dauert ewig, bis die Verkäuferin sich von ihrem Plausch lösen kann. Inzwischen bin ich durchgeschwitzt und singe ebenso laut wie erfolglos ein nerviges Kinderlied. Schließlich kommt sie, und ich übe mich in Nachsicht – ich finde persönlichen Kontakt und den Verzicht auf Fließbandkassieren ja auch gut.

Als ich bereits alles in den Wagen gepackt habe, erfahre ich, dass die Kasse aufgrund eines Systemfehlers nicht funktioniert. Ich könnte warten. Inzwischen ist das Kind, das jetzt doch keine Banane will, von oben bis unten mit noch nicht bezahltem gelb-braunem Matsch bedeckt. Mit klebrigen Fingern lade ich die Einkäufe wieder aus und erkläre der Verkäuferin, dass das Kind eher nicht warten möchte. Ihr Ausdruck wechselt von biologisch-nachsichtig zu überheblich-pikiert. „Was kann ich dafür, wenn Sie als Mutter überfordert sind?" Gesenkten Hauptes verlasse ich das Geschäft.

Seit ich den Dokumentarfilm „Bananas!" gesehen habe, kaufe ich keine herkömmlichen Bananen mehr. In dem Film wird (neben Ausbeutung und Kinderarbeit) der illegale Einsatz giftiger Pestizide und deren Auswirkung auf die Gesundheit der Plantagenarbeiter dargestellt. Doch selbst wenn man von Ausbeuterproduzenten absieht, bleiben selbst fair und biologisch angebaute Bananen wie so viele andere mit unzähligen Flugmeilen importierte Südfrüchte ökologisch problematisch, und mein Bioladenerlebnis ist wahrscheinlich die gottgesandte Strafe (immerhin sind wir in Bayern).

Ich eile mit dem klebenden Sprössling zum Bus. Dort steht ein dicker Mann in der einzigen Tür, in die man mit Buggy steigen darf, wenn man keine Lautsprecherrüge mit Umsteigeaufforderung riskieren will. Ich komme kaum vorbei. Meine Bitte ignorierend, steht er wie ein massiger Baum, und ich quetsche mich seitlich durch. Ich weiß ja, wie oft mir selbst die Mütter mit ihren sperrigen Kinderfahrzeugen auf die Nerven gehen, und atme allen bösartigen Kommentaren entgegen. Im Bus will mein Herzenssohn aus dem Wagen und brüllt nach einer – Banane. Als wir endlich aussteigen können, steht der Mann noch immer. Ich frage, ob die Chance besteht, an ihm vorbeizukommen. Er bleibt stehen, antwortet aber charmant: „Schleich dich, Fotze."

Es gibt Tage an denen ich mich frage, ob das mit der Planetenrettung wirklich eine so gute Idee ist...

DAS REINE GEWISSEN

Ich habe einen wichtigen Termin in Berlin. Leider ist auch der Liebste gerade verreist, was zum Problem wird, wenn man ein kleines Kind hat. Nach langem Hin und Her ist ein Zeitfenster von exakt zwei Tagen entstanden: Abreise morgens um sechs, Rückkehr am nächsten Tag nachts um zwölf. Ich suche nach einer möglichen Zugverbindung, wäre sogar bereit, um 4.37 Uhr früh loszufahren, doch nichts davon kommt zeitlich hin. Also ein Flug.

Inlandsflüge sind von allem Unnötigen ja das Unnötigste und daher dringend zu vermeiden. Wenn ich schon in ein Flugzeug steige und tonnenweise CO_2 in die Luft blase, sollte ich bei Ankunft zumindest indischen Boden unter den Füßen haben oder so.

Zur Entscheidungsfindung lasse ich mir auf der Website der Non-Profit-Klimaschutzorganisation „atmosfair“ ausrechnen, was es kosten würde, die von mir erzeugte Klimabelastung in Klimaschutzprojekten auszugleichen. Die Idee ist, dass Flugpassagiere pro Flug einen von den Emissionen abhängigen Beitrag zahlen, mit dessen Hilfe „atmosfair“ erneuerbare Energien ausbaut, vor allem in Entwicklungsländern, wodurch unter anderem CO2 eingespart wird. „Atmosfair“ rechnet. Sechs Euro. Geschenkt quasi. Aber macht das wirklich Sinn? Oder dient es mal wieder nur der Gewissensberuhigung?

Dazu finde ich ein interessantes Interview mit Dietrich Brockhagen, dem Geschäftsführer von „atmosfair“. Klimaneutralität beim Fliegen gibt es ihm zufolge nicht, auch wenn das von Werbefachleuten gerne suggeriert wird. Zumindest hält Brockhagen das Kompensieren aber für die zweitbeste Lösung (die erste ist wie immer: Verzicht). Jedoch ist kompensieren zu einer Art Volksberuhigungssport geworden, und es macht trotz allem Sinn, den gesunden Menschenverstand anzuschalten. Auch wenn es scheinbar möglich ist, im Winter klimaneutrale Rosen zu kaufen, bleibt die Frage, wie notwendig dieser Kauf tatsächlich ist. Denn – und das ist leider nichts Neues – die tatsächlichen Auswirkungen des unter anderem von unserem Flugverkehr verursachten Klimawandels bekommen mal wieder vor allem die 90 Prozent der Weltbevölkerung zu spüren, die noch nie geflogen sind.

Auf der „atmosfair-Site“ findet sich außerdem ein Umweltranking. Darin werden Fluglinien auf ihre Energieeffizienz hin verglichen, sodass der umweltbewusst Reisende zumindest die am wenigsten umweltschädliche Airline auswählen kann.

Ich denke an die Wissenschaftler Harald Welzer und Niko Paech, die sich gegen das Fliegen entschieden haben, an den Autor Colin Beavan und seinen Entschluss, zu Thanksgiving nicht zu seiner Familie zu fahren, um CO_2 zu sparen, an die Schauspielerin Christiane Paul und die Frage, ob ein Interview über das Umweltthema den Flug zu diesem Gespräch rechtfertigt, an den Journalisten Leo Hickman und die in diesem Interview formulierte Utopie, jedem Erdenbürger eine jährliche Kohlendioxid-Ration zuzuteilen - und wer öfter fliegen will, muss dem nicht-fliegenden Mitbürger dessen Ration abkaufen ...

Wie will ich es in Zukunft mit dem Reisen halten? Mit dem Zug erreichbarer Ökotourismus? Wandern in den Alpen? Ehrlich gesagt kann ich mir nicht vorstellen, komplett auf das Fliegen zu verzichten. Die Welt zu sehen war schon immer essenziell für mein Wohlbefinden, und es gibt zu viele Orte, an die ich noch reisen möchte, als dass ich mich für immer von Flugreisen verabschieden könnte ...

Ich finde den Ansatz von „atmosfair“ gut, doch bleibt es ein ständiges Abwägen. Mein Inlandsflug nach Berlin fühlt sich einfach nicht richtig an. Ich organisiere hin und her und finde schließlich die für mich beste Lösung: einen Nachtzug.

HONIG UND DAS GESICHT DER WURST

Der Versuch bewussten Lebens zieht haufenweise Fragen und Entscheidungen nach sich. Das sagt auch Daniel vom „Kartoffelkombinat“, der mir bei einem Treffen von den vielen Stolperfallen erzählt, die ihm und seinem Partner Simon auf dem Weg zu ihrem Projekt immer wieder begegnen. Beispielsweise ist es für die Planung im Moment am sinnvollsten, bereits herangewachsene Setzlinge zu pflanzen. Die allerdings werden in Torf angebaut und verkauft. Um wiederum all den Torf für unsere Gärten, Balkone und Felder zu erhalten, werden ganze Moore ausgehoben. Dadurch werden nicht nur Ökosysteme zerstört, sondern auch das in den Mooren gespeicherte CO_2 freigesetzt. Klimaveränderung durch Torfabbau ... Es nimmt kein Ende.

Wenn sie dagegen Samen nehmen wollten, gibt es fast nur noch Hybridsamen, der nach einem Jahr tot ist.

* * *

Der Agrarkonzern „Monsanto" dürfte vielen ein Begriff sein. Die Dokumentarfilme „Monsanto – mit Gift und Genen" und „The Future of Food" beleuchten den Vormarsch des von Monsanto entwickelten, nichtselektiven und nachgewiesenermaßen gesundheitsschädlichen Totalherbizids „Roundup". Die erste genetisch veränderte Nutzpflanze „Roundup Ready Soja" ist die einzige Pflanze, die dem Gift widersteht. Da „Monsanto" das Patent auf diese Genpflanze hat, deren Samen aber durch den Wind auf andere Felder getragen werden, müssen die Bauern hohe Strafen für Patentrechtsverletzungen zahlen, und es ist so gut wie unmöglich, die eigene Saat gegen das genetisch veränderte Saatgut zu schützen. Den Filmen zufolge zeichnet sich die Firma verantwortlich für den Bankrott unzähliger kleiner Betriebe in den USA und die Selbstmorde indischer Bauern, deren genmanipulierte Ernte durch Dürren zerstört wurde. Auch geht es um ein von „Monsanto" entwickeltes Rinderwachstumshormon zur Steigerung der Milchproduktion, in dessen Folge Kühe Fortpflanzungsprobleme bekamen oder an Krebs und Mastitis erkrankten. Der durch diese bakterielle Entzündung entstandene Eiter gelangte dann auch in die Milch der Kühe. Zum Glück gibt's Antibiotika.

Man sollte meinen, dass eine Firma mit diesem Profil zumindest in Europa boykottiert würde. Aber es gibt nicht nur jede Menge Produkte, die undeklarierte genmanipulierte Bestandteile enthalten, sondern laut der „Zeit" wird „Monsanto" demnächst auch kaum getesteten, genmanipulierten Mais in die EU importieren. Studien wurden Kritikern zufolge nur unzureichend durchgeführt, was zu Vermutungen über die Nähe von EU-Behörden und Agrarlobby führt …

In dem Dokumentarfilm „Food, Inc.", der die Monopolisierung der Lebensmittelindustrie anprangert und die enge Verbindung von Monsanto zu führenden US-Politikern aufzeigt, wird beschrieben, dass der billige Genmais an Rinder (die ursprünglich keine Maisfresser sind) verfüttert wird. Dadurch werden sie schnell fett, doch das ungeeignete Futter macht die Tiere krank. In ihren Mägen bilden sich schädliche Bakterien.

Genmais wird aber nicht nur zur Herstellung unseres Fleischs verwendet, sondern auch zur Produktion von „Coca Cola", Windeln, Saft, Schokoriegeln, Erdnussbutter usw.

Ein weiterer wichtiger Aspekt an genetisch manipulierten Pflanzen ist deren Einfluss auf die Bienen.

Daniel hat neben Job, Familie und „Kartoffelkombinat" einen Imkerkurs absolviert und das „Stadtimker"-Projekt gegründet, in dem das Halten von Bienen in der Stadt angeregt wird und Imker sowie solche, die es werden wollen, zusammenfinden und sich austauschen. Eigentlich sind mir multitaskingfähige Menschen dieser Güteklasse ja aus Prinzip suspekt, aber Daniel nutzt sein Talent so sinnvoll, dass ich es ihm nicht übel nehmen kann.

Er erzählt mir vom zunehmenden Aussterben ganzer Bienenvölker durch Monokulturen, Pestizide und eben auch Genmanipulationen. Das Bienensterben ist eine Gefahr für jeden von uns, denn ein Drittel unserer Nahrung verdanken wir der Arbeit der Honigbienen. Beim Thema Veganismus habe ich den Honig bislang ausgespart, weil mir das Argument, den Bienen nicht ihren Honig wegnehmen zu dürfen, etwas weit hergeholt vorkam. Nachdem ich Markus Imhoofs preisgekröntem Film „More than Honey" gesehen habe, denke ich etwas anders.

Auch bei Bienen gibt es – damit wir den eigentlich für die Ernährung des Bienenvolks vorgesehenen Honig von ihnen bekommen – eine Art Massentierhaltung. Völker werden in den USA auf riesigen Trucks von Monokultur zu Monokultur gefahren, wodurch Krankheiten zwischen den Bienenvölkern übertragen werden. In China ist das Bienensterben in einigen

Gegenden bereits so verbreitet, dass Menschen die Bäume und Pflanzen von Hand bestäuben.

„Stadtimker" wie Daniel wollen dem Bienensterben entgegenwirken und produzieren nebenbei Honig in Großstädten, der oft reiner ist als der von Bienen, die über pestizidverseuchte Anbauflächen fliegen.

Was mich allerdings wieder einmal fassungslos zurücklässt, ist die Information, um was es sich bei Industriehonig häufig handelt. Wer genau hinsieht, findet auf gängigen Honiggläsern die Aufschrift „Gemisch aus EG- und Nicht-EG-Ländern". Dies ist laut Daniel so, weil Honig, der außerhalb unserer Kontrollmöglichkeiten produziert wird, zum Teil so mit Pestiziden (oder auch Pollen von „Roundup Ready"-Soja) verschmutzt ist, dass er eigentlich auf den Sondermüll müsste. Nun wird dieser „Abfall" mit EG-zertifiziertem Honig verdünnt, und zwar so lange, bis der Wert gerade unter das zulässige Maximum fällt. Selbst so ein rein erscheinendes Produkt wie Honig lässt sich noch prima versauen.

Projekte wie die „Stadtimker" oder das „Kartoffelkombinat" sind in meinen Augen auch deshalb so toll, weil sie den bloßen „Waren" die Anonymität nehmen. Man kann den Bienenstock oder das Feld besuchen und sehen, wie das, was man zu sich nimmt, produziert wird.

Auch hier gibt es neben dem Besuch von Bauernmärkten zahlreiche neue Projekte, die in eine ähnliche Richtung gehen. Eine Brandenburger Farm, auf deren Website das jeweilige Schwein, dessen Fleisch man kaufen kann, „persönlich" vorgestellt wird. Oder ein Bergschuhhersteller, bei dem jeder Schuh eine Nummer bekommt, mit der nachvollzogen werden kann, auf welcher Weide die Kuh graste, die das Leder für den Schuh hergab. Nähe zu den Produkten und Respekt vor den Lebewesen, die uns dazu verholfen haben. Immer mehr Menschen scheinen tatsächlich genug zu haben von gleichförmigen, in Plastik abgepackten Lebensmitteln.

Seitdem ich all die kleinen Projekte, Ideen und Entwicklungen verfolge, habe ich allmählich das Gefühl, dass sich tatsächlich Grundlegendes ändern könnte. Ich zumindest will kaum noch im Biosupermarkt einkaufen – geschweige denn in normalen Läden. Die in Plastik verpackten Gurken, die übervolle Fleischtheke, die gleichförmigen Käsestücke … Sie freuen mich einfach nicht mehr. Sogar Stefan als passionierter Fleischesser nimmt inzwischen Abstand von Leberkäse oder Döner, und seit ich mit Sylvester immer wieder über den Wert und die Herkunft von Lebensmitteln spreche, bedankt er sich ganz von alleine, wenn wir Fleisch oder Fisch essen, bei dem Tier, aber auch bei der Kuh, von der die Milch für seinen Joghurt stammt, bei dem Bauern für das Brot oder das Gemüse. Ich finde das eine wunderbare Art, den Lebensmitteln und der Arbeit, die darin steckt, Respekt zu zollen.

WALD VOR WILD

Ein Blatt fällt. Ich sitze auf einem Hochsitz in einem unterfränkischen Wald. Neben mir Günther Ruf, passionierter Angler (bis Berufsfischerei und Kormorane den Main nahezu leer gefischt haben) und seit 2009 nun auch Jäger. Doch ein paar Schritte zurück …

Ich bin bei Günther und seiner Frau Doris zu Besuch, denn es gibt eine wichtige Frage, der ich mich noch nicht gewidmet habe. Immer wieder höre ich: Wenn Fleisch, dann Wild. Aber stimmt das? Sind Jäger nicht einfach schießwütige Käuze, dicke Typen mit Gamsbart am Hut? Günther ist weder dick noch besonders kauzig und scheint daher mein idealer Gesprächspartner. Noch dazu kann ich so das Nützliche sehr gut mit dem Schönen verbinden.

Tatsächlich fühle ich mich erholt wie seit Langem nicht. Das Zuhause der beiden ist ein Raum außerhalb der Zeit. Ein verwunschenes, zugewachsenes Haus mit Scheune, großem Garten, Fischteich, Birnen-, Apfel-, Zwetschgen-, Walnuss- und Feigenbaum, einem Hund und drei Hühnern, deren Eier Sylvester morgens aus dem Gatter holt. Nachts sieht man die Sterne, am Tag plätschert ein kleiner Wasserfall in den Teich, in den Bäumen hängen Kunstobjekte aus Holz und Metall. Ein Märchenort aus Kindheitsträumen. Sylvester ist entsprechend von oben bis unten voller Schrammen und Dreck, er füttert die Fische, wir beobachten, wie sich die Seerosen im Teich öffnen und schließen, und bestaunen Günthers Fuchspelze.

Für meinen Sohn sind die Felle mit Ohren, Schnurrhaaren und Krallen in erster Linie interessant, für mich ein wenig verstörend. Zumindest am Anfang. Pelz ist böse. Ein unverrückbares Mantra seit meiner frühesten Kindheit. Hier nun liegen bei zwei intelligenten, kreativen Menschen, die ich sehr schätze, die Überreste von etwa einem Dutzend Füchsen herum. Und Doris überlegt sogar, Mäntel daraus zu nähen. In der Kühltruhe entdecke ich zudem ein halbes Reh, in einer Schüssel daneben etwas Pansen (ich lerne: der größte der drei Vormägen bei Wiederkäuern) für den Hund. Günther zeigt mir die gräulich-wabbeligen Fleischstücke. Ich nähere mich zögernd und erkenne Reste von Gras und winzige Zotten aus dem Inneren des Rehmagens. Er sagt: „Riech mal!“ Ich lache. Er insistiert. Schließlich beuge ich mich. Der Geruch ist durchaus intensiv, seltsamerweise aber nicht eklig.

Für den Waldbesuch hatte Günther mir zwei Uhrzeiten zur Auswahl angeboten. Morgens um vier oder nachmittags um sechs. Unschwer zu erraten, wofür ich mich entscheide …

Um sechs Uhr fahre ich also in Trekkingklamotten mit Günther in Richtung Wald. Ich konfrontiere ihn sogleich mit meiner Klischeevorstellung von Jägern. Günther gibt zu, dass es einige Kollegen gibt, denen es vor allem ums Schießen geht. Mehr noch in Gegenden, in denen einem nach einem vierwöchigen Jäger-Crashkurs ein Jagdschein ausgestellt wird. In

Bayern dauert eine Jägerausbildung ein halbes Jahr und ist sehr intensiv. Vor allem aber wird großer Wert darauf gelegt, die Tiere immer als Lebewesen und Individuen zu betrachten. Kein Jäger sollte beispielsweise von dem „Viech" sprechen. „Das sind Geschöpfe Gottes, und wir damit verantwortlich für sie."

Jedes Waldgebiet wird von einzelnen Jägern gepachtet, teilweise für viel Geld. Zumindest in Bayern muss jedes Gebiet bejagt werden. Günther muss seinem Abschussplan zufolge pro Jagdjahr (1. April bis 31. März) 15 Rehe erlegen. Dieser Plan wird für jedes Revier je nach Verbissgutachten gesondert von der unteren Naturschutzbehörde erstellt. Hier gilt das Gesetz „Wald vor Wild". Das bedeutet, der Wildbestand sollte so reduziert werden, dass der Wald gut wachsen kann, also nicht alle Baumsprösslinge von Rehen gefressen werden. Die Füchse wiederum haben sich – seit es dank Impfköder keine Tollwut mehr gibt – derart vermehrt, dass das Niederwild (Fasane, Kaninchen, Rehkitze ...) nahezu ausgerottet war. Erst seitdem die Füchse gezielt erschossen werden, gibt es diese Tiere hier wieder.

Günther tötet das Wild ausschließlich im Rahmen seines Abschussplans, es sei denn, die Tiere sind krank und sie würde ein qualvoller Tod erwarten. Mir gefällt die Ehrfurcht, mit der er von den Tieren spricht. Vor Betreten des Waldes bittet er den Jagdgott Hubertus, ihm ein krankes Tier zu schicken oder eines, dessen Zeit gekommen ist. Auch gibt es verschiedene Rituale, mit der ein geschossenes Tier geehrt wird. Der kleine Weidenzweig im Maul, eine kurze Totenwache mit abgezogenem Hut. Eine Würdigung des Tieres, dessen Fleisch man essen wird. Das Ganze mag archaisch wirken, ich finde es tatsächlich stimmig. Günther sagt, er hat kein Problem damit, das Fleisch der selbst erlegten, selbst gehäuteten, selbst ausgenommenen Tiere zu essen. Das ist in seinen Augen ein ehrlicher Akt, wohingegen er Massentierhaltung zutiefst verachtet. Die Wildtiere sind so öko und bio wie nur möglich. Sie leben ein Leben in der Natur. Ein Schuss und Ende, ohne langes Leiden.

In der Brunftzeit hatte er einen Rehbock ausgewählt, den er schießen wollte, doch als er ihn in fröhlicher Kopulation mit der Dame seiner Wahl sah, dachte er: „Ich lass ihm den Spaß." Und schoss ihn ein paar Wochen später.

Mit vielen Gedanken und Informationen im Kopf betrete ich um sechs Uhr nachmittags leise den Wald. Günther bricht einen Pilz ab, der aussieht wie ein Champignon. Ist auch einer, ein Waldchampignon nämlich, der leicht nach Anis riecht.

Ich bin erstaunt, wie sicher Günther sich hier bewegt, als wäre der Wald sein Wohnzimmer. Er zeigt auf einen Haufen Matsch und flüstert: „Sau." Ich erkenne nichts, ist aber auch egal. Es ist wunderschön hier. Wann war ich das letzte Mal im Wald? Keine Ahnung. Die Luft ist frisch, der Moosgeruch hängt zwischen den Bäumen, ich atme ein. Wir klettern auf den Jägerstand. Ich erinnere mich, als Kind häufiger auf solche geklettert zu sein, aber so richtig klargemacht, wofür diese Hochsitze gut sind, habe ich mir irgendwie nie.

Und dann sitzen wir. Am Anfang fahren Motorräder am Waldrand vorbei. Irgendwann ist es still. Ein Blatt fällt. Jeden Tag fallen Tausende von Blättern, aber hier jetzt fällt gerade dieses eine Blatt, und ich sehe ihm zu. Zugleich fühle ich, dass der Wald die ganze Zeit in Bewegung ist. Etwas raschelt im Gras. Eine Raupe fällt auf meine Hose. Eine Biene summt. Ein Vogel schreit. Günther haucht: „Eichelhäher". Dann wieder Stille. Das Braun der Bäume und der Erde wirkt seltsam beruhigend auf mich. Ich atme aus. Nichts zu tun, außer zu hören, zu gucken und zu sitzen. Eine bessere Form der Meditation gibt es wohl kaum. Total entspannt und zugleich 100 Prozent aufmerksam.

Gerade als ich denke: „Jetzt wäre ein Bier toll", holt Günther zwei Flaschen aus seinem Jägerrucksack. Ich sitze, trinke, gucke. Zwei Bussarde gleiten leise durch den Wald. Etwas entfernt knackt es. Ich gucke aufgeregt. Nichts. Natürlich nicht, was dachte ich denn? Einmal kurz in den Wald gehen, bisschen Tiere gucken, vielleicht sogar dem Tod einer Wildsau beiwohnen zur Selbstreflexion? So leicht geht es nicht, und wahrscheinlich ist es wie bei allem: je mehr Druck, desto weniger passiert. Zum ersten Mal verstehe ich die Faszination des Jagens, vielleicht auch des Angelns. Das Tier gibt den Rhythmus vor. Es ist sein Wald, und wenn der Mensch es töten will, um Nahrung zu bekommen, muss er sich seinen Spielregeln anpassen. Die vielen Stunden des Sitzens und Wartens bedeuten: Es ist mir wichtig. Ich gehe nicht in den Supermarkt und kaufe drei Päckchen Hack gemischt, sondern ich sitze hier, egal bei welchem Wetter, und ich warte. Um das Tier zu erlegen, braucht es Wissen und Fähigkeiten. Es braucht Schweiß, harte Arbeit, Dreck, Blut. Das ist nicht schön, vielleicht. Ehrlich aber allemal.

Allmählich wird es dunkler. Günther stößt mich an, deutet. Vor uns auf der Lichtung stehen drei Rehe, eine Mutter und zwei Kitze, wie aus dem Hut gezaubert. Kein Knacken, das sie angekündigt hat. Auch jetzt ist nichts zu hören, während sie still vor sich hin äsen. Wir sehen ihnen zu.

Irgendwann ist das Bier leer. Es ist dunkel. Wir haben über zwei Stunden gesessen, dabei war mir nicht eine Sekunde langweilig. Bevor wir vom Jägerstand steigen, ruft Günther den Tieren zu, dass nun Zeit ist, in den Wald zu verschwinden. Wenn sie den Ruf hören, wissen sie nicht, woher er kommt. Sobald sie aber Menschen sehen und riechen, merken sie sich fortan, diesen Ort zu meiden. Die Rehe verschwinden in der Dunkelheit. Wir gehen zurück zum Auto. Ich bin sehr ruhig.

Auf der Heimfahrt rekapituliere ich. Die Menschen haben mit Ködern dafür gesorgt, dass es keine Tollwut mehr gibt. Ohne Tollwut sterben Rehkinder, Hasen und andere kleinere Tiere aufgrund der Überpopulation an Füchsen. Deshalb töten Jäger die Füchse. Gibt es wiederum zu viele Rehe, kann der Wald nicht wachsen, weshalb der Bestand wiederum vom Menschen kontrolliert wird. Vorsichtig frage ich, ob sich das Ganze nicht selbst regeln würde, wenn der Mensch sich einfach raushielte. Günther fühlt sich nicht angegriffen. Klar, normal würde sich alles in Wellen regulieren. Die Tollwut würde die Fuchspopulation reduzieren, dadurch gäbe es mehr Niederwild. Aus den Rehkitzen würden mehr Rehe. Mehr Wild hieße mehr Futter für die Füchse, wodurch sich wiederum die Fuchspopulation vermehren würde... Das Problem ist nur: Niemand will Tollwut in der Nähe seiner Kinder.

Bei Andreas Grabolle lese ich über Wildtiere und Jagdkritik. Für jedes Argument gibt es offenbar immer auch ein Gegenargument. Die Zufütterung im Winter beispielsweise wird hier als aus biologischer Sicht weder sinnvoll noch notwendig bezeichnet. Jagdkritiker sehen darin eine Maßnahme der Jäger, den Wildbestand (und somit die Jagdtrophäen) für das nächste Jahr zu sichern. Günther erzählt dagegen davon, wie er sich bei extremen Minustemperaturen mit Futter durch den Schnee kämpft, um „seine“ Kitze, die er kennt und das Jahr hindurch begleitet hat, in eiskalten Wintern nicht erfrieren zu lassen. Alles nicht so einfach.

Möglicherweise ist der Ökologische Jagdverband e.V., ein Verein für eine zeitgemäße Jagd, eine gute Adresse. Andreas Grabolle sprach mit der Bundesvorsitzenden des ÖJV. Diese ist der Ansicht, dass beispielsweise Füchse durchaus bejagt werden können, allerdings nur, wenn sie mit dichtem Winterfell geschossen und danach „benutzt“, also zu Mänteln verarbeitet werden. Günthers Erfahrung nach hat sein Jagdverhalten zwar durchaus Auswirkungen auf die Fuchspopulation, doch in dem Punkt stimmt er mit dem ÖJV überein: Die Füchse wegzuwerfen hält er für ein Unding. Deshalb lässt er die Felle im Gegensatz zu den meisten anderen Jägern gerben, auf dass sie weiterverarbeitet werden können.

Es bleibt die Grundfrage, ob Menschen Tiere prinzipiell nutzen dürfen und sollten. Kann man diese für sich mit Ja beantworten, halte ich das Jagen so, wie Günther es betreibt, für sehr viel ehrlicher und richtiger als jede industrielle Tierhaltung.

DÉJÀ-VU

Ich saß heute mit Daniel vom „Kartoffelkombinat“ und meinem Schwager Dieter, einem engagierten Biobäcker, zusammen. Dieter, der unter anderem das „Kartoffelkombinat“ mit Brot versorgt, erzählte, wie er vor 30 Jahren in Bochum Mitgründer eines Bio-Backkollektivs wurde. Ihr Ansatz war zu Teilen ähnlich wie der des „Kartoffelkombinats“: regional, saisonal und energiesparend. Damals ein absolutes Novum.

Dann kam der Bio-Boom, Ernährung wurde zum Thema, die Menschen fingen an, sich Gedanken zu machen und ihren Kindern Trockenobst als Süßigkeiten unterzujubeln (eine Zeit, in der ich das in dieser Hinsicht zweifelhafte Vergnügen hatte, Kind zu sein). Damals entstanden Initiativen wie die „Biokiste“ und Ähnliches. Daniel erzählt von Gesprächen mit Menschen, die in den 70er-Jahren die Vision regionaler Versorgung hatten – und davon, wie ihr Anspruch sich über die Jahre immer weiter aufgeweicht hat. Biokistenempfänger wurden Eltern und verlangten mit einem Mal Biobananen und Biobrokkoli im Februar. Also: Bananen aus Südamerika, Brokkoli aus Italien und Baumwolltaschen aus China für einen Euro das Stück. Zunächst kleine Konzessionen, dann immer mehr.

Mir gefällt die Radikalität, mit der die Jungs vom „Kartoffelkombinat“ ihr Ding durchziehen. Eben nicht Biofleisch in die Kiste zu packen, weil die Leute es wollen und es sich auszahlt, sondern klar zu sagen: Fleisch zu produzieren kostet neben allen ethischen Grundsätzen schlicht zu viel Energie. Das ist das Gegenteil dessen, wofür das „Kartoffelkombinat“ steht.

Dieter sprach noch von seinem Anliegen, den Kunden nicht zu jeder Zeit alle Brotsorten anzubieten, um am Ende nicht die ungekaufte Ware wegwerfen zu müssen. Ich kenne ihn lange und gut, nur war mir nicht klar, dass er in seinem Bereich seit 30 Jahren lebt, was beispielsweise in Filmen wie „Taste the Waste“ oder mit Ideen wie dem „Kartoffelkombinat“ heute wieder neu aufgegriffen wird.

Ich finde es toll, wenn Ideen überleben, weiterwachsen, und Menschen sich verbinden mit ihrem Wissen, ihrer Geschichte und ihrem Idealismus. Glücklich.

EPILOG

Der Winter nähert sich seinem Ende, draußen riecht es nach Frühling. Zeit ist vergangen. Was bleibt?

Das letzte Jahr war – zumindest was meine Umgebung betrifft – ein Jahr der Aufbrüche. Menschen haben sich getrennt und neu gefunden, sie haben den Job gewechselt oder das Land …

Auch ich bin auf eine Art aufgebrochen. In den vergangenen Monaten ist aus einem unbestimmten Unwohlsein eine immer deutlichere Gewissheit geworden. Etwas läuft schief, und ich möchte nicht länger einfach so mitmachen. Viele meiner Erkenntnisse mögen dabei von außen gesehen minimale Schritte gewesen sein. Für mich hat sich Grundlegendes verändert. Früher habe ich mich über meinen Vater lustig gemacht, der Regionalität predigte, den Herd frühzeitig ausstellte, um das Eierwasser mit der Restwärme zu kochen, oder erst das trockene Brot zu Ende aß, bevor er das Neue anschnitt. Heute bin ich froh über diese Konsequenz und realisiere, dass ich unbewusst einige seiner Grundsätze übernommen habe.

Seit ich mich fast nur noch regional und saisonal ernähre, habe ich ein völlig neues Gefühl für die Jahreszeiten entwickelt. Es ist großartig, sich über Monate auf Tomaten zu freuen und sie zum Ende des Sommers hin endlich zu essen. Und ich meine richtige Tomaten, unzählige Sorten, rot, gelb, purpurfarben, fleischig, flaschenförmig … die tatsächlich nach Tomate riechen und schmecken, nicht nach Wasser.

Jede Jahreszeit bringt neues Gemüse, und es ist wie das Wiedersehen mit alten Bekannten. Ich sehe den Sommer in meinem Kühlschrank. Mir war nie klar, wie bunt der Herbst ist und wie glücklich Frühlingskräuter machen können.

Die Natur tickt so, die Tiere, und jetzt auch ich. Erstaunlicherweise sehe ich das viel mehr als ein Privileg denn als Verzicht. Manchmal möchte ich den Gemüsemann küssen vor Glück, wenn ich beispielsweise die Kiste mit dem ersten jungen Spinat sehe (lasse es dann aber doch meist sein).

Ich esse nach wie vor kein Fleisch und auch sonst kaum tierische Produkte. Nicht aus Zwang – ich habe einfach kein Bedürfnis danach, und wenn ich es doch versuche, ist das Geschmackserlebnis überschaubar im Vergleich zu der Frage: Musste dafür unbedingt ein Tier sterben? Bei jedem Thunfisch und jeder Garnele denke ich an den Beifang oder die absurd großen Zuchtbecken. Und lasse es sein.

Wenn ich mal wieder überschäumendes Verlangen nach frischer Rohmilchbutter habe, kaufe ich sie halt. Das kommt allerdings nicht oft vor.

Die Menschen fragen, ob ich mich entschieden habe. Fleischlos oder nicht? Ökokleidung, Jutetaschen und nie mehr fliegen? Konsequenz oder einknicken? Nach wie vor liegt mir der Dogmatismus einer „Entweder-oder-Entscheidung“ nicht. Vielleicht bin ich demnächst nicht mehr nur zu 98 Prozent vegan, sondern entscheide mich ganz dafür. Möglicherweise muss das auch nicht sein, und es ist okay, so viel zu tun, wie es sich in meiner momentanen Lebenssituation eben richtig anfühlt. Für die meisten meiner Freunde bin ich auch so schon zu einer ziemlich bekloppten Asketin mutiert („Hast du diese GURKE probiert!?“) und ich bemühe mich redlich (und ziemlich erfolglos), keine allzu deutliche Schnappatmung zu bekommen, wenn jemand Sylvester Gummibärchen schenkt.

Was das Plastik betrifft, bin ich etwas weniger aufmerksam, als mir lieb wäre, doch ich kaufe so gut wie nie mehr ohne mitgebrachte Einkaufstaschen ein, die Messie-Schublade ist um einiges leerer als zuvor, und ich trinke nicht mehr aus Plastikflaschen.

Zum Nachbarschaftsgärtnern habe ich es noch nicht geschafft, dafür sammeln wir Nüsse von dem Baum im Hinterhof, und ich werfe guerillamäßig Blumensamen in Beete und auf Wiesen.

Ich habe viele neue Leute kennengelernt und bin mit ihnen verbunden, ohne bislang festes Mitglied einer Initiative geworden zu sein. Ich bin noch immer bei Facebook, warte auf mein Fairphone und schreibe auf meinem Laptop. Mein Handy vergesse ich inzwischen oft zu Hause.

Ich fliege kaum noch und brauche weder Auto noch permanent neue Klamotten, mein Sohn nicht ständig andere Spielsachen. Ich will keinen Trockner, keine High-End-Geräte, keinen Fernseher, keine neue Teflonpfanne (Schneidebretter schon, aber das ist eine andere Geschichte). Ich möchte gut essen, gut trinken, ab und zu feiern, ab und an reisen, meine Arbeit machen können, so wohnen, dass es sich nach Zuhause anfühlt, Menschen die mir wichtig sind.

Ich bin noch weit davon entfernt, meine Konsumspur auf dem Planeten so verringert zu haben, dass sie auf eine Erdkugel des Fußabdruckrechners passt. Manches daran liegt in meiner Hand, anderes hat mit der Realität zu tun, in der ich lebe. Doch was für mich zählt, ist das Wachsein, die berühmte Pille aus „The Matrix", mit der die Welt sich zeigt, wie sie ist.

Immer wieder kommt mir Kants „sapere aude" in den Sinn. Ich glaube, darum geht es letztendlich. Einen Moment innezuhalten, den Verstand einzuschalten, bestenfalls gut genug informiert zu sein, um die Entscheidung auch wirklich treffen zu können – und sich dann bewusst zu entscheiden mit allen Konsequenzen. Natürlich kann ich im Café mit Käfigeiern gebackenen Kuchen essen, ich darf nur nicht tun, als wüsste ich nicht, was dahintersteckt. Ich fürchte, einfacher und bequemer ist selbst ein so kleiner Versuch, Verantwortung zu übernehmen, nicht zu haben.

Jede dieser Entscheidungen hat eine Auswirkung. Auf meine direkte Umgebung, aber auch auf den Zustand der Erde. Deshalb muss man nicht verzweifeln. Das Tolle ist doch, dass wir als Verbraucher am längeren Hebel sitzen. Wir können in der Tat etwas bewegen. Wir können unseren Konsum reduzieren, bestimmte Produkte nicht mehr kaufen oder den Fernseher ausschalten.

Und wir können rausgehen, mit den Menschen sprechen, uns verbünden. Es muss ja nicht gleich die große Weltrevolution sein. Veränderungen und Neuerungen sind häufig aus dem Zusammenschluss einiger weniger entstanden. Gleichgesinnte, Denker, Visionäre, die sich trafen, um zu diskutieren, zu hinterfragen, zu kreieren. Freiheit und Wachstum von Ideen. Das bestehende System kritisch beleuchten, über Alternativen nachdenken, nach neuen Wegen suchen, alte Konzeptionen über den Haufen werfen, Glaubenssätze zur Disposition stellen…

Ich denke, es lohnt sich, mitzuhelfen, diese Welt ein bisschen besser zu machen. Wir haben nur die eine.

ANHANG

QUELLEN:

S. 14: „Tiere essen", Jonathan Safran Foer, Kiepenheuer & Witsch, Köln 2012.

S. 15: „Kein Fleisch macht glücklich", Andreas Grabolle, Goldmann, München 2012.

S. 15: Tierverbrauch in Deutschland: Albert Schweitzer Stiftung für unsere Mitwelt, 29.09.2012, https://albert-schweitzer-stiftung.de/aktuell/deutsche-essen-uber-12-milliarden-tiere-pro-jahr

S. 17: „Fast nackt", Leo Hickman, Piper, München 2006.

S. 20: Gelatine, Wikipedia, Stand: 04.06.2013.

S. 29: „Das vegane Kochbuch", Sandra Forster, Blumenbar, Berlin 2009.
„Vegan kochen für alle", Björn Moschinkski, Südwest, München 2011.
„Vegan for Fun", Attila Hildmann, Becker Joest Volk, Hilden 2011.
„La Veganista", Nicole Just, Gräfe und Unzer, München 2013.
„Meine vegane Küche", Surdham Göb, AT Verlag, Aarau 2013.

S. 32: „Earthlings", Shaun Monson, Nation Earth 2005.

S. 34: „Ankes Bioladen", Album „Nach Hamburg" von Hannes Wader, 1989, Universal Music/SCALA Musikverlag.

S. 38: „Deutschland, Land der Veganer", Lisa Nienhaus, FAZ, 15.09.2013.

S. 41: „Das Geschäft mit dem Tod", Thomas D und PETA (People for the Ethical Treatment of Animals), Deutschland 2007.

S. 42: Tempeh, Wikipedia, Stand: 09.12.2013

S. 43: „Anständig essen", Karen Duve, Galiani, Berlin 2010.

S. 43: „Nahrungsverbrauch an Eiern pro Kopf in Deutschland": http://de.statista.com/statistik/daten/studie/208591/umfrage/eier-nahrungsverbrauch-pro-kopf-seit-2004/

S. 48/49: „Alles öko!", Colin Beavan, Aufbau TB, Berlin 2012.

S. 49: „Überraschend tierisch", Lea Wrobel, GEO, 24.02.2011.

S. 50: Gänsedaunen: www.peta.de/web/daunen.6301.html

S. 50: „Gänse, Daunen und Lebendrupf - Das arme Federvieh", Max Hägler, Süddeutsche Zeitung, 26.11.2010.

S. 50: „Und was essen wir morgen? - Revolutionäre Konzepte für die Welternährung der Zukunft", GEO Magazin Nr. 11, November 2011.

S. 51: „Livestock's Long Shadow", Food and Agriculture Organization of the United Nations (FAO), Rom 2006.

S. 51: „Fleischatlas" der Heinrich Böll Stiftung, März 2013: www.boell.de/de/presse/presse-fleischatlas-pm-16414.html

S. 51: „Künstliches Rindfleisch: Wissenschaftler präsentieren den ersten Labor Burger", Nina Weber, Spiegel Online, 05.08.2013.

S. 51: „Taste the Waste", Valentin Thurn, Thurnfilm, Schnittstelle, WDR, NDR, Deutschland 2011.

S. 52: „... einer von acht Menschen hungrig ...", vgl. World Food Programme (WFP), http://de.wfp.org/hunger/hunger-statistik

S. 53: „Foodsharing": www.foodsharing.de

S. 54: Klima sucht Schutz: www.klima-sucht-schutz.de → Energiesparen → Konsumcheck

S. 55: „Margarine", Öko-Test, September 2013.

S. 58: Vegan in Berlin: www.berlin-vegan.de

S. 62: „Vegan for Fit", Attila Hildmann, Becker Joest Volk, Hilden 2012.

S. 68: Vegan Guide München: www.veganguide.org

S. 69: „Zukunftsmenü", Sarah Wiener, Riemann, München 2013.

S. 70: „Hier & jetzt vegan", Björn Moschinski, Südwest, München 2013.

S. 71: „The Future of Food", Deborah Koons Garcia, Lily Films, USA 2004.

S. 72: „Wer bin ich - und wenn ja wie viele?", Richard David Precht, Goldmann, München 2007.

S. 76: „Geständnisse eines Küchenchefs", Anthony Bourdain, (Zitat S. 89), Goldmann, München 2003.

S. 83: Zum Lichtnahrungsprozess: „Von Licht ernährt – bis in den Tod“, Hugo Stamm, Tagesanzeiger, 25.04.2012.
S. 83: „Fasten für Fortgeschrittene: Die Lichtesser“, Magdalena Klemun, Die Presse, 20.02.2010.
S. 84: „Plastic Planet“, Werner Boote, Neue Sentimental Film AG, ORF, 2012.
S. 87: Öko-Energie Umweltfonds 1: www.ventacom.de/oeko-energie-umweltfonds-1
S. 88: Aluminium-Recycling: Verband der Aluminiumrecycling-Industrie e. V., www.aluminium-recycling.com
S. 89: „Plastikfreie Zone“, Sandra Krautwaschl, Heyne, München 2012.
S. 91: Aluminiumchlorid, Wikipedia, Stand: August 2013.
S. 99: „Addicted to Plastic“, Ian Connacher, Cryptic Moth Productions, Kanada 2008.
S. 100: Hormone im Plastik: „Unser tägliches Östrogen“, Süddeutsche Zeitung, 17.05.2010, Quelle und Bearbeiter: AP/sueddeutsche.de/mmk
S. 101: Kinderspielzeug, Stiftung Warentest, 11.11.2011: www.test.de/Sicherheit-von-Spielzeug-Jedes-sechste-Spielzeug-mangelhaft-4294118-0
S. 104: „Wie Aluminium Nervenzellen in den Tod treibt“, Shari Langemak, Die Welt, 10.03.2013.
S. 107: „Die Essensfälscher“, Thilo Bode, Fischer TB, Frankfurt/Main 2012.
S. 108: „Heringssalat mit Rindfleisch“, Jost Maurin, taz, 11.10.2010.
S. 108: „Lebensmittel zum Abgewöhnen – Der Wahnsinn unserer Lebensmittelindustrie“, Spiegel TV, Vox, Deutschland 2010.
S. 108: Aromatisierte Lebensmittel: www.aromenhaus.de/fakten/aromaverzehr_in_deutschland
S. 109: „Süße Geschäfte“, Elisabeth Raether und Tanja Stelzer, Die Zeit, 19.05.2013.
S. 110: „Verbraucherbildung für Kinder: Ratschläge von der Süß- und Fettindustrie“, Julian Kutzim, Spiegel Online, 12.03.2013.
S. 110: Ausgaben für Nahrungsmittel, Ländervergleich, Statistisches Bundesamt: www.destatis.de/DE/ZahlenFakten/LaenderRegionen/Internationales/Thema/Tabellen/Basistabelle_KonsumN.html

S. 112: „Das Leben ist eine Öko-Baustelle", Christiane Paul, Ludwig, München 2011.

S. 114: „Flow" (deutsch: „Wasser ist Leben"), Irena Salina, SUNFILM Entertainment, USA 2008.

S. 116: 2000-Watt-Gesellschaft: www.2000watt.ch/die-2000-watt-gesellschaft

S. 116: Projekt Kalkbreite: www.anleitung.kalkbreite.net, www.kalkbreite.net

S. 122: „Taste the Waste: Rezepte und Ideen für Essensretter", Valentin Thurn, Gundula Oertel, Kiepenheuer & Witsch, Köln 2012.

S. 124: Teflon Öko-Test 2007: www.oekotest.de/cgi/index.cgi?artnr=62945&bernr=01

S. 125: Mineralöl in Adventskalendern Warentest: http://www.test.de/Adventskalender-mit-Schokoladenfuellung-Mineraloel-in-der-Schokolade-4471436-0/

S. 125: Bundesministerium für Ernährung, Landwirtschaft & Verbraucherschutz, Mineralöl-Rückstände in Lebensmittelverpackungen: www.bmelv.de → Ernährung → Sichere Lebensmittel → Rückstände und Verunreinigungen

S. 125: foodwatch, Pressemitteilung vom 03.12.2012: www.foodwatch.org/de/presse/pressemitteilungen/mineraloel-und-andere-schadstoffe-in-lebensmittelverpackungen-aigner-verschweigt-alarmierende-studienergebnisse-ueber-gesundheitsgefahren/

S. 126: Krebsgefahr von UV-Strahlung: www.krebsgesellschaft.de

S. 126: „Kaufen für die Müllhalde", Cosima Dannoritzer, Media 3.14, Televisió de Catalunya, Arte, Article Z, TVE, 2010.

S. 128: „Billige Brötchen – Die Spur der Teiglinge", Manfred Ladwig, SWR, Deutschland 2011.

S. 129: Umweltinstitut zur Gentechnik in Lebensmitteln: http://umweltinstitut.org/fragen--antworten/gentechnik/gentechnik-in-lebensmitteln-196.html

S. 129: Bäckerei-Sterben u. a.: „Neue Front im Bäckerkrieg", Sophie Schimansky, Die Zeit, 08.11.2012.

S. 130: „The dark side of chocolate" (deutsch: „Schmutzige Schokolade"), Miki Mistrati, DR2, NDR, 2010.

S. 133: Nachhaltigkeitsportal Utopia: www.utopia.de

S. 133: „Der klügste Mensch, den seine Frau kennt“, Peter Unfried, Utopia, 12.03.2009: www.utopia.de/magazin/michael-braungart-unfried-oeko-cradle-to-cradle-kritik-design

S. 133 f.: „Die nächste industrielle Revolution“, Michael Braungart, William McDonough, Cep Europäische Verlagsanstalt, Hamburg 2011.

S. 134: „Von der Abschaffung des Mülls“, Greenpeace Magazin 3/12 www.greenpeace-magazin.de/index.php?id=6650

S. 134: „Der Sog der Masse“, Harald Martenstein, Die Zeit, 14.11.2011.

S. 137: Blog von Sandra Krautwaschl: www.keinheimfuerplastik.at www.leben-ohne-plastik.blogspot.de

S. 141: „Im Wartezimmer zum Erwachsenwerden“, Rebecca Casati, Süddeutsche Zeitung, 06.11.2011 (Text über Miranda July).

S. 148: „Neue Nutzungsregeln: Facebook will mit Fotos Minderjähriger werben“, Konrad Lischka, Spiegel Online, 05.09.2013.

S. *148:* „W-Lan Daten: So wehren Sie sich gegen Googles Passwort-Kopierer“, Konrad Lischka, Spiegel Online, 19.07.2013: www.spiegel.de/netzwelt/netzpolitik/google-verteidigt-kopieren-von-w-lan-daten-a-911880.html

S. 149: „Ausgeliefert! Leiharbeiter bei Amazon“, Diana Löbl und Peter Onneken, HR, Deutschland 2013.

S. 149: „Armee der Unsichtbaren“, Günter Wallraff, Die Zeit, Mai 2012: www.zeit.de/2012/23/Wallraff-Paketzusteller

S. 150: „Wenn Apple eine Sekte wäre“, Fabian Maysenhölder, n-tv, 02.11.2012.

S. 150: „Die dunkle Seite des Kults“, Hilmar Schmundt und Bernhard Zand, Spiegel, 29.07.2013.

S. 150: Apple Fortschrittsbericht: www.apple.com/de/supplier responsibility/reports.html

S. 150: „Freiheit“, Jonathan Franzen, Rowohlt, Reinbek bei Hamburg 2012.

S. 152: „Abschied vom Wachstum“, Petra Pinzler, Die Zeit, 12.12.2011.

S. 152: „Aufklärung 2.0.“, Georg Etscheit, Die Zeit, 11.12.2012.

S. 152: „Befreiung vom Überfluss“, Niko Paech, Oekom Verlag, München 2012.

S. 153: Stiftung Futurzwei: www.futurzwei.org

S. 154: „Selbst denken – Eine Anleitung zum Widerstand“, Harald Welzer, S. Fischer, Frankfurt/Main 2013.
S. 162: „Schick aber schädlich“, Inge Altemeier und Reinhard Hornung, Global Film, NDR, Deutschland 2010.
S. 162: „Billige Kleidung von Lidl & Co. – Das Sündenregister der Discounter ist skandalös“, Christian Teevs, Spiegel, 11.01.2012.
S. 162: „Die giftige Masche der Modemarken“, Beate Steffens, www.greenpeace.de, 20.11.2012.
S. 162: „Geldnot, Gift und Gerberei: Alltag eines bangladeschischen Kindes”, Michel / earthlink: www.aktiv-gegen-kinderarbeit.de, 30.10.2012
S. 162: „Im Takt von tausend Nähmaschinen“, Wolfgang Uchatius, Die Zeit, 02.01.2003.
S. 163: „Gomorrha“, Roberto Saviano, Carl Hanser, München 2007.
S. 164: „Mülltauchen: Einkaufen ohne Geld“, Anne Henneken, Utopia, 09.09.2010: www.utopia.de/magazin/muelltaucher-extrem-konsum-einkaufen-ohne-geld-containerer
S. 164: „Dive!“, Jeremy Seifert, Compeller Films, US. 2010.
S. 166: „Ohne Geld leben! Eine junge Familie auf neuen Wegen“, Susanne Bausch, HR Horizonte, Deutschland 2013. Mülltauchen/Containern: www.dumpstern.de
S. 167: Culinary Misfits: http://culinarymsifits.de
S. 168: „Blood in the Mobile“, Frank Piasecki Poulsen, Koncern TV- and Filmproduction (Dänemark), Chili Film (Dänemark) und Gebrüder Beetz Filmproduktion (Deutschland), 2010.
S. 169: „Fairphone: An diesem Smartphone soll man schrauben“, Kirsten Rulf, Spiegel Online, 22.09.2013.
S. 169: „Handy am Hirn“, Christopher Schrader, Süddeutsche Zeitung, 24.11.2012.
S. 169: „Angst vor Handys: Bei schlechtem Empfang ist die Strahlung stärker“, Frederik Jötten, Spiegel Online, 22.05.2013.
S. 170: Bundesamt für Strahlenschutz, Spezifische Absorbtionsraten (SAR) von Handys: www.bfs.de/de/elektro/strahlenschutz_mobilfunk/schutz/vorsorge/oekolabel.html
www.bfs.de/de/elektro/strahlenschutz_mobilfunk/schutz/vorsorge/SAR_Werte.pdf

S. 170: Utopia, Thema Handystrahlung, 16.10.2013: www.utopia.de/magazin/wie-gefaehrlich-ist-handystrahlung

S. 170: www.connect.de/kaufberatung/1/0/5/0/9/6/5/connect_Strahlungs_Bestenliste.pdf sowie www.connect.de/kaufberatung/strahlungsarme-handys-bestenliste-1500639.html

S. 171: Handy-Rücknahme: Deutsche Umwelthilfe: www.duh.de/althandy.html

S. 171 Initiative des Bundesministeriums für Ernährung, Landwirtschaft und Verbraucherschutz: www.zugutfuerdietonne.de

S. 173: Website von Todmorden: www.incredible-edible-todmorden.co.uk/

S. 180: Freeganer-Bewegung: www.freegan.at/basics.htm

S. 180: Containern, Wikipedia, Stand: 03.11.2013.

S. 183: „Supermarktkette vergiftete Obdachlose, Polizei ermittelt“, André Anwar, Der Standard, November 2008.

S. 183 f.: „Fairteiler – Öffentlicher Kühlschrank gegen Lebensmittelverschwendung“, Elisabeth Mittendorfer, Der Standard, Oktober 2013.

S. 184: kampolerta (Kollektiv zur Nutzung von öffentlichen Räumen): www.kampolerta.at

S. 184: Online-Kochshow: www.wastecooking.com

S. 186: „Lachsfieber“, Wilfried Huismann and Arno Schumann, Anaconda International Films, WDR, 2010.

S. 188: WWF-Beifangrechner: www.wwf.de/beifangrechner/popup.html

S. 188: „Bananas!“, Fredrik Gertten, Lighthouse Home Entertainment, 2009.

S. 190: „Der klimaneutrale Bluff“, Interview mit Dietrich Brockhagen, G. Ermlich & E. Kresta, taz, 28.01.2012: www.taz.de/!86383/

S. 191: Naturschutzbund zum Thema Torfabbau: „Torf gehört ins Moor“: www.nabu.de → NABU → Magazin „Naturschutz heute“ → Jahrgang 2009 → Heft 2 → „Torf gehört ins Moor“

S. 192: „Monsanto – mit Gift und Genen“, Marie-Monique Robin, absolut Medien GmbH, Arte France, 2008.

S. 192: „Super-Genmais darf nach Europa“, Marlies Uken, Die Zeit, 12.08.2013.

S. 192: „Food, Inc.“, Robert Kenner, Participant Media, River Road Entertainment, 2008.

S. 193: „More than honey“, Markus Imhoof, zero one film, allegro film, Thelma Film und Ormenis Film, BR, SRF, SRG SSR, 2012.

S. 193: PETA über Honigbienen: www.peta.de/web/honig_von_bienen.1414.html

S. 193: Stiftung Öko-Test „Gentechnik im Honig“, Januar 2012: www.oekotest.de/cgi/index.cgi?artnr=99118&bernr=04&seite=01&suche=honig

S. 194: Stiftung Öko-Test zum Bienensterben: www.oekotest.de/cgi/index.cgi?artnr=11940&gartnr=91&bernr=04&seite=00

S. 194: Honig-Blog-Eintrag zum Thema: http://blog.heimathonig.de/tag/honig-aus-nicht-eg-landern

S. 200: Ökologischer Jagdverband e. V. für eine zeitgemäße Jagd: www.oejv.de

S. 205: „The Matrix“, Andy und Lana Wachowski, Warner Bros., USA 1999.

Es wurde versucht, alle Quellen ordnungsgemäß zu benennen. Sollten sich Rechteinhaber ungenannt wiederfinden, können sie sich gerne an den Verlag wenden.

FÜR ALLE, DIE MEHR WISSEN WOLLEN:

Bücher

Zum Sorgenmachen:

„Klimakriege: Wofür im 21. Jahrhundert getötet wird“, Harald Welzer, Fischer TB, Frankfurt/Main 2012.

Zum Mutmachen:

„Der Futurzwei Zukunfstalmanach 2013 – Geschichten vom guten Umgang mit der Welt“, Harald Welzer, Fischer TB, Frankfurt/Main 2012.

„50 einfache Dinge, die Sie tun können, um die Gesellschaft zu retten“, Ines Pohl, Westend, Frankfurt/Main 2011.

„50 einfache Dinge die Sie tun können, um die Welt zu retten. Und wie Sie dabei Geld sparen“, Andreas Schlumberger, Westend, Frankfurt/Main 2013.

„64 Grundregeln ESSEN: Essen Sie nichts, was Ihre Großmutter nicht als Essen erkannt hätte”, Michael Pollan, Goldmann, München 2011.

„Go vegan!: Warum wir ohne tierische Produkte glücklicher und besser leben“, herausgegeben von Marlene Halser, Riva, München 2013.

„Glücklich ohne Geld“, Raphael Fellmer, Redline, München 2013.

„Wenn's um die Wurst geht“, Karl Ludwig Schweisfurth, Goldmann, München 2001.

Filme

„Pig Business“ (über die verborgenen Kosten hinter der Schweinefleischindustrie und Möglichkeiten der Einflussnahme), Tracy Worcester, 2009, www.pigbusiness.co.uk

„Gentechnik im Bio-Anbau“, ZDF-WISO, 05.08.2013.

„Plastik, Fluch der Meere“, Friedemann Hottenbacher und Max M. Mönch, werwiewas medienproduktion, Arte, 2013.

„Story of stuff“, Annie Leonard, Louis Fox, Free Range Studios, USA 2007.
„We feed the world“, Erwin Wagenhofer, Allegro Film, Österreich 2005.
Zootiere: „Zoogeschichten – Was passiert wirklich mit Eisbär, Elefant & Co.?“, Antonia Coenen, Tanja Hübner, Dirk Bitzer, Erstsendung WDR, 06.06.2011.
„Home“, Yann Arthus-Bertrand, EuropaCorp, Elzevir Films, 2009.

Artikel

„Unsere Ernährung schadet dem Klima mehr als der Verkehr“, Alexandra Endres, Die Zeit, 13.11.2012.
„Regenwald auf der Schlachtbank“, Sigrid Totz, www.greenpeace.de, 28.09.2012.
„Uno-Bericht: Ein Viertel der Nahrung landet im Müll“ (o. A.), Spiegel Online, 11.09.2013.
„So falsch ist unser Billig-Brot“, Simon Reichel, Website Utopia, 28.08.2013: www.utopia.de/magazin/so-falsch-ist-unser-billig-brot
Interview mit Harald Welzer: „Wir kreisen doch nur um den Gegenwartspunkt“, Wolfgang Storz, Pit Wuhrer, WOZ, 18.07.2013. http://www.woz.ch/1329/weiter-denken-anders-handeln-teil-1/wir-kreisen-doch-nur-um-den-gegenwartspunkt
Facebook-Daten zurückholen: http://gutjahr.biz/2011/09/facebook-so-holst-du-dir-deine-daten/
Taz-Serie „Grenzen des Wachstums“: www.taz.de
Zusammenhang von tierischen Produkten und Regenwald-Abholzung: www.fuereinebesserewelt.info/fleisch-und-milch-bedroht-den-regenwald
Bionadeverkauf an Oetker: „Ende einer Familien-Saga“, Uwe Ritzer, Süddeutsche Zeitung, 01.02.2012.
Interview Karl Ludwig Schweisfurth über das Konzept der Herrmannsdorfer Werkstätten: www.seventhgeneration.de/projekte/europa/deutschland-k-l-schweisfurth.html

Projekte

Es gibt inzwischen eine unglaubliche Vielzahl interessanter Projekte, Blogs und Initiativen, von denen hier nur eine kleine Auswahl genannt werden kann.

Stiftungsgemeinschaft „anstiftung & ertomis“ – Tipps und Kontakte für nachhaltiges Leben: www.anstiftung-ertomis.de
Kampagne für saubere Kleidung: www.saubere-kleidung.de
Informationen und Kampagnen für Tierrecht und Veganismus: http://albert-schweitzer-stiftung.de
Imkernetzwerk, Links, Kontakte, Informationen rund um Honig und Biene: http://stadtimker.de
Foodwatch-Site zur kritischen Beleuchtung der Lebensmittelindustrie: www.abgespeist.de
Nachhaltigkeitsprojekt – visionäre Vorreiter und Denkansätze: www.seventh-generation.de
Linksammlung für eine bessere Welt: www.besserweltlinks.de
Urbane Gärten in Deutschland: http://gartenpiraten.net
„Mietshäuser Syndikat“ – Beratung und Unterstützung für selbstorganisierte Hausprojekte fern des Immobilienmarktes: www.syndikat.org

Blogs

Vegan-Blog von Nicole Just: www.vegan-sein.de
Vegane Rezepte: www.eat-this.org
Ein Jahr ohne Kleiderkauf: http://ichkaufnix.wordpress.com
Tipps und Erfahrungsberichte zum plastikfreien Leben: www.leben-ohne-plastik.blogspot.de

Österreich

Österreichs Foodsharing Plattform: http://at.myfoodsharing.org
Foodcoops – Informationen, Tipps und Kontakte: www.foodcoops.at

Vegan-Tipps für Österreich: www.vegan.at
www.deutschlandistvegan.de/category/veganin/osterreich/

Nachhaltigkeit in Wien „Nachhaltigkeitspilotbezirk Donaustadt": www.wien.gv.at/umweltschutz/nachhaltigkeit/donaustadt.html

Zero waste academy – Ideen und Informationen zur Müllvermeidung: www.arge.at

Alternativprodukte zu Plastik: www.plastikfrei.at

Ökologische Reinigungs- und Kosmetikprodukte: www.oekoprodukte.at

Kampagnen und Informationen zum Thema faire Arbeitsbedingungen in der Bekleidungsindustrie: www.cleanclothes.at

Sozial faire Beschaffung unterschiedlicher Produkte: www.fairebeschaffung.at

Schweiz

Tipps, Informationen, Links etc. zu nachhaltigem Leben: www.nachhaltigleben.ch

Vernetzung, Informationen, Stellenangebote etc. zu Nachhaltigkeit, Ökologie, Energie und vielem mehr: www.umweltnetz-schweiz.ch

Vegan in der Schweiz: www.vegan.ch

Aktion gegen Lebensmittelverschwendung: www.foodwaste.ch

Züricher Lebensmittelkooperative: www.sfcoop.ch

Stiftung für die Vielfalt von Pflanzen und Tieren: www.prospecierara.ch

Sammlung unabhängiger Projekte aus dem Raum Basel: www.urbanagriculturebasel.ch

Verein zum Aufbau multifunktionaler Nachbarschaften: www.neustartschweiz.ch

Einkaufen

Vegane Lebensmittel und Zubehör: www.alles-vegetarisch.de
Rohkost: www.pureraw.de
Einkaufsgemeinschaften: www.genussgemeinschaft.de
Umsonst essen an Bäumen: www.mundraub.org
Tierische Inhaltsstoffe und Alternativen: www.peta.de/web/inhaltsstoffe.73.html
Grüne Mode: www.ci-romero.de/gruenemode-labels
www.utopia.de/produktguide/mode-35/gruene-modelabels
www.gruenemode.com
Alternativen zu Amazon und Ebay:
www.utopia.de/magazin/alternativen-zu-amazon
www.fairnopoly.de
Tauschen statt kaufen: www.tauschticket.de
Beim Online-Shopping spenden: www.shop2help.net
Putzmittel zum Selbermachen: www.utopia.de/gutefragen/fragen/wer-hat-rezepte-fuer-alternative-putzmittel-zum
www.helpster.de/putzmittel-selber-herstellen-anleitung_20413
Fairphone: www.fairphone.com
Connect-Strahlungsfaktor: www.connect.de/ratgeber/3/5/2/7/5/1/connect_Strahlungs-Bestenliste.pdf
Naturschutzbund Handy-Ranking: www.nabu.de/oekologisch leben/handytarif/warumgruen/13790.html

Alternative Banken

GLS: www.gls.de
Umweltbank: www.umweltbank.de
Triodos Bank: www.triodos.de

Und wer mal den eigenen ökologischen Fußabdruck berechnen möchte: www.footprint-deutschland.de

DANKE

Allen voran danke ich Tanja Zielezniak, ohne die es dieses Buch nicht gäbe.

Danke auch an Harry Kämmerer für die Unterstützung.

Tausend Dank an meine tolle, tolle Redakteurin Stefanie Heim und an meinen superhilfreichen Lektor Marcel Raabe.

Für eine wunderbare und sehr lustige Fotosession danke ich Nicolas Olonetzky, Sabine Kestler, Giulia Thalmair und Stefan Haberzettel.

An Adrienne Meister vielen Dank für ihre Portrait-Aufnahmen.

Tanja Krakowski und Lea Brumsack von den „Culinary Misfits“ danke ich für ihr Hammer-Projekt – und für ein verkorkstes Interview, das komplett auf meine Kappe geht.

Danke auch an Daniel Überall und Simon Scholl vom „Kartoffelkombinat“, große Inspiratoren und rührige Neuerer.

All den Menschen, die ich in der Zeit kennenlernen durfte und die mir ihre Zeit geschenkt haben, vielen Dank.

Meinen Eltern Ulli und Ludo danke ich dafür, dass sie mich das Nachfragen lehrten – und für unendlich vieles mehr.

Meinen Brüdern Samuel und Nikolai vielen Dank für eure Hilfe und euren klugen, suchenden Geist. Ich bin ohne Ende stolz auf euch.

Danke an Lydia und Jakob, die viel zur Entstehung dieses Buches beigetragen und mich seelisch, moralisch sowie bier- bis zimtschneckentechnisch immens unterstützt haben.

Jedem Einzelnen meiner Familie und meiner Freunde zu danken würde zu weit führen. Ich danke euch für eure Liebe, Freundschaft, Inspiration und Geduld. Ich wüsste nicht, was ich ohne euch tun würde.

Ich danke meinem unglaublichen Sohn Sylvester dafür, dass er mir jeden Tag aufs Neue klarmacht, wie aufregend, wundervoll und schützenswert diese Welt ist.

Und ich danke meinem Mann Stefan für seinen unerschütterlichen Glauben, für seine nie versiegende Unterstützung und für sein riesengroßes, wildes Herz.

ISBN 978-3-517-08991-1

1. Auflage

Hinweis: Das vorliegende Buch ist sorgfältig erarbeitet worden. Dennoch erfolgen alle Angaben ohne Gewähr. Weder Autorin noch Verlag können für eventuelle Nachteile oder Schäden, die aus den im Buch gegebenen Hinweisen resultieren, eine Haftung übernehmen.

Lektorat: Marcel Raabe
Umschlaggestaltung: zeichenpool, München, unter Verwendung eines Fotos von Südwest Verlag/Nicolas Olonetzky
Layout und Satz: Nadine Thiel | kreativsatz, Baldham

Druck und Verarbeitung: GGP Media GmbH, Pößneck

Printed in Germany

Umwelthinweis:
Das für dieses Buch aus 100 % Recyclingfasern hergestellte und mit dem blauen Engel ausgezeichnete Papier *Mundoplus* von Lenzing Papier, Austria, liefert Carl Berberich.

www.suedwest-verlag.de